O ESPÍRITO DAS INSTITUIÇÕES

UM ESTUDO DE HISTÓRIA DO ESTADO

ANTÓNIO PEDRO BARBAS HOMEM

Professor da Faculdade de Direito da Universidade de Lisboa

O ESPÍRITO DAS INSTITUIÇÕES

UM ESTUDO DE HISTÓRIA DO ESTADO

ALMEDINA

O ESPÍRITO DAS INSTITUIÇÕES

AUTOR
ANTÓNIO PEDRO BARBAS HOMEM

EDITOR
EDIÇÕES ALMEDINA SA
Rua da Estrela, n.º 6
3000-161 Coimbra
Telef.: 239 851 904
Fax: 239 851 901
www.almedina.net
editora@almedina.net

EXECUÇÃO GRÁFICA
G.C. – GRÁFICA DE COIMBRA, LDA.
PALHEIRA – ASSAFARGE
3001-453 COIMBRA
producao@graficadecoimbra.pt

Fevereiro 2006

DEPÓSITO LEGAL
237729/06

Os dados e as opiniões inseridos na presente publicação
são da exclusiva responsabilidade do seu autor.

Ao professor Martim de Albuquerque

SUMÁRIO

Introdução

CAPÍTULO 1
A Instituição do Estado

§ 1.º
A construção do Estado

I. A construção do Estado e os seus agentes; II. Os príncipes modernos; III. Glória do príncipe e natureza dos povos; IV. Estado e modernidade política; V. Razão e Estado.

§ 2.º
Natureza, fins e funções do Estado

I. O Estado como associação livre de homens livres; II. As autoridades comuns aos membros do Estado; III. Regime e limitação do poder; IV. Poder político e propriedade; V. Pessoas públicas e metáforas políticas; VI. Fins e funções do Estado; VII. Economia, polícia e direitos naturais; VIII. Funções e órgãos do Estado.

§ 3.º
Estado e Razão

I. Racionalidade da vida humana; II. Racionalidade da acção política; III. Racionalidade e instituição; IV. Secularização, sociedade, Estado: mesmo que Deus não exista; V. Da prudência à ciência do Estado.

§ 4.º
Estado, instituição e razão

I. Cultura escrita; II. Cultura de legalidade; III. Cultura de responsabilidade; IV. Cultura de segredo; V. Deliberação colegial; VI. Cultura de garantia; VII. Memória.

§ 5.º
O tempo e os homens. O tempo dos homens

I. Permanência do Estado e perpetuidade da república; II. O tempo da justiça; III. O tempo da política; IV. A historicidade das instituições do Estado.

CAPÍTULO 2
Instituição e Privilégio

§ 6.º
A construção institucional do Estado

I. O espírito do Estado e o direito moderno; II. Especialização; III. Centralização; IV. Legalidade e Instituição.

§ 7.º
O Chefe de Estado e as instituições auxiliares

I. O Chefe de Estado; II. Os ofícios da Casa Real; III. Escrivão da puridade; IV. Secretário e Secretário de Estado; V. O Conselho de Estado; VI. Conselho de guerra; VII. Os conselheiros.

§ 8.º
As instituições judiciais

I. A Mesa do Desembargo do Paço; II. A Casa da Suplicação; III. A Relação do Porto; IV. As Relações Ultramarinas; V. A organização das magistraturas territoriais; VI. As Juntas e as jurisdições excepcionais e especiais.

§ 9.º
Conselhos e tribunais superiores especializados

I. Mesa da Consciência; II. Santo Ofício; III. Real Mesa Censória; IV. Conselho da Fazenda; V. Erário Régio; VII. O Conselho Ultramarino; VIII. Junta dos Três Estados; IX. Junta do Comércio.

§ 10.º
A disciplina dos ofícios

I. Ética dos ofícios; II. Organização interna; III. Organização e função presidencial; IV. Selecção e estatuto dos funcionários; V. Profissionalização.

§ 11.º
Privilégios e Estado moderno

I. Literatura; II. Semântica; III. Modalidades; IV. Fundamentos; V. Fontes; VI. Regime fiscal; VII. Valor jurídico, vícios e impugnação; VIII. Conflito de privilégios; IX. Privilégio de foro.

§ 12.º
Privilégio e direito público

I. Privilégio e regime; II. Privilégio e Estado moderno; III. Da igualdade natural à igualdade civil; IV. Privilégios e liberalismo.

Conclusões

INTRODUÇÃO

1. As instituições políticas têm um espírito? Esta pergunta tem-me acompanhado ao longo dos anos e de diversas investigações. Como compreender que um pequeno país, escassamente povoado, sem recursos naturais relevantes, dotado permanentemente apenas com uma universidade, tenha construído um extenso império, no qual, como escreveu o poeta, *o Sol nunca se punha*. De 1415 a 1975, com a independência das antigas colónias ultramarinas, Portugal manteve uma presença efectiva em vários continentes e foi a última das potências coloniais a regressar às suas fronteiras europeias.

Não é, no entanto, sobre a organização do império que incide o presente estudo, mas sobre o nascimento e consolidação das instituições do Estado e os seus fundamentos.

O projecto deste ensaio inscreve-se na tradição jushistoriográfica europeia do estudo do Estado moderno. Historiografia jurídica, portanto: não se trata unicamente de descrever as instituições mas de entendê-las à luz do direito do seu tempo. De outro lado, inserindo o direito na cultura de cada época. Neste aspecto, procurando aprofundar a tradição jushistoriográfica da Faculdade de Direito da Universidade de Lisboa, marcada pelo magistério de Paulo Merêa[1], Marcello Caetano[2], Ruy de Albuquer-

---

[1] V., em especial, de Paulo Merêa, *O Poder Real e as Cortes*, Coimbra, Coimbra Editora, 1923; "A ideia de origem popular do poder nos escritores portugueses anteriores à Restauração", *Estudos de História do Direito*, Coimbra, 1923; *Lições de História do Direito Português. Feitas na Faculdade de Direito de Coimbra no ano lectivo de 1922-1923*, Coimbra, Coimbra Editora; *Resumo das Lições de História do Direito Português. Feitas no ano lectivo de 1924-1925*, Coimbra, Coimbra Editora; *Direito romano, direito comum e boa razão*, Coimbra, 1940; "Bosquejo Histórico do Recurso de Revista", in *BMJ*, 7 (Julho de 1948); "Da minha gaveta: os Secretários de Estado do antigo regímen", *BFDC*, 40 (1965); e as colectâneas recentes, *Sobre a Origem do Poder Civil*, Tenacitas, Coimbra, 2003 e *Estudos de Filosofia Jurídica e de História das Doutrinas Políticas*, Lisboa, Imprensa Nacional – Casa da Moeda, 2004.

[2] De Marcello Caetano, v., em especial, a *História do Direito Português*, I, *Fontes. Di-*

12   *O Espírito das Instituições*

que[3] e Martim de Albuquerque[4]. Do professor Martim de Albuquerque, em especial e considerando o objecto do presente estudo, saliente-se a aplicação inovadora aos estudos de história do Estado das perspectivas institucionalistas de Hauriou e Santi-Romano[5].

Outros nomes da jushistoriografia portuguesa devem igualmente ser assinalados a propósito da história do Estado, nomeadamente Coelho da Rocha[6], Gama Barros[7], Luís Cabral de Moncada[8], Guilherme Braga da

---

reito Público (1140-1495), Lisboa, 1981 (recensão crítica de José Adelino Maltez, na *RFDL*, XXVI); *idem, História do Direito Português*, 4.ª edição, Lisboa, Verbo, 2000 (com a recensão crítica de Martim de Albuquerque, na *RFDL*, XLI/2 (2000). V. também a edição e prefácio a *Regimento dos Oficiais das Cidades, Vilas e Lugares destes Reinos*, Lisboa, 1955; *Apontamentos para a História da Faculdade de Direito de Lisboa*, Lisboa, 1961; *O Conselho Ultramarino. Esboço da sua História*, Lisboa, 1967; diversos estudos históricos foram recolhidos na colectânea *Estudos de História da Administração Pública Portuguesa*, organização de Diogo Freitas do Amaral, Coimbra, Coimbra Editora, 1994 (publicação, infelizmente, não acompanhada dos apêndices documentais da edição original; cf. a recensão de A. L. Carvalho Homem, *Penélope*, 16 (1995), pp. 199-201).

[3] Ruy de Albuquerque, *As Represálias. Estudo de História do Direito Português (secs. XV e XVI)*, Lisboa, 1972; *História do Direito Português. Relatório (Nos termos da alínea a) do n.º 1 do Art. 9.º do Decreto N.º 301/72, de 14 de Agosto, de harmonia com o Art. 4.º do mesmo diploma)*, separata da *RFDL*, XXVI; Ruy de Albuquerque / Martim de Albuquerque, *História do Direito Português*, Lisboa, 2004.

[4] V., em especial, de Martim de Albuquerque, *O Poder Político no Renascimento Português*, Lisboa, ISCPU, 1968; *A Consciência Nacional Portuguesa. Ensaio de História das Ideias Políticas*, I, Lisboa, 1974; *A Sombra de Maquiavel e a Ética Tradicional Portuguesa*, Lisboa, Faculdade de Letras da Universidade de Lisboa, 1974; *Jean Bodin na Península Ibérica. Ensaio de História das Ideias Políticas e do Direito Público*, Paris, Fundação Calouste Gulbenkian, 1978; "Para uma Teoria Política do Barroco em Portugal. A Summa Politica de Sebastião César de Meneses (1649-1650)", in *Estudos de Cultura Portuguesa*, II, Lisboa, 2000; "Política, moral e direito na construção do conceito de Estado em Portugal", nos *Estudos de Cultura Portuguesa*, I, Lisboa, 1983; "História das Instituições. Relatório sobre o programa, conteúdo e métodos de ensino", na *RFDL*, XXV (1984); "Para a história da legislação e jurisprudência em Portugal. Os livros de registo de leis e assentos dos antigos tribunais portugueses", in *BFDC*, LVIII/II (1982), pp. 623-655; *Um Percurso da Construção Ideológica do Estado. A Recepção Lipsiana em Portugal: Estoicismo e Prudência Política*, Lisboa, Quetzal, 2002.

[5] Martim de Albuquerque, *História das Instituições*, lições ciclosticadas, Lisboa, Faculdade de Direito de Lisboa, 1979.

[6] Coelho da Rocha, *Ensaio sobre a Historia do Governo e Legislação de Portugal para servir de Introducção ao Estudo do Direito Patrio*, 7ª edição, Coimbra, Imprensa da Universidade, 1896.

[7] Henrique da Gama Barros, *História da Administração Pública em Portugal nos séculos XII a XV*, 2ª edição, dirigida por Torquato de Sousa Soares, Lisboa, 1945 ss.

Cruz[9], Mário Júlio de Almeida Costa[10], António Manuel Hespanha[11], Rui Manuel de Figueiredo Marcos[12], José Adelino Maltez[13], José Artur Duarte Nogueira[14] e Eduardo Vera-Cruz Pinto[15].

Alguns dos meus trabalhos anteriores já trataram desta época, de acordo com outros ângulos de observação. Refiro-me, em especial, à dis-

---

[8] Destacam-se para a história do Estado os *Estudos de História do Direito*, Coimbra, 1948 ss.; *Subsídios para uma História da Filosofia do Direito em Portugal*, 2ª. ed., Coimbra, Coimbra Editora, 1938; *Estudos Filosóficos e Históricos*, Coimbra, 1959.

[9] Guilherme Braga da Cruz, *Formação histórica do moderno direito privado português e brasileiro*, *Obras Esparsas*, II/I, Coimbra, 1981.

[10] Para a história do Estado moderno, v. especialmente "Romanismo e Bartolismo no Direito Português", no *BFDC*, XXXVI (1960), "Ordenações" e "Leis, cânones, direito", no *DHP*, e *História do Direito Português*, Coimbra, Almedina, 2003.

[11] Em especial, António Manuel Hespanha (coord.), *História de Portugal*, IV, *O Antigo Regime (1620-1807)*, dir. de José Mattoso, s.l., Editorial Estampa, 1993; *Poder e Instituições no Antigo Regime. Guia de Estudo*, Lisboa, Cosmos, 1992; As *Vésperas do Leviathan. Instituições e poder político. Portugal – séc. XVII*, Coimbra, Almedina, 1994 e *As vésperas do Leviathan. Instituições e poder político. Portugal – séc. XVII*, 2 tomos, s. ed., s.l., 1986; (edição), *Poder e Instituições na Europa do Antigo Regime. Colectânea de Textos*, Lisboa, Fundação Calouste Gulbenkian, s.d. (1984); (edição), *Justiça e Litigiosidade. História e Prospectiva*, Lisboa, Fundação Calouste Gulbenkian, s.d. (1984); "Représentation dogmatique et project de pouvoir. Les outils conceptuels des juristes du ius commune dans le domaine de l'administration", in Erk Volkmar Heyen, *Wissenchaft und Recht der Verwaltung seit dem Ancien Régime*, Vittorio Klosterman, Frankfurt am Main, 1984; *História das Instituições. Épocas Medieval e Moderna*, Coimbra, Almedina, 1982.

[12] Rui Manuel de Figueiredo Marcos, "A Evolução da História do Direito e do seu Magistério na Escola de Coimbra", em *Estudos dedicados ao Professor Mário Júlio de Almeida Costa*, UCP, 2002, pp. 1407 ss.; *As Companhias Pombalinas. Contributo para a História das Sociedades por Acções em Portugal*, Coimbra, Almedina, 1997; *A Legislação Pombalina*, suplemento XXXIII do BFDC, Coimbra, 1990; *Apontamentos de História da Administração Pública*, Coimbra, 2004.

[13] José Adelino Maltez, *Ensaio sobre o Problema do Estado*, I-II, Lisboa, Academia Internacional da Cultura Portuguesa, 1991; *Princípios de Ciência Política. II. O Problema do Direito*, Lisboa, ISCSP, 1998; *Princípios de Ciência Política. Introdução à Teoria Política*, prefácio de Adriano Moreira, Universidade Técnica de Lisboa, Instituto de Ciências Sociais e Políticas, Lisboa, 1996.

[14] José Artur Duarte Nogueira, *Sociedade e Direito em Portugal na Idade Média. Dos primórdios ao século da universidade (contribuição para o seu estudo)*, Lisboa, 1994; J. A Duarte Nogueira / A. P. Barbas Homem, *Secretário de Estado*, separata de *Dicionário Jurídico da Administração Pública*, VII, s.d.

[15] Em especial, v. Eduardo Vera-Cruz Pinto, *As Origens do Direito Português: a Tese Germanista de Teófilo Braga*, Lisboa, AAFDL, 1996.

14   *O Espírito das Instituições*

sertação de doutoramento *Judex Perfectus*[16], acerca da evolução histórica do poder judicial na Idade Moderna, e ao artigo *A Ciência da Legislação*[17], em que procurei descrever a formação da disciplina iluminista da lei. Incidentalmente, nos trabalhos dedicados à história do pensamento jurídico[18] e à história das relações internacionais[19] apresentei igualmente outros elementos sobre estas temáticas.

Trata-se agora, como mais abaixo referido, de procurar identificar e proceder a uma reflexão acerca da estrutura das instituições políticas, questionando certas sínteses, mesmo de excelentes historiadores, quando assentam numa pré-compreensão que não corresponde à realidade das coisas[20]. Efectivamente, as instituições políticas do *ancien régime* resultaram de uma evolução das ideias políticas e do pensamento jurídico, reflectidas num quadro institucional que é novo, em relação à época medieval, e que ele próprio foi evoluindo ao longo do tempo.

2. Um leitor desprevenido do jornal oficial do presente não deixará de se surpreender com a facilidade com que os portugueses fazem reformas da sua administração – quase diariamente são publicadas leis orgânicas do governo, dos ministérios, de direcções-gerais, de institutos, de municípios, de universidades, etc. Na bizarra legislação orgânica dos tribunais existem tribunais criados na lei, mas que não existem na prática, e outros que existem na prática, mas não estão previstos na lei. É evidente a subversão dos princípios da legalidade e da eficiência, bem como de regras elementares de prudência e de bom senso. A facilidade com que sucessivas

---

[16] *Judex Perfectus: Função Jurisdicional e Estatuto Judicial em Portugal, 1640--1820*, 2 volumes, Lisboa, 1998 e Coimbra, Livraria Almedida, 2003. Citamos a partir desta edição.

[17] *A «Ciência da Legislação»: conceptualização de um modelo jurídico no final do Ancien Régime*, in *Legislação. Cadernos de Ciência da Legislação*, INA, 16 (Abril-Junho, 1996).

[18] *A Lei da Liberdade. I. Introdução Histórica ao Pensamento Jurídico. Épocas Medieval e Moderna*, Cascais, Principia, 2001; *História do Pensamento Jurídico. Guia de Estudo*, Lisboa, AAFDL, 2004.

[19] *História das Relações Internacionais. O Direito e as Concepções Políticas na Idade Moderna*, Coimbra, Almedina, 2003.

[20] V., por exemplo, António Pedro Manique, *Mouzinho da Silveira. Liberalismo e Administração Pública*, Lisboa, Livros Horizonte, 1989, p. 75: «As instituições políticas pré-liberais desenvolveram-se a partir de uma ideologia pré-existente, ao contrário das instituições anteriores que eram, em grande parte, empíricas e produto de arranjos vários que as vicissitudes históricas haviam determinado ao longo de séculos.»

comissões, grupos de trabalho, especialistas diversos e simples curiosos pensam *a* reforma do Estado faz lembrar as receitas de livros de cozinha, em que cozinheiros famosos indicam com precisão quilométrica os ingredientes de cada cozinhado. A leitura das receitas pode aumentar-nos o apetite, mas não esclarece o resultado final. A reforma do Estado tornou--se um receituário de cozinha.

Que confronto com os tempos de que trata este livro, caracterizado precisamente pela procura da permanência, da estabilidade, do duradouro! – em suma, do estado.

3. O estudo histórico das instituições implica um projecto hermenêutico e uma específica compreensão metodológica. Utilizo a expressão *instituições políticas* para referir, de acordo com o sentido tradicional da jushistoriografia, as grandes organizações do Estado através das quais se exerce a administração e a justiça: cortes, conselhos, tribunais…[21]

Neste percurso intelectual, torna-se necessário conjugar a metodologia de disciplinas diferentes, nomeadamente da história do pensamento político, quanto à temática dos fins e da natureza do Estado, e das histórias das instituições e do direito público, quanto à organização administrativa e judiciária, ao estatuto dos funcionários e aos processos e procedimentos que regulam a sua actividade. O estudo que agora se publica pesquisa os elos de ligação entre a história dos conceitos e ideais e a história institucional do Estado. As instituições políticas devem ser compreendidas à luz dos seus fundamentos teóricos, tal como se deve contextualizar o pensamento político, enraizando-o nas instituições coevas[22]. Deste modo, tanto a história institucional fica dotada dos elementos indispensáveis à compreensão e interpretação dos factos, como do objecto da história do pensamento político passa a fazer parte o estudo das consequências das ideias no funcionamento do Estado e da sociedade.

4. A pretensão de apresentar uma tipologia das sociedades que atenda à organização jurídica não deve ignorar que também a ciência da administração e a teoria da organização têm vindo a identificar elementos

---

[21] Instituições político-administrativas, como se lhes refere José António Escudero, *Curso de Historia del Derecho. Fuentes e Institutiones Politico-Administrativas*, ed. do autor, 6ª, Madrid, 1990.

[22] Para uma primeira apreciação desta questão, v. Martim de Albuquerque, *Um Percurso da Construção Ideológica do Estado*, pp. 19 ss.

16 *O Espírito das Instituições*

que podem ser úteis como auxiliares da interpretação histórico-jurídica; igualmente se deveria acrescentar a importância da história para a ciência da administração, porquanto muitas das instituições e institutos do presente só a esta luz fazem sentido[23]. Porém, a ambição epistemológica das ciências sociais contemporâneas implicou um corte com a filosofia política clássica. A rejeição ou, pelo menos, o esquecimento dos fundadores da política, de Aristóteles e S. Tomás de Aquino a Kant e Hegel caracteriza este projecto científico – de que são principais epígonos Pierre Bourdieu, Michel Foucault e Derrida. A reabilitação dos clássicos por parte da filosofia política mais recente – destaco os nomes de Strauss, Aron, Raynaud, Ryals, Fabre, Kriegel – e também por parte da historiografia jurídica – recordem-se Stolleis, Legendre, Grossi – veio demonstrar que, mesmo sem o aparente aparato conceptual que caracteriza a metodologia destas ciências sociais actuais, encontramos nos autores clássicos uma compreensão da política e das relações humanas que não é frequente em muitos cultores das ciências sociais. Sobretudo é necessário algum cepticismo perante generalizações apressadas, distantes do estudo da contingência histórica e desconhecedoras dos limites da teoria.

5. O objecto do presente ensaio pode ser caracterizado como uma introdução ao estudo das instituições do Estado moderno e dos seus servidores. A partir de três conceitos chave, instituição, jurisdição e privilégio, procuramos reconstituir o complexo mosaico de organização e de funcionamento do Estado moderno. Não se trata, portanto, de uma história do Estado, mas de uma reflexão acerca dos caminhos de construção do Estado e, em termos paralelos, dos caminhos da historiografia do Estado.

Segue-se uma directriz metodológica de Helmut Coing, para quem a compreensão de um ordenamento jurídico implica atender a três *círculos*

---

[23] Em síntese, v. Bertrand Badie / Pierre Birnbaum, *Sociologie de l'État,* Paris, Grasset, 2004; Peter Badura, *Staatsrecht,* München, Beck, 1986; Paulo Otero, *Legalidade e Administração,* Lisboa, Almedina, 2003; Philip Selznick, *Leadership in Administration,* Berkeley, U. California, 1984 ; R. Zippelius, *Teoria Geral do Estado,* Lisboa, Fundação C. Gulbenkian, 1984; Jacques Chevallier, *Science Administrative,* Paris, PUF, 1986 ; Charles Debbasch, *Science Administrative,* Paris, Dalloz, 1980; Ali Farazmand (edição), *Handbook of Burocracy,* New York, Marcel Dekker, 1994. Uma breve súmula em João Caupers, *Introdução à Ciência da Administração,* Lisboa, Âncora, 2002. Para o estudo histórico da administração, v. Gladden, *A History of Public Administration,* London, F. Class, 1972; Pierre Legendre, *L'Administration du XVIII siècle a nous Jours,* Paris, PUF, 1969 e *Jouir du Pouvoir. Traité de la Bureaucratie Patriote,* Paris, PUF, 1969

de problemas: o conteúdo das suas instituições e normas; as condições em que surgiu e os problemas que visa solucionar; o cumprimento do direito, isto é, a sua efectividade[24]. Verificado que não é possível nem praticável o projecto de uma história total[25], o ponto de vista do historiador é o de procurar estabelecer os nexos essenciais entre os fenómenos observados, de modo a permitir uma melhor compreensão do objecto estudado, mas sem ter a pretensão de obter um conhecimento da totalidade.

Reencontra-se aqui um ponto de vista expresso modernamente noutros trabalhos de história do direito público – o de que é necessário conhecer por dentro a administração e a justiça. É esta exigência metodológica que nos leva a apresentar no presente trabalho, em relação às questões colocadas, o estado dos conhecimentos dos autores da época e a sua compreensão desses mesmos problemas – a partir dos quais é formulada uma resposta (*challenge and response*). Paralelamente, apresenta-se o *estado da arte* da historiografia do presente. Não se trata, portanto, de aplicar ao passado um quadro interpretativo pré-estabelecido, mas antes de contextualizar os elementos narrativos, adoptando uma exigência metodológica de Koselleck:

«A investigação dos conflitos políticos e sociais do passado deve ser feita através das limitações conceptuais da época e no quadro da auto-compreensão do uso da linguagem que fizeram as partes interessadas nesse passado»[26].

Os factos históricos necessitam ser interpretados e essa interpretação tem de assentar no estabelecimento de conexões entre elementos, através das quais superamos a impossibilidade de tudo ler e investigar. No campo da história do direito, os instrumentos de interpretação historiográfica não podem ser dissociados dos seus contextos próprios, através dos quais podemos compreender o surgimento de uma técnica específica de exercício, mas também de controlo, do poder. Técnica que se apresenta igualmente como ciência e como ideologia. Quando separada de valores e de fins, quando concebida como um fim em si mesmo, a técnica jurídica perde a dimensão moral para se tornar um mero instrumento. Um monstro, para recordar a simbologia *hobbesiana*.

---

[24] Coing, *Las tareas del historiador del derecho (reflexiones metodologicas)*, Sevilla, Publicaciones de la Universidad, 1977, p. 40.

[25] Cf. *História do Pensamento Jurídico. Guia de Estudo*, § 4.º, 4.

[26] Koselleck, *Futuro Passado. Para una Semántica de los Tiempos Históricos* [1979], Barcelona, Paidós, 1993, p. 111. Acerca da história conceptual, pp. 112 ss.

O nosso propósito não é o de identificar conceitos com validade universal ou formular leis da evolução social, mas unicamente encontrar uma interpretação do carácter único da experiência histórica portuguesa. Sem cuidar de um eventual sentido que essa experiência deva ter para o presente. Numa época que questiona os seus paradigmas de modernidade – o Estado providência, o Estado social, a democracia representativa – e em que se assiste a um retorno ao passado – a privatização das funções públicas, a fuga do Estado para o direito privado, o pluralismo institucional, as chamadas entidades administrativas independentes, etc. – deixamos tal leitura, para usar uma fórmula intemporal, ao *leitor benévolo*.

CAPÍTULO 1
A INSTITUIÇÃO DO ESTADO

Problemas gerais e razão de ordem

É conhecida a interpretação geral dos grandes nomes da historiografia oitocentista, como Michelet ou Herculano, acerca da época em estudo: teriam sido os juristas os criadores do absolutismo e o direito romano foi o seu instrumento. Em relação a estas sínteses oitocentistas e da sua vulgata novencentista são muitos os avanços historiográficos, salientando as linhas de continuidade entre épocas históricas, esclarecendo as etapas de evolução, realçando o carácter descontínuo desta evolução – que não é igual em todos os domínios do direito e do pensamento – e apontando para a necessidade de salvaguarda e distância do historiador perante os textos da época – muitas vezes só compreensíveis no quadro da luta e da propaganda política do contexto em que são formulados. Aquela perspectiva metodológica centrou longamente o debate político e historiográfico nos conceitos de absolutismo (mesmo com as variantes de poder absoluto, monarquia absoluta) e centralização, reflectindo, ainda que muitas vezes não intencionalmente, um dos elementos nucleares da filosofia hegeliana da história – o dualismo entre Estado e sociedade civil, aqui esquecendo um elemento fundamental da reflexão jusnaturalista, a de que o Estado é uma parte da sociedade civil [27]. Assim, há quem denuncie o *mito do absolutismo* para se referir a uma construção tipicamente liberal e justificativa[28], como se assiste à procura de designações intencionalmente neutrais da época histórica para evitar pré-compreensões políticas, como monarquia clássica, barroco, etc.[29]

---

[27] V., em síntese, Jorge Borges de Macedo, "absolutismo" e "centralização", no *Dicionário de História de Portugal*, direcção de Joel Serrão, I, pp. 1-14 e II, pp. 39-41 e *Polis. Enciclopédia Verbo da Sociedade e do Estado*, I, pp. 36-53.

[28] V., por exemplo, Nicolas Henshall, *The Myth of Absolutism: Change and Continuity in Early Modern European Monarchy*, London, 1992.

[29] Também como exemplo, v. Emanuel Le Roy Ladurie, "Reflexions sur l'Essence et le Functionnement de la Monarchie Classique (XVI-XVIII siècles)", em *L'État Baroque (1610-1652)*, edição H. Méchoulan, Paris, 1985.

Depois das sínteses da historiografia oitocentista, fortemente marcada pelos projectos políticos do seu tempo – em especial, o liberalismo e o Estado-Nação – e depois dos trabalhos da historiografia do século XX, fortemente marcada pelos conflitos ideológicos, parece que a queda do muro de Berlim veio tornar possível um novo rumo para a história do Estado, expresso em investigações produzidas por equipas multidisciplinares e de investigadores de diferentes países – procurando superar as pré--compreensões políticas que tinham vindo a dominar o debate historiográfico.

Trabalhos mais recentes vieram pôr em causa algumas destas pré-compreensões e mesmo chamar a atenção para um outro elemento fundamental para a história das instituições: apenas com o liberalismo se assiste verdadeiramente a um período de crescimento da administração do Estado, como pretende Pedro Tavares de Almeida[30], ou mesmo a uma *refundação do país*, de acordo com a caracterização de Rui Ramos[31]. Como têm alertado Ruy de Albuquerque e Martim de Albuquerque, do ponto de vista da administração o Estado liberal é mais absoluto do que o Estado absoluto[32]. A preocupação em ultrapassar as pré-compreensões com que o liberalismo tinha construído a história medieval e moderna e as pós-compreensões marxistas na demonstração do materialismo dialéctico, permitiram descobrir a natureza constitucional do antigo regime, não no sentido dos textos constitucionais escritos contemporâneos, mas da constituição como «essência da vida em comunidade»[33].

---

[30] Pedro Tavares de Almeida, *A Construção do Estado Liberal. Elite Política e Burocracia na Regeneração (1851-1890)*, Lisboa, 1995, 2 vols. (dissertação de doutoramento apresentada à Faculdade de Ciências Sociais e Humanas, Universidade Nova de Lisboa, policopiada); v. também Maria de Fátima Bonifácio, *O século XIX português*, Lisboa, Imprensa de Ciências Sociais, 2002.

[31] Rui Ramos, *A Segunda Fundação*, José Mattoso (coord.), *História de Portugal*, VI, Lisboa, Estampa, 2001.

[32] Ruy de Albuquerque / Martim de Albuquerque, *História do Direito Português*, pp. 34 ss.

[33] Dietmar Willoweit, *Deutsche Verfassungsgeschichte*, 5.ª, Beck, München, 2005, p. 4; também Wolfgang Reinhart sublinha a integração entre a política e os contextos sociais: *Geschichte der Staatsgewalt*, München, Beck, 1997. No mesmo sentido, v. Barbas Homem, *Judex Perfectus*, §§ 2 e 7 e *História do Pensamento Jurídico*, § 11. Para uma introdução à historiografia europeia mais recente do constitucionalismo contemporâneo, v. Horst Dippel, "Modern Constitutionalism. An Introduction to a History in need of Writing", *The Legal History Review*, LXXIII (2005), pp. 153-169.

A Instituição do Estado

Uma segunda questão a interessar os historiadores do Estado prende-se com a origem dos institutos do direito público moderno – o *ídolo das origens*, para usar uma expressão de Marc Bloch –, que a historiografia liberal filiara no direito romano. Os estudos de história do direito canónico, nomeadamente os trabalhos eruditos como os de Kuttner e de Garcia Y Garcia, sobre a canonística peninsular, bem como as investigações de Legendre e de Grossi, vieram trazer uma nova luz sobre estas questões, demonstrando a efectiva importância da teologia e do direito canónico e dos seus cultores para a formação do Estado, dos seus fundamentos e da sua disciplina jurídica. O declínio do marxismo-leninismo, primeiro, e o mais recente colapso da União Soviética levaram igualmente historiadores marxistas a reverem diversas das suas posições, nomeadamente no plano metodológico, superando pré-compreensões esquemáticas acerca do predomínio da infra-estrutura económica, com a desvalorização de todo o tipo de investigações fora do campo da história económica e social. O estudo das teorias do poder ganha assim uma importância acrescida. Em torno dele assistimos hoje a uma ofensiva dos cultores das ciências sociais, em parte arrogando-se herdeiros de Weber e das suas intuições e construções, para reconstruírem em novos moldes as velhas pretensões cientifistas do materialismo dialéctico. Por vias distintas mas convergentes na refutação deste tipo de paradigmas sociológicos, os estudiosos da história do pensamento político continuam a sustentar, não apenas a sua autonomia – em torno da história das ideias, dos conceitos, das teorias, das doutrinas, das ideologias – como a sua indispensabilidade para a compreensão da realidade do poder político. Quer dizer: recusando considerar conceitos, ideias e institutos do passado, categorias a-históricas, válidas para os nossos dias e para os dias futuros. Talvez por isso, o estudo das teorias da razão de Estado tem vindo a aprofundar-se, como se desse estudo pudesse o leitor retirar uma metáfora válida para os nossos dias acerca dos limites da autenticidade da política e da duplicidade que parece caracterizar os procedimentos políticos[34].

---

[34] Friedrich Meinecke, *La Idea de La Razon de Estado en La Edad Moderna* [1924], trad., Madrid, Centro de Estudios Constitucionales, 1983; v. também E. Thuau, *Raison d'Etat et pensée politique à l'époque de Richelieu*, Paris, 1966; Rodolfo di Mattei, *Il problema della «ragion di Stato» nell'età della contrariforma*, Milano, 1979; M. Senellart, *Maquiavélism et raison d'État*, Paris, Puf, 1989; M. Viroli, *From Politics to Reason of State*, Cambridge, Cambridge University Press, 1992; C. Lazzeri e D. Reynié, *Le pouvoir de la raison d'État* e *La raison d'État*, Paris, Puf, 1992; Yves Charles Zarka, *Raison et déraison d'État. Théoriciens et théories de la raison d'État aux XVIe. Et XVIIe. siècles*,

24   *O Espírito das Instituições*

A ligação entre a racionalidade estatal e a criação e funcionamento das instituições políticas tem de conjugar diversos níveis de observação: a sociedade, a religião, a economia e o direito. Para Max Weber, o nascimento do Estado moderno está intimamente associado ao monopólio da violência legítima e a racionalização do poder é uma tendência política, social e económica da Europa desde o absolutismo[35]. Os estudos de Norbert Elias, sociólogo discípulo de Weber, vieram demonstrar a importância de outro tipo de factores para o nascimento do Estado moderno – importantes para chegar a uma conclusão tão precisa quanto controvertida: a de ter sido o Estado o construtor da civilização[36]. Em *A sociedade de Corte*, o sociólogo alemão caracteriza a corte como um lugar de concorrência entre cortesãos regido pela etiqueta. Neste sistema, os cortesãos aprendem a recalcar as pulsões e a dissimular os sentimentos, porque a sua expressão os prejudica na concorrência pelo prestígio social, o bem relevante neste jogo: a racionalidade implica um esforço de adaptação dos homens para se integrarem e manterem numa determinada sociedade, através de cálculos. As regras de civilidade implicam *transformações de comportamentos* nomeadamente das maneiras à mesa, da satisfação das funções naturais e das relações sexuais.

Num percurso metodológico similar, Oestreich fala em tendência para a disciplina da sociedade, considerando os limites efectivos à possibilidade de falar em racionalização e institucionalização do Estado[37].

Paris, Puf, 1994; M. Stolleis, *Staat und Staatrazon in der frühen Neuzeit*, Frankfurt, Surkamp, 1990. Para Portugal, v. Martim de Albuquerque, "Política, moral e direito na construção do conceito de Estado em Portugal", nos *Estudos de Cultura Portuguesa*, I, cit.; *Um Percurso da Construção Ideológica do Estado*, Lisboa, 2002; José Adelino Maltez, *Ensaio sobre o Problema do Estado*, tomo II, *Da Razão de Estado ao Estado Razão*, Lisboa, Academia Internacional de Cultura Portuguesa, 1991; Luís Reis Torgal, *Ideologia Política e Teoria do Estado na Restauração*, 2 tomos, Biblioteca Geral da Universidade de Coimbra, 1981; Barbas Homem, *Judex Perfectus*, § 3 e *História das Relações Internacionais*, §§ 10-12.

[35] Em especial, v. Max Weber, *Três Tipos de Poder e Outros Escritos*, Lisboa, Tribuna, 2005, pp. 19-33; *Economía y Sociedad*, I, trad. esp., México, Fondo de Cultura Económica, pp. 320 ss.; *Sociologie du Droit*, tradução francesa, Paris, PUF, 1986, pp. 162 ss.

[36] Em especial, v. *A Sociedade de Corte*, Lisboa, Estampa, 1995, *O Processo Civilizacional*, 2 vols., Lisboa, Dom Quixote, 1989-1990. Sobre o autor e a história das mentalidades (Ariès, Chartier, etc.), v. a síntese de P. Salvadori, em Michel Vovelle (edição), *Os Historiadores*, Lisboa, Teorema, 2005.

[37] Cf. os diversos estudos recolhidos em G. Oestreich, *Neostocism and the early modern state*, Cambridge University Press, 1982 e, em tradução portuguesa parcelar, António Manuel Hespanha (ed.), *Poder e Instituições na Europa do Antigo Regime. Colectânea de Textos*, Lisboa, Fundação Calouste Gulbenkian, s.d. (1984).

A *Instituição do Estado* 25

Robert Muchembled inspirou-se nas investigações de Elias, mas apontando a relevância do direito penal da Idade Moderna. A *Invenção do homem moderno* passou, assim, também pela criminalização dos costumes contrários a estas regras de disciplina social, num processo que seria similar a nível europeu, quer no plano legislativo quer no plano doutrinário[38]. Os estudiosos da história do direito penal, no entanto, têm vindo a alertar para a tentação de interpretar o nascimento do Estado como expressão de um paradigma penal e processual: que a Idade Média era o reino da violência e da vindicta privada e que a Idade Moderna assistiu ao monopólio da violência nas mãos do Estado. Esta interpretação geral, que muito deve à sociologia e filosofia do Estado, falseia muitos elementos da realidade: a regulamentação minuciosa da vingança privada pelos costumes e forais medievais[39]; a construção tendencial da legalidade criminal através de instrumentos de controlo da actividade judicial[40]; do mesmo modo, o papel de ruptura tradicionalmente atribuído à filosofia penal do iluminismo tem vindo a ser controvertido[41]. As dificuldades práticas colocadas às instituições pelas distâncias, desconhecimento do direito, dificuldade das provas, violência da populaça, são comuns ao direito europeu, como podemos documentar em sínteses recentes – para o direito francês, de Carbasse, Laingui e Lebigre[42], italiano, de Sbricolli[43], e de Pertile[44], espanhol, de Tomás y Valiente[45], alemão, de Eb. Schmidt[46].

---

[38] Robert Muchembled, *Le Temps des Supplices. De l'Obéissance sous les Rois Absolus. XVe-XVIIIe Siècle*, Paris, Armand Colin, 1992; *L'Invention de l'Homme Moderne*, Paris, Fayard, 1988, em especial pp. 154 ss.

[39] Acerca deste aspecto e para o direito português, é fundamental Marcello Caetano, *História do Direito Português*, I, *Fontes. Direito Público (1140-1495)*, citado. Para a história do direito penal medieval é ainda fundamental Luís Miguel Duarte, *Justiça e Criminalidade no Portugal Medievo (1459-1481)*, s. l., FCG, 1999.

[40] Cf. António Pedro Barbas Homem, *Judex Perfectus*, §§ 15-19; em síntese, *A Lei da Liberdade*, I, 1.ª parte, cap. III e 2.ª parte, cap. III.

[41] Em relação a Portugal, anote-se a falta de uma história do direito penal; para uma perspectiva geral, v. Guilherme Braga da Cruz, "O movimento abolicionista e a abolição da pena de morte", nas *Obras Esparsas*, 2/2, *Estudos de História do Direito. Direito Moderno*.

[42] Jean-Marie Carbasse, *Histoire du Droit Pénal et de la Justice Criminelle*, Paris, PUF, 2000; André Laingui / Arlette Lebigre, *Histoire du droit pénal*, I, *La procédure criminelle*, Paris, Cujas, s.d., e Laingui, A. / A. Lebigre, *Histoire du Droit Pénal*, II, Paris, Cujas, 1979; a continuidade entre a doutrina criminalista do antigo regime e contemporânea foi sublinhada por Laingui em *La Responsabilité Pénale dans l'Ancien Droit. XVI-XVII Siècle*, Paris, 1970. Para uma introdução às concepções criminais europeias, v. Jean Imbert /

26 *O Espírito das Instituições*

Estas leituras são importantes para explicar o papel do Estado na *domesticação* das paixões dos homens, mesmo quando estes homens são governantes e oficiais. Destacaria, precisamente quando estamos perante homens investidos numa situação de superioridade, seja o rei ou os seus magistrados e funcionários. Importa, no entanto, fazer uma ressalva metodológica: não se trata unicamente do estudo da vida privada dos homens, mas de compreender o modo como estas exigências na condução da vida se tornam elementos centrais da *pessoa pública* dos governantes, oficiais e magistrados[47]. Aspecto, aliás, também colocado em relevo pelos estudiosos do neo-estoicismo[48], como, num estudo recente acerca da divulgação do pensamento de Justo Lípsio em Portugal, Martim de Albuquerque teve ocasião de evidenciar[49].

/ Charles Levasseur, *O Poder, os Juizes e os Carrascos. 25 Séculos de Repressão*, trad., Lisboa, Estúdios Cor, s.d.

[43] Mário Sbriccoli, *Crimen Laesae Maiestatis. Il problema del reato politico alle soglie della scienza penalistica moderna*, Milano, Giuffrè, s.d.

[44] A. Pertile, *Storia del Diritto Italiano*, V, *Storia del Diritto Penale*, reimp., Bologna, Forni, 1966.

[45] Tomás y Valiente, *El Derecho Penal de la Monarquia Absoluta (siglos XVI, XVII y XVIII)*, Madrid, Tecnos, 2.ª, 1992.

[46] Eb. Schmidt, *Einführung in die Geschichte der deutschen Strafrechtspflege*, 3.ª, 1965.

[47] V. *Judex Perfectus*, §§ 64-65. Sobre estes tópicos, v. a edição portuguesa dirigida por Armando Luís Carvalho Homem de P. Ariès / G. Duby, *História da Vida Privada*, Porto, Afrontamento, 1989-1991.

[48] Uma síntese recente, entre muitas outras que poderiam ser referidas, em *Le Stoicism au XVI et au XVII Siècle. Le Retour des Philosophies Antiques à l'Âge Classique*, Paris, Albin Michel, 1999, em especial o estudo de Michel Senellart sobre o estoicismo e a constituição do pensamento político (I, pp. 117 ss.).

[49] Martim de Albuquerque, *Um Percurso da Construção Ideológica do Estado*, citado.

§ 1.º
A construção do Estado

I. A CONSTRUÇÃO DO ESTADO E OS SEUS AGENTES

A construção do Estado exige instituições e funcionários, reis e conselheiros, tribunais e prisões, juizes e meirinhos. Mas o que sabiam estas pessoas acerca da institucionalização do Estado e do exercício das funções de que estavam encarregadas, que formação tiveram, que tipo de fontes consultaram e que livros leram tendo em vista o desempenho do seu ofício?

As etapas da construção do conceito de Estado em Portugal encontram-se descritas por Martim de Albuquerque e ao mesmo autor se devem os estudos fundamentais sobre a origem e evolução dos conceitos de poder político, soberania, nação e pátria[50]. Sem precisar estes conceitos e a sua evolução não podem entender-se as razões profundas e a lógica interna da evolução da história institucional. As instituições não podem ser compreendidas sem se estudarem os seus pressupostos teóricos. De outro lado, para perceber a realidade institucional do Estado, torna-se necessário conhecer a técnica burocrática utilizada no interior das instituições, evitando centrar a história exclusivamente na legislação ou na ciência do direito, que nos podem induzir a conclusões insuficientes, como tem alertado Ajello[51]. Para dar um exemplo relativo à construção do Estado territorial, conhecemos hoje com rigor a organização portuguesa do antigo regime no espaço continental, mas desconhecemos a percepção que desse espaço tinham os oficiais do Estado – sabemos, no entanto, que não tinham as informações actuais nem a possibilidade de utilizar as modernas tecnologias para aprofundar o conhecimento que detinham, muitas vezes errado e deturpado pela insuficiência dos mecanismos postos à sua disposição.

---

[50] Martim de Albuquerque, "Política, moral e direito na construção do conceito de Estado em Portugal", citado, para uma síntese dos seus estudos anteriores.

[51] R. Ajello, *Arcana Juris*, p. 141.

28 *O Espírito das Instituições*

Em função do objecto do presente ensaio, as observações seguintes demonstram a necessidade de conhecer o ponto de vista dos protagonistas da construção do Estado, os respectivos funcionários.

Legislação[52]

Ao apresentar as etapas de construção do Estado, da ciência do Estado e do direito público, logo deparamos com as dificuldades postas ao conhecimento das leis. Três factos demonstram esta observação: não existe um periódico oficial, as técnicas de divulgação do direito são imperfeitas e os arquivos locais contêm muitas lacunas em matéria de registo de leis, o que elucida da imperfeição do sistema de divulgação do direito.

Percebem-se, assim, os problemas enfrentados pelos práticos do direito. Estão obrigados à lei régia e a outras fontes de direito, mas igualmente se encontram confrontados com o problema do desconhecimento e ignorância das leis, a começar por eles próprios[53].

Por ordem cronológica as grandes publicações de textos legislativos do período em estudo são as seguintes:

Ordenações Manuelinas: 1521[54].
Colectâneas de leis publicadas depois de 1521[55]: 1569[56]; 1570 (legislação de D. Sebastião)[57]; 1583[58].

---

[52] V. *A Lei da Liberdade*, I, pp. 250 ss. e *História do Pensamento Jurídico. Relatório*, § 16.º II b), obras que seguimos. Os livros de registo de leis no ANTT constam do Núcleo Antigo, 20 (1567-1612) a 37 (1822-1826). Para além dos livros de registo, existe uma colecção de legislação. A Colecção de Leis recolhe legislação até 1926. Os índices desta colecção de leis constam do ANTT sob os n.ºs 307 a 310A. Os originais das leis podem encontrar-se, não apenas nesta Colecção de Legislação, como igualmente noutros núcleos do ANTT, como as Gavetas da Torre do Tombo. Ainda hoje não existe uma colectânea integral e crítica das leis publicadas entre as Ordenações Manuelinas e Filipinas.

[53] Acerca da vinculação dos magistrados e oficiais à lei, v. *A Lei da Liberdade*, parte I, cap. 3.º, e parte II, cap. 3.º.

[54] Évora (?) (Livros I e IV) – Lisboa (?) (Livros II, III e V), 1521; Lisboa, 1526 (?); Sevilha, 1539; Lisboa, 1565; posteriormente à sua revogação, Coimbra, 1797 (conhecida como edição conimbricense); Lisboa, 1984 (edição *fac-símile* da anterior).

[55] Para o estudo das leis impressas no século XVI e que constituem exemplares valiosos da tipografia portuguesa do renascimento, v. Sílvia Alves, *Leis Publicadas em Portugal no Século XVI (1536-1599)*, exemplar dactilografado; António Joaquim Anselmo,

A Instituição do Estado

Ordenações Filipinas: 1603, 1636, 1695, 1708 e 1727, 1747, 1789[59].
Colectâneas de Legislação: 1747; 1760; 1770; 1781; 1791; 1819[60].

Bibliografia das obras impressas em Portugal no século XVI, Lisboa, Oficinas Gráficas da Biblioteca Nacional, 1926; D. Manuel II, *Livros Antigos Portugueses*, Londres, 1933; Mário Brandão, *Documentos de D. João III*, Coimbra, 1937; Ferreira Gordo, *Fontes Próximas da Compilação Filipina*, Lisboa, 1792.

[56] Duarte Nunes de Leão, *Leis Extravagantes*, obra que conheceu as seguintes edições: Lisboa, 1569; Coimbra, 1796; Lisboa, 1987. Esta colecção não reproduz o texto original de cada uma das leis compiladas.

[57] Um índice desta legislação pode ser encontrado em Paulo Teixeira Pinto, "Compêndio de direito sebástico", in *Do Direito ao Império em D. Sebastião*, Lisboa, 1985. V. *Leys e Provisões que ElRey Dom Sebastião fez depois que começou a governar*, Lisboa, Francisco Correia, 1570.

[58] António Ribeiro, *Regimento da Casa da Suplicaçam e da Relaçam do Porto*, Lisboa, 1583.

[59] Fora do período em estudo, ainda Rio de Janeiro, 1870 (edição de Cândido Mendes de Almeida), reproduzida em *fac-símile* pela FCG., Lisboa, 1985, e Fernando H. Mendes de Almeida (edição, introdução e notas), *Ordenações Filipinas*, São Paulo, Saraiva, 1957 ss. (I-III). Os elementos de estudo são constituídos por colecções de leis elaboradas no século XIX, com o defeito grave para o historiador de se terem suprimido as referências aos procedimentos de consulta, de feitura e de publicação: António Delgado da Silva (compilador), *Collecção da Legislação Portugueza desde a última compilação das Ordenações*, 6 volumes, legislação de 1750-1810, Lisboa, 1825 a 1858 e Supplemento, 3 volumes, Lisboa, 1850-1820; José Justino de Andrade e Silva (compilador), *Collecção Chronologica da Legislação Portugueza*, 10 volumes, legislação de 1603-1700, Lisboa, 1855 a 1859 (abaixo, abreviadamente, CCLP; também abreviadamente SSR, José Roberto Monteiro de Campos Coelho e Sousa, *Systema dos Regimentos Reais*, I-VI, Lisboa, 1783-1791).

[60] As duas edições setecentistas das Ordenações Filipinas (a vicentina de 1747 e a conimbricense) foram enriquecidas com a publicação de legislação posterior. Na monumental edição vicentina de 1747 (por antonomásia conhecida como edição vicentina, embora o Mosteiro de S. Vicente de Fora gozasse de privilégio para imprimir as Ordenações por Alvará de 16 de Novembro de 1602: edições de 1636, 1695, 1708 e 1727) a cada um dos livros das Ordenações são acrescentadas as leis, alvarás, cartas, decretos e assentos a eles relativos: *Ordenações e Leys do Reyno de Portugal...* (Lisboa, 1747 ss.) e o *Appendix das Leys Extravagantes, Decretos e Avisos, que se tem publicado desde o anno de 1747 até o anno de 1761*, Lisboa, 1760 e é publicado um extenso repertório, devido a Jerónimo da Silva Pereira (I, 1749 e II, 1759). Nos reinados de D. José e de D. Maria foram recolhidas colecções de leis, nalguns casos apenas da legislação que já tinha sido antes publicada em avulso: *Collecção das Leys, Decretos e Alvarás* (D. José), Lisboa, 1770-1800, etc. Na edição da Universidade de Coimbra encontra-se, para além do texto das Ordenações e do respectivo repertório, a *Collecção chronologica dos assentos das Casas da Suplicação e do Cível*, Coimbra, 1791, com diversos apêndices. Joaquim Inácio de Freitas, *Collecção Chronologica de Leys Extravagantes*, 7 volumes, Coimbra, 1819-1833.

30 O Espírito das Instituições

Colecções de Regimentos e legislação interna das instituições: 1718; 1783[61].
Elucidários, prontuários e outros materiais de apoio: 1777; 1778; 1790; 1815; 1816; 1819; 1825[62].

Literatura

Ao lado da publicação das leis e regimentos das instituições observa-se o aparecimento de uma literatura prática, dedicada à descrição das

[61] Os regimentos e mais legislação referente às instituições judiciais e administrativas conheceram duas importantes compilações: *Systema e Collecção dos Regimentos Reais*, António Manescal, 2 volumes, Lisboa, 1718-1724; José Roberto Monteiro de Campos Coelho (organizador e impressor), *Systema e Collecção dos Regimentos Reais*, 6 volumes, Lisboa, 1783-1791.

[62] Identificamos as seguintes publicações:

1778. José Roberto Monteiro de Campos Coelho e Sousa, *Remissõens das leys novissimas, decretos, avisos, e mais disposições que se promulgaram nos reinados dos senhores reis D. José I, e D. Maria I*, Lisboa, 1778.

1790. José Anastácio de Figueiredo, *Synopsis chronologica de subsidios, ainda os mais raros, para a historia e o estudo critico da Legislação portugueza*, 2 tomos, Lisboa, Academia Real das Sciencias, 1790, trabalho continuado por João Pedro Ribeiro (*Indice chronologico remissivo da Legislação portugueza, posterior á publicação do Codigo Filipino*, 6 tomos, Lisboa, Academia Real das Sciencias, 1805-1820; *Additamentos e retoques à Synopse Chronologica*, Lisboa, Academia Real das Sciencias, 1829).

1815. Manuel Fernandes Tomás, *Repertorio Geral, ou Índice Alphabetico das Leis Extravagantes do Reino de Portugal, Publicados depois das Ordenações, comprehendendo tambem algumas anteriores que se acham em observancia*, Coimbra, Imprensa da Universidade, 2 tomos, 1815.

1816. Manuel Borges Carneiro, *Extracto das Leis, avisos, provisões, assentos e editaes publicados nas Côrtes de Lisboa e Rio de Janeiro, desde a epocha da partida d'El-Rey nosso Senhor para o Brasil em 1807, até Julho de 1816*, Lisboa, Imprensa Régia, 1816; *Mappa chronologico das Leis e mais Disposições de direito Portuguez, Publicadas desde 1603 até 1817*, Lisboa, Imprensa Régia, 1818; *Resumo chronologico das leis mais uteis no fôro e vida civil*, Lisboa, Imprensa Régia, 3 tomos, 1818-1820; *Additamento Geral das Leis, resoluções, avisos, etc. desde 1603 até ao presente*, Lisboa, Imprensa Régia, 1817; *Segundo additamento geral das Leis, resoluções, avisos, etç. desde 1603 até ao presente*, Lisboa, Imprensa Régia, 1818; *Resumo chronologico das leis mais uteis no fôro e uso da vida civil*, 3 tomos, Lisboa, Imprensa Régia, 1818-1820.

1819. Joaquim Inácio de Freitas, *Collecção Chronologica de varias Leis, Provisões e Regimentos*, Coimbra, 1819.

1825. Joaquim José Caetano Pereira e Sousa, *Esboço de Hum Diccionario Juridico, Theoretico, e Practico, Remissivo ás Leis Compiladas e Extravagantes*, 2 tomos, Lisboa, Typ. Rollandiana, 1825.

A *Instituição do Estado* 31

instituições e à indicação dos titulares dos órgãos. Uma literatura científica nasce com o tratado pioneiro de Pascoal de Melo sobre o direito português. A investigação destes livros e textos é importante para esclarecer as etapas de construção do Estado e as dificuldades para um conhecimento e reflexão científicos acerca das questões estaduais. É importante alertar para esta temática, a qual exige uma efectiva compreensão da dinâmica dos Estados a partir de um olhar interior – isto é, de acordo com o grau de conhecimentos que os homens da época em estudo tinham a respeito das instituições do Estado.

Esta realidade é comum em toda a Europa, na qual predomina uma visão empírica na construção do Estado até meados do século XVIII, quando se assinala o nascimento de uma literatura jurídica intencionalmente científica.

Em Portugal, podem assinalar-se duas etapas. A primeira inicia-se com as academias fundadas no reinado de D. João V, período que também se considera como o da introdução do moderno pensamento científico em Portugal. O nascimento de uma literatura jus-científica, depois da Reforma dos Estudos de 1772, constitui uma segunda etapa nesta evolução das concepções jurídicas do Estado. Contudo, mesmo depois destes eventos, para o oficial das instituições do Estado permanece válido um juízo: não existem escolas para a respectiva formação e a Universidade pombalina não exerceu nem pretendeu exercer o papel de escola dos funcionários do Estado. Referido em projectos de reforma das Faculdades de Leis e Cânones, como o de Ricardo Raimundo Nogueira, não se encontra em Portugal o desígnio dos autores alemães de reservar para a universidade a formação teórica dos funcionários do Estado. A formação profissional, para usar uma expressão dos nossos dias, continua a ser uma questão de experiência, de idade e de leitura de livros.

Vejamos a cronologia desta literatura acerca do Estado e das instituições e funcionários, em regra meramente informativa da organização das instituições, para este efeito descrevendo a sua história e publicando listas dos seus titulares dos cargos[63].

1561, Fernando Álvares Seco imprime o primeiro mapa do território português. 1584, Bartolomeu Filipe publica o *Tratado del Consejo y delos*

---

[63] Também existem diversas listagens de oficiais e outros memoriais relativos à organização das instituições superiores, em especial nos núcleos arquivísticos respectivos. Sobre os titulares dos cargos da administração central, v. como exemplo os importantes elementos do ANTT, Cod. 1076, ff. 280-286, e BNL, Cod. 1457.

consejeros delos Principes. 1589, o italiano Giovanni Botero publica *Da Razão de Estado* e as *relações universais*, obras nas quais se pode encontrar uma descrição dos principais Estados da Europa do ponto de vista da geografia política e social, nomeadamente denunciando o desconhecimento da efectiva dimensão do reino português. 1610, Duarte Nunes de Leão publica a *Descrição do reino de Portugal.* 1621, António de Vasconcelos publica *Anacephaleoses*, em Antuérpia. 1631, António de Sousa de Macedo publica *Flores de Espanha, Excelências de Portugal*, obra em que encontramos uma descrição da história de Portugal e do funcionamento das suas instituições. 1643, António Carvalho de Parada publica a *Arte de Reinar*, talvez a primeira tentativa de sistematização do exercício do poder, desde a educação de príncipes à política externa dos Estados. 1651, António de Sousa de Macedo publica *Harmonia Politica dos Documentos Divinos com as Conveniências de Estado.* 1652 (?), publicação da *Arte de Furtar*, obra atribuída ao P. António Vieira, Manuel da Costa, Tomé Pinheiro da Veiga ou António de Sousa de Macedo, na qual encontramos importantes indicações sobre as instituições e o seu funcionamento. 1733, Diogo Guerreiro Camacho de Aboim inicia a publicação de *Escola moral, politica, cristã e jurídica.* 1734-1751, publicação dos *Elementos de História* do Abade de Vallemont, traduzidos por Pedro de Sousa de Castelo Branco, de novo com muitos elementos informativos institucionais. 1734, Luís Caetano de Lima, clérigo teatino que participou nas negociações do tratado de paz de Utrecht, inicia a publicação da *Geografia Histórica de Todos os Estados Soberanos de Europa*, apesar do título, relativa apenas a Portugal. 1735-1749, António Caetano de Sousa publica *História Genealógica da Casa Real Portuguesa* e respectivas *Provas*, iniciando uma nova metodologia da investigação e de escrita da história. 1749, Damião António de Lemos Faria e Castro inicia a publicação de *Politica moral, e civil, aula de nobreza lusitana*, na qual podemos encontrar uma história e descrição das instituições portuguesas. 1757, Paulo Dias de Niza publica *Portugal Sacro-Profano*, com indicações sobre os moradores das freguesias do país, localização e rendimento. 1762-1763, João Baptista de Castro publica *Mapa de Portugal Antigo e Moderno.* 1767, a *Dedução Cronológica e Analítica*, atribuída ao Secretário de Estado José de Seabra da Silva, constitui uma lição de história, política e economia de acordo com os catecismos políticos das monarquias absolutas do tempo. 1818-1831, Frei Cláudio da Conceição, *Gabinete Histórico*. 1822, marcado pela *economia política*, Adrien Balbi publica o *Essai Statistique sur le Royaume de Portugal et D'Algarve*, com longas indicações acerca da organização judiciária e em que se procede a uma observação comparada com outros Estados europeus.

A Instituição do Estado

Existiu igualmente uma literatura jurídica dedicada ao estudo das instituições do Estado, fundamentalmente previstas no Livro I das Ordenações, de que destacamos:

> 1618, Manuel Barbosa publica um volume de remissões ao livro I das Ordenações, reeditado por diversas vezes. Manuel Álvares Pegas (1635--1696) publica um extenso comentário ao Livro I das Ordenações, que conheceu duas edições, em XIV volumes. 1643, António de Sousa de Macedo publica *Perfectus Doctor*, em Londres, texto fundamental da metodologia jurídica do barroco. 1673, Domingos Antunes Portugal publica um *tratado sobre as doações régias*, efectivamente um manual de direito público português (1726; 1757). 1677, Nicolau Coelho de Landim publica um importante tratado dedicado ao sindicato (inspecções) e aos salários dos funcionários.
>
> Ao lado deste tipo de obras, deve ainda sublinhar-se a importância dos dicionários e tesouros jurídicos, em que os materiais se encontram distribuídos alfabeticamente[64]. Os mais divulgados talvez sejam aqueles que são atribuídos a Agostinho Barbosa (1590-1649), autor, entre outras obras, de dois repertórios jurídicos que conheceram edições aditadas nos séculos XVII e XVIII, e a Bento Pereira (1605-1681), teólogo jesuíta, responsável pela publicação de um *Promptuarium Theologicum Morale, secundùm jus commune, & Lusitanum*, de um *Elucidarium Sacrae Theologiae Moralis, et Juris Utriusque*, e de um sucinto *Promptuarium Juridicum*. Neste tipo de obras incluímos ainda, devido a António Cardoso do Amaral, um *Liber Utilissimus Judicibus, et Advocatis*, publicado em 1610 e obra que conheceu várias reedições. Também dois livros práticos se inserem neste tipo de literatura: 1743, Jerónimo da Cunha, *Arte de Bachareis ou perfeito Juiz*; 1743, Jerónimo da Silva de Araújo, *O Perfeito Advogado*.

Uma literatura intencionalmente jus-científica nasce com a reforma dos estudos de 1772. Porém, é necessário tomar em consideração que com esta expressão podemos referir duas dimensões da literatura de *polícia*. A primeira é a de conhecimento científico, preocupação característica da ciência alemã. A segunda dimensão designa uma técnica de exercício do poder, visão característica dos escritores franceses da *polícia* e da ciência do Estado. De outro lado, não pode perder-se de vista que não existe incompatibilidade entre estas posições metodológicas. Efectivamente, a

---

[64] Sobre este tipo de literatura, v. Ana Maria Barrero García, "Los repertorios y diccionarios jurídicos desde la Edad Media hasta nuestros dias. Notas para su estudio", *AHDE*, XLIII (1973), 311-351.

34   *O Espírito das Instituições*

ciência moderna assenta na experiência. Procede-se, seguidamente, a uma indicação sucinta destas obras.

1789, Pascoal de Melo publica as *Instituições do direito civil tanto público como particular*, obra notável pela sistematização, estilo e cultura jurídica, livro de formação na universidade até ao primeiro Código Civil e obra de referência na cultura europeia e da América latina; a elas se seguem as *Instituições de direito criminal* e a *História do direito português*. 1793, Francisco Coelho de Sousa e Sampaio, um dos mais empenhados defensores da monarquia pura, inicia a publicação das *Prelecções de direito português*. 1795, Ricardo Raimundo Nogueira lê as suas lições de direito português na universidade de Coimbra, publicadas postumamente, de que ficaram inúmeros manuscritos, nomeadamente entrando no estudo do livro I das Ordenações – aquele em que encontramos a descrição do estatuto dos principais ofícios e funcionários portugueses.

Não pode esquecer-se a leitura dos autores estrangeiros em Portugal, nomeadamente políticos e juristas. Se é esta a apreciação dos estudiosos da história das ideias, como Silva Dias, Banha de Andrade, Francisco da Gama Caeiro e Pedro Calafate, um estudo recente de Martim de Albuquerque demonstra a preocupação dos reis portugueses em estarem a par com as publicações políticas de outros países europeus[65]. Para o século XVIII, a referência aos fundos das biblioteca de Mafra e de Coimbra é igualmente impressiva de uma política de conhecimento efectivo das publicações dos restantes países europeus, como o é igualmente a frequência e intensidade das comunicações entre os homens de cultura da Península (Piwinick). De resto, como teremos ocasião de o referir, na legislação e nas consultas das instituições superiores deparamos com um efectivo conhecimento das realidades políticas da Europa do tempo. Os relatórios e despachos dos nossos representantes diplomáticos são igualmente uma fonte preciosa para documentar esta preocupação em conhecer e entender a organização estadual das principais potências europeias e os seus efeitos na sociedade e na economia. A leitura simplista da história portuguesa como um confronto entre castiços e estrangeirados está errada[66].

---

[65] Martim de Albuquerque, *«Biblos» e «Polis». Bibliografia e Ciência Política em Portugal. D. Vicente Nogueira (Lisboa, 1586 – Roma, 1654)*, Lisboa, Nova Vega, 2005.

[66] Entre outros, cf. J. S. Silva Dias, "O ecletismo em Portugal no século XVIII. Génese e destino de uma atitude filosófica", in *Revista Portuguesa de Pedagogia*, IV (1972); A. Coimbra Martins, "Estrangeirados", *DHP*, II, p. 124; Jaime Cortesão, *Alexandre de Gusmão*, I, pp. 90 ss.; Silva Dias, *Portugal e a Cultura* ..., pp. 98 ss.; Jorge Borges de Macedo, *«Estrangeirados»: um conceito a rever*, Ed. do Templo, Lisboa, s.d.

II. OS PRÍNCIPES MODERNOS

É no final de *O Príncipe* que Maquiavel enuncia uma fórmula que se tornará um dos alicerces da teoria política na Idade Moderna:

> *E non è maraviglia se alcuno de' prenominati Italiani non ha possuto fare quello che si può sperare facci la illustre casa vostra, e se, in tante revoluzioni di Italia e in tanti maneggi di guerra, e' pare sempre che in quella la virtù militare sia spenta. Questo nasce, che li ordini antichi di essa non erano buoni e non ci è suto alcuno che abbi saputo trovare de' nuovi: e veruna cosa fa tanto onore a uno uomo che di nuovo surga, quanto fa le nuove legge e li nuovi ordini trovati da lui.* (O Príncipe, XXVI, 4)[67]

Para usar um conceito do autor, a *fortuna* da frase de Maquiavel elucida da ligação existente entre os principados modernos e a aprovação de leis e criação de instituições, mensagem que o florentino retirou da meteórica ascensão de César Borgia e da governação de Fernando o Católico. A glória dos governantes e a grandeza do Estado pode ser obtida, não apenas no campo de batalhas, mas igualmente pela criação de instituições e aprovação de novas leis. A fortuna da fórmula reside precisamente na oportunidade para caracterizar as sociedades políticas renascentistas. Deve observar-se que não estamos perante o lugar comum dos escritores políticos de quinhentos e de seiscentos do elogio ao bom e sábio legislador, como Sólon, Licurgo e Catão, que os escritores quinhentistas foram buscar a fontes antigas, e que, aliás, igualmente encontramos nos escritos do florentino.

Com *O Príncipe* assistimos ao nascimento de uma nova forma de teorizar a função dos governantes, que rapidamente se vai tornar o alicerce dos Estados modernos. A lei é o instrumento a um tempo político e jurídico para a criação de novos magistrados e de novas instituições do Estado, e esta é uma missão grandiosa para qualquer chefe político. A lei tem a virtualidade de produzir este resultado sem o custo de uma guerra.

Estudar o modo como a lei se torna um instrumento político – de realização de programas e de reformas e de comunicação com a opinião

---

[67] Uma tradução possível deste excerto célebre e discutido entre os especialistas seria a seguinte: «Isso resulta de não serem boas as instituições do tempo passado e de não ter aparecido ainda ninguém que encontrasse melhores. Não há coisa que cause tanta honra ao homem que de novo medra do que as novas leis e ordens por eles inventadas. Tais coisas, quando bem fundamentadas e possuidoras de grandeza, proporcionam-lhe uma majestade maravilhosa...» (livro XXVI).

público – e jurídico – quadro preceptivo de condutas, obrigatório para todos os membros da comunidade e, em especial, para os funcionários do poder – é compreender o primeiro dos pilares do Estado moderno. E, igualmente, entrar no estudo dos instrumentos jurídicos que permitiram a construção do Estado.

Como demonstrado por Martim de Albuquerque, a teorização política em Portugal ficou à margem de Maquiavel – nem mesmo na sua sombra. Contudo, na prática e na literatura políticas portuguesas também encontramos uma mensagem que assenta na glória dos reis e dos povos, nas leis e nas instituições criadas pelos príncipes. Como explicá-la?

A glória do governante é um atributo pessoal deste. A glória dos feitos e das obras, das vitórias na guerra e das conquistas na paz, dos feitos artísticos e literários, das boas leis e ordenações, das boas e justas instituições. Como os antigos Césares romanos, os monarcas do renascimento deixam a sua marca pessoal na arte do seu tempo. A arquitectura, a pintura, a escultura, a ourivesaria, reflectem esta mensagem pessoal dos reis, para quem já não era suficiente que a face da moeda reflectisse a sua figura.

Esculpido no portal principal do Mosteiro dos Jerónimos com o seu santo patrono, S. Jerónimo, D. Manuel recorda aos vindouros o patrocínio de uma obra gloriosa. Se já não é evidente a representação do rei manuelino nas gravuras que decoram as Ordenações de 1514[68] – a figura é estilizada de acordo com as regras da arte da impressão do tempo – não é menos certa, em todo o caso, a invenção de uma iconografia e de uma *simbólica do Estado*, fundamental, como posto em relevo por Martim de Albuquerque, para a emergência dos novos caminhos da política[69].

A cronologia da fundação do Estado moderno encontra aqui um evidente paradoxo. Anterior a Maquiavel e preparada durante o reinado de D. João II, a lição política manuelina parece encerrar em si todos os elementos caracterizadores da modernidade do Estado:

(i) Reforma das leis, aplicáveis a todo o território do Estado e cujo cumprimento é potencialmente exigível a todos os seus membros.

---

[68] Cf. António Pedro Barbas Homem, *As Ordenações Manuelinas: significado no processo de construção do Estado* (*Estudos em Homenagem ao Professor Doutor Raul Ventura*, Coimbra, Coimbra Editora, 2003); v. também, Diogo Freitas do Amaral, *D. Manuel I e a Construção do Estado em Portugal*, Coimbra, Tenacitas, 2003.

[69] Martim de Albuquerque, *O Poder Político...*, cit.

(ii) Uniformização do direito local, com a reforma dos forais e dos pesos e medidas, entre outras medidas.

(iii) Criação de novas instituições, situadas no centro e susceptíveis de destruir os poderes periféricos.

(iv) Grandes obras públicas, geradoras do sentimento de glória e de orgulho próprio dos povos.

Estas observações sobre o reinado manuelino recordam uma observação de Ortega y Gasset ao *Príncipe* – obra que mais não seria do que «o comentário intelectual de um italiano aos feitos dos espanhóis»[70].

III. GLÓRIA DO PRÍNCIPE E NATUREZA DOS POVOS

A glória dos reis também se reflecte na glória dos povos e dos Estados. O sentido da grandeza histórica dos povos e de sua missão histórica encontra-se espelhado nas epopeias dos poetas europeus. Mesmo quando realizam uma empresa divina, o carácter profano destas epopeias marca uma ruptura com a história providencial, aquela que atribui a fundação de Lisboa a Ulisses, a de Setúbal a um descendente de Noé, e a vitória de Afonso Henriques sobre os mouros, tal como a Restauração de 1640, a uma intercessão divina, entre tantos outros acontecimentos da história portuguesa.

Estas epopeias não são apenas o fruto da ambição dos Quixotes, capazes de superar obstáculos reais e imaginários para realizar um sonho maior do que a vida. São também o resultado dos trabalhos de numerosos Sancho Pança, minuciosos organizadores do tempo e das coisas disponíveis, em suma resultam também do anonimato de uma administração organizadora das grandes empresas. O escrivão, o porteiro ou o meirinho sempre seriam improváveis protagonistas quer da grande história como das pequenas histórias, mas sem eles não eram possíveis as empresas grandiosas. De certo modo e como intuiu Kafka, foi Sancho Pança, medíocre mas um homem livre, quem inventou o Quixote, preso aos demónios e a sonhos superiores a si próprio[71]. Pode imaginar-se que é o espírito da

---

[70] Citado por José António Escudero, *Curso de Historia del Derecho. Fuentes e Institutiones Politico-Administrativas*, ed. do autor, 6ª, Madrid, 1990, p. 723.

[71] Acerca dos cadernos de observações de Kafka, v. Roberto Calasso, *K, Adelohi*, 2003.

normalidade medíocre e monótona que torna necessária a invenção da loucura. Porém, a literatura não elucida o modo como as leis dão origem a novas instituições nem esclarece como as instituições frutificam e realizam as funções políticas.

De acordo com uma lição da antropologia política aristotélica e lugar comum nos escritores portugueses deve examinar-se a natureza dos povos a quem se aplicam as instituições políticas. Povos diferentes implicam regimes políticos e ordens jurídicas distintas. A natureza do povo é decisiva para explicar o seu direito. Ora, a virtude dos cidadãos só é possível desde que a sociedade esteja bem organizada no sentido de permitir a cada cristão a prática das virtudes. Para que tal seja possível, é necessário que os cidadãos se possam determinar de acordo com essas virtudes. Para o cristianismo, esta é uma máxima política de todos os tempos e uma das justificações para o interesse da teologia pela política, da patrística aos nossos dias (teologia jurídica e política). De outro lado, as instituições naturais existentes deveriam ter-se como vinculativas, já que a natureza nada faz que não tenha sentido.

Povos satisfeitos e povos virtuosos não são sinónimos. Podem encontrar-se povos satisfeitos, mas viciosos, e outros virtuosos, mas insatisfeitos. O problema prático consiste em saber quais são estas virtudes cívicas, isto é, que virtudes devem ser exigíveis aos membros de uma comunidade e quais são aquelas que efectivamente os caracterizam. Com involuntária ironia, uma frase do cronista Fernão Lopes esclarece o sentido deste argumento:

«O reino onde todo o povo é mau não se pode suportar muito tempo»[72].

Deste modo, o papel das instituições políticas é também o de tornar possível a vida virtuosa no espaço social. Para a teologia política católica, uma das funções dos reis é evitar e reprimir os pecados e tornar possível o exercício das virtudes. Como a comunidade política e o poder que nela existe procede de Deus, a boa ordem social depende da sua conformidade com a ética cristã e, consequentemente, também é dever dos reis a protecção da fé e da Igreja (v. *infra*). Num primeiro momento logo após o Concílio de Trento, esta directiva política veio esbater a diferença entre público e privado no plano social: as determinações conciliares apontam para uma disciplina renovada, nomeadamente no âmbito das relações

---

[72] *Crónica do Senhor Rei Dom Pedro*, tit. 5, na edição de Damião Peres, Porto, Livraria Civilização, 2.ª, 1979, p. 4.

familiares, de que são exemplos mais relevantes a figura do juiz dos pecados públicos e, em certos casos, a derrogação do sigilo da confissão.

As virtudes cívicas encontram-se descritas em abundante literatura e identificadas na arte renascentista e barroca. Por virtudes cívicas designo aquelas que se manifestam na *polis* e pressupõem a categoria de membro dessa comunidade política (*cives*). A virtude é o hábito operativo do bem e, segundo a concepção aristotélica geralmente recebida, a virtude está no meio, entre o bem dos anjos e o mal dos demónios. As quatro virtudes cardeais são a justiça, a prudência, a temperança e a fortaleza – e são cardeais porque estão na base e são o fundamento de todas as atitudes virtuosas, como qualidades que, em maior ou menor medida, são necessárias em todas as situações. Conjuntamente com as virtudes teologais da fé, esperança e caridade formam o conjunto das virtudes principais. É importante sublinhar que as virtudes não se identificam com os valores. Estes encontram-se fora e para além da acção, como ideais ou objectivos óptimos a prosseguir, enquanto que as virtudes são consideradas essenciais para a acção humana em favor do bem comum. As acções virtuosas são estáveis, compreensíveis e correspondem às expectativas quanto à atitude que um homem bom tomaria numa determinada situação.

A ética das virtudes aplica-se à teorização dos ofícios públicos, desde logo ao dos reis. Segundo o tomismo, são duas as condições necessárias a uma vida moral: agir segundo a virtude e suficiência dos bens corpóreos cujo uso é necessário ao exercício da virtude. Já a vida moral da sociedade exige o preenchimento de três pressupostos, o de estar a multidão fundada na paz, dirigida a proceder bem e a existência de abundância de bens, por indústria do governante.

Não estamos perante uma matéria apenas relevante na esfera moral, mas perante uma temática também relevante para a construção jurídica do Estado. No seu livro sobre o *direito dos ofícios*, o jurista francês Loyseau enumera três modos de adquirir o ofício, sendo o primeiro a virtude, e os restantes o favor e o dinheiro[73].

A omissão das virtudes ou generalização dos vícios é uma das causas de decadência moral dos povos e de corrupção dos Estados, segundo a literatura da razão de Estado[74].

---

[73] Charles Loyseau, *Cinq Livres du Droit des Offices*, Chasteaudun, Abel l'Angelier, 1610, p. 17.

[74] Cf. *História das Relações Internacionais*, § 11, 46.

Para a disciplina dos funcionários, em especial dos ofícios judiciais, interessa sobremaneira a virtude da prudência[75]. A prudência tem vários sentidos, nomeadamente previsão e conhecimento prático e pode revestir diversas aplicações, falando-se então de prudência civil, militar, mista, governativa, política, judicial. Também entre as virtudes mais importantes para o bom desempenho da função real se conta a sabedoria e a prudência, como continua a ser a mensagem dos textos de transição para a modernidade:

> «E conhecida coisa está, que o principal bem, que se requer para ministrar justiça, assim é sabedoria, porque escrito é, que por ela reinam os Reis, e são poderosos para ousadamente com louvor, e exaltação do seu Real Estado reger e ministrar Justiça; e por isto se diz, que se pode com justa razão dizer, que bem aventurada é a Terra onde há Rei Sabedor, porque a Sabedoria o ensina como subjuga os apetites mentais, e carnais desejos a jugo da razão, para direitamente reger seu Reino e Senhorio, e manter seu Povo em direito e justiça» (Ordenações Afonsinas, prólogo, p. 4).

Considera-se a prudência como uma virtude essencial para o exercício dos cargos públicos. A enumeração das virtudes dos funcionários era realçada por uma literatura especializada, muitas vezes publicada com títulos padronizados – juízes perfeitos, embaixadores perfeitos, advogados perfeitos, etc. Deste modo, a convicção é a de que, através da educação da personalidade, as pessoas em geral e, para o propósito do presente livro, os servidores do Estado, em especial, aplicam automaticamente nas suas atitudes quotidianas e decisões as virtudes. Nem a violência popular, nem as vinganças dos governantes, nem o engano ou a ambição de governar são justificadas, de acordo com uma lição da escolástica. Conjugam-se, assim, vários planos: as virtudes gerais dos povos e as virtudes particulares exigidas para os titulares dos cargos, seja o rei, os mais altos conselheiros ou o mais modesto dos funcionários. E o carácter dos povos resulta das suas virtudes intrínsecas. Veremos, mais à frente, como estas observações gerais sobre a prudência são utilizadas para caracterizar a ética e o direito dos funcionários públicos. Observe-se em qualquer caso, com Michael Meyer, uma alteração sensível no modo de ordenação da sociedade introduzida com o renascimento. A possibilidade de enriquecer e o acesso aos cargos públicos, antes poucos e restritos a um grupo fechado, tornaram

---

[75] V. Ruy de Albuquerque / Martim de Albuquerque, *História do Direito Português*, pp. 261 ss.

A Instituição do Estado 41

possível inscrever no âmbito das famílias a construção de uma glória ou fortuna que se considerava no período anterior apenas possível aos reis e aos grandes[76].

IV. ESTADO E MODERNIDADE POLÍTICA

Existem três problemas colocados de forma permanente ao poder político numa determinada comunidade: a violência, a pobreza e a ignorância. Sublinhem-se os seus opostos para compreender a íntima ligação entre eles: a paz, o bem-estar e a educação.

Não podemos perder de vista o contexto social, económico e cultural da época em estudo. Os descobrimentos, a crise religiosa e o desenvolvimento social e cultural da sociedade renascentista tornaram necessária uma nova teoria do Estado. Na interpretação deste período, Ruy de Albuquerque e Martim de Albuquerque sublinham o contraste entre a estabilidade do direito privado e as transformações do direito público[77]. Numa perspectiva metodológica distinta mas convergente, autores como Oestereich, Stolleis ou Willoweit sublinham que o nascimento desta nova teoria do Estado e, em especial, do direito do Estado, corresponde às exigências que a modernidade traz ao direito e à sociedade.

De certo modo, a conjugação destes dois planos permite-nos chegar a esta outra interpretação geral: as transformações do direito público foram necessárias para assegurar o máximo respeito pelos princípios fundamentais do direito privado. As novas jurisdições estatais e da Igreja e a imposição de modelos de conduta social procuram o respeito por aquelas regras essenciais do direito privado, em especial do direito da família (casamento tridentino) e das obrigações (princípios da culpa e obrigações no foro da consciência). O nascimento do Estado moderno encontra-se ligado à crise da sociedade no século XVI, em consequência dos descobrimentos e da

---

[76] Michael Meyer, *O Filósofo e as Paixões. Esboço de uma História da natureza Humana*, Porto, Asa, 1994, p. 107, em passo que vale a pena transcrever: «Torna-se possível enriquecer e a corrida para a glória e para os cargos vai-se inscrever progressivamente na ordem do possível. O que significa uma fragilização das relações sociais. Há famílias que ascendem na escala social, enquanto outras descem. Tal como o amor, por mais reprimido e regrado que seja, também a riqueza e o poder constituem apostas, estando assim inexoravelmente submetidas aos golpes da Fortuna».

[77] Ruy de Albuquerque / Martim de Albuquerque, *História do Direito Português*, pp. 24 ss.

reforma religiosa. A disciplina imposta pela Igreja estava a ser posta em causa e a autoridade da casa já não era capaz de impor a disciplina, no momento em que as relações sociais pareciam seguir novos modelos. O Estado tornou-se necessário neste momento para restabelecer a ordem e disciplina sociais. Disciplina que é imperativa para os reis, os juizes, os funcionários, etc.

Estas observações são importantes para explicar o tema da construção do Estado em Portugal. Existem dois paradigmas políticos que vêm dos tempos medievais e que traduzem esta ligação.

(i) A concepção finalista do poder declara que o poder existe para a realização de fins, a paz, a justiça e o bem comum. Kantorowicz identifica a visão *finalista* do Estado, oposta àqueles que concebem a política como um terreno de luta pelo poder e, portanto, vêem no Estado apenas uma forma sem conteúdo. No pensamento político medieval encontramos uma fórmula que condensa esta concepção:

«Os reinos não foram criados para os reis, mas os reis para os reinos».

(ii) A concepção social da lei, identificada por Ullmann, implica a protecção dos mais fracos e desprotegidos[78]. Esta é uma mensagem reiterada desde a patrística e dirigida à consciência dos cristãos – é um dever dos homens como cristãos. A natureza e intensidade deste dever no âmbito da política cristã é um tema mais complexo e releva da teoria da justiça, em especial, da justiça fiscal, matéria que teve como maior tratadista o lente de Évora e teólogo jesuíta Molina.

O argumento dos partidários da autoridade do Estado pode ser enunciado do seguinte modo: o Estado forte é necessário para permitir aos cidadãos o exercício dos direitos e liberdades. O Estado fraco fica à mercê dos poderosos e dos interesses, nomeadamente locais, não permitindo que os cidadãos possam exercer as suas liberdades e direitos. A irracionalidade das paixões humanas reinaria,

«Que um fraco rei faz fraca a forte gente» (*Lusíadas*, III, 138).

A apropriação do poder punitivo pelos reis, com a proibição da vingança privada, teve por isso de ser acompanhada pela submissão dos

---

[78] W. Ulmann, *The Medieval Idea of Law as Represented by Lucas de Penna*, New York-London, Barnes and Noble – Methuen, 1964 (reprint), p. 108; e *A Lei da Liberdade*, I, § 8 II.

A Instituição do Estado 43

juizes à lei, por mecanismos de responsabilidade judicial e de prestação de contas, bem como pela protecção especial das pessoas fracas e miseráveis, através do estabelecimento de um foro especial, do patrocínio forense gratuito, etc. A criação de juizes de nomeação régia não deve ser encarada apenas como uma directiva da centralização do poder, porque também representa uma via intencional de garantia dos cidadãos contra a opressão dos senhores laicos e eclesiásticos e contra a desorganização da vida social. A interpretação tradicional da historiografia acerca da criação dos corregedores e dos juizes de fora, magistrados nomeados pelo rei, sublinha em demasia o tópico da centralização do poder, sem olhar para as suas causas profundas: de um lado, a exigência popular de protecção; de outro, a visão do rei, primeiro como árbitro dos conflitos entre os senhores e as comunidades locais, depois, como supremo juiz e único legislador; finalmente, a violência de uma sociedade que não conhece polícia de proximidade, polícia de investigação, nem mecanismos de cooperação judiciária e que necessita da intervenção de terceiros imparciais.

Em especial, os teóricos da monarquia absoluta esgrimiram este argumento de modo bem preciso, quer em Portugal e de acordo com a tradição jusnaturalista, quer em outros países e de acordo com outro tipo de argumentos. Em qualquer caso, importa não confundir entre a monarquia pura ou de direito divino e o totalitarismo do século XX: aquela não tem o controlo sobre uma massa social indiferenciada nem tem o desejo de o possuir nem ainda existe a percepção da importância e da possibilidade de manipulação da opinião pública[79].

V. RAZÃO E ESTADO

A historiografia da razão de Estado tem vindo a ganhar novos e por vezes inesperados cultores. Henry Kissinger, brilhante historiador da diplomacia antes de ser chamado a desempenhar funções políticas, apresenta o tema da razão de Estado como uma metáfora acerca do funcionamento actual do Estado, uma fórmula sempre presente na história política[80].

---

[79] G. Oestreich, *Neostocism and the early modern state*, Cambridge University Press, 1982, pp. 258 ss.

[80] Henri Kissinger, *Diplomacia*, Lisboa, Gradiva, 1996; para uma visão de conjunto de Kissinger entre os pensadores *realistas* das relações internacionais, v. José Adelino Maltez, *Curso de Relações Internacionais*, Estoril, Principia, 2002, pp. 244 ss.; Adriano Moreira, *Teoria das Relações Internacionais*, Coimbra, Almedina, 1999, pp. 103 ss.

«A organização exige disciplina, submissão à vontade de grupo. A inspiração não tem tempo, a sua validade é inerente à própria concepção. A organização é histórica, depende do material disponível num dado período. A inspiração é uma chamada à grandiosidade; a organização, o reconhecimento de que a mediocridade é o padrão normal de liderança.»[81]

A terminologia utilizada releva de uma avaliação psicológica das motivações dos agentes do poder. A monotonia da burocracia e da vida interna às organizações contrasta, não apenas com a dimensão da política externa, mas também com as expectativas colocadas pelos agentes ao serviço desta política. As três máximas da burocracia que os funcionários interiorizam na sua acção foram descritas por Hintze: «Nunca maldizer os superiores; prestar o ofício com qualidade; deixar o mundo com o mesmo aspecto com que está»[82].

A acção do Estado foi objecto, desde o século XVI, de sínteses teóricas que procuram descrever os seus fundamentos e fins. Literatura política, bem entendido. Em Portugal, as grandes sínteses jurídicas surgem apenas no final do século XVIII. Identificamos dois tipos de literatura de razão de Estado. Num sentido amplo, identifica-se a razão de Estado com a literatura política. Num sentido estrito, seguindo a lição de Botero, a razão de Estado é o «conhecimento dos meios próprios a fundar, conservar e engrandecer um Estado». No primeiro sentido, encontramo-nos próximos do aristotelismo político, na sua perspectiva ética da «vida boa» como finalidade do Estado e dos critérios de fundação e de organização dos regimes e do governo. Não se tratava apenas, como nas concepções medievais, de encarar o rei como defensor da paz e da justiça, mas de traçar os fundamentos teóricos da organização do poder, do pai de família ao príncipe. No sentido estrito, podemos apontar que a literatura da razão de Estado se ocupa de dois tipos de problemas: as causas da grandeza e da decadência dos Estados e os modos e os critérios de actuação do Estado, aptos para a sua conservação.

Aqui chegados, observamos uma alteração teórica importante. Antes explicada pelo conceito de necessidade, a conservação da comunidade política dá lugar aos conceitos de conveniência ou utilidade do Estado. Considera-se justificada a actuação do Estado desde que útil ou conve-

---

[81] Henri Kissinger, citado por M. Griffiths, *Cinquenta Grandes Estrategista das Relações Internacionais*, trad., São Paulo, Contexto, 2004, p. 47.

[82] O. Hintze, "El estamento de los funcionarios", *Historia de las Formas Politicas*, Madrid, Revista de Occidente, 1968.

niente para a sua conservação. As necessidades da acção política justificam os meios de actuação do príncipe, de acordo com a máxima *salus publica suprema lex est* (a conservação [salvação, saúde, utilidade] do povo é a lei suprema). A questão agora colocada é a de saber quais são os modos de organização e de funcionamento racionalmente fundados tendo em vista a conservação do Estado.

O nascimento do Estado moderno trouxe consigo o desenvolvimento de novas técnicas para a sua conservação. Entre estas técnicas desenvolvidas desde o renascimento e que implicaram a criação de instituições e de funcionários assinalam-se:

(i) As técnicas de redacção dos documentos oficiais, de que fazem parte a fixação das regras do protocolo de Estado e as disciplinas de redacção de leis, acórdãos e sentenças, privilégios, pareceres, informações e documentos diplomáticos, quer para as autoridades do próprio Estado do agente diplomático, quer para as autoridades de outros Estados. Não existe formação académica sobre estas matérias, que os diversos funcionários do Estado, dos conselheiros e desembargadores aos embaixadores, aprendem com a experiência e com a leitura de livros. Noutros países (a Alemanha, por exemplo) foram publicados formulários e a universidade procurou completar a educação letrada ministrando informação económica e administrativa virada para a prática. Não assim em Portugal, como referido. A publicação de formulários práticos e a recolha de decisões dos tribunais, anotadas ou não, constituem o único auxiliar escrito que os funcionários têm ao seu dispor[83].

(ii) O segredo, nomeadamente o segredo de Estado e o segredo de justiça, são igualmente objecto de uma técnica racional, inclusivamente com tutela penal. O acatamento desta disciplina do segredo e a ética dos estadistas coloca aos historiadores um problema dificilmente superável – a inexistência de testemunhos directos de certos acontecimentos do passado.

(iii) As técnicas de comunicações, de que fazem parte a cifra, a intercepção das comunicações alheias e a criação de mecanismos que evitem a sua violação por terceiros são outros instrumentos de conservação do Estado desenvolvidos desde o renascimento.

---

[83] M. Stolleis, *Geschichte des offentlichen Rechts im Deutschland*, München, Beck, 1988 (tradução francesa de M. Senellart), pp. 381 ss., 535 ss. e p. 539.

§ 2.º
Natureza, fins e funções do Estado

I. O ESTADO COMO ASSOCIAÇÃO LIVRE DE HOMENS LIVRES

O conceito de Estado é uma das inovações teóricas introduzidas pelo renascimento. A transição entre a política antiga, centrada no príncipe, e a política moderna, centrada no Estado, constitui um dos objectos de estudo da historiografia jurídica e do Estado. Já apresentámos em trabalhos anteriores os resultados das nossas pesquisas e a respectiva interpretação deste fenómeno. Limitamo-nos, por isso, a retomar as linhas essenciais dessa investigação para o propósito do presente estudo, as instituições do próprio Estado.

Se o Estado é sujeito da política, qual a sua natureza? A teoria aristotélica das comunidades perfeitas e o conceito tomista de bem comum foram utilizados para caracterizar o Estado e vão tornar-se elementos nucleares da teoria política moderna.

Considerando o objecto do presente estudo, pode assinalar-se a continuidade teórica entre os escritores renascentistas e os do barroco a propósito da natureza, fins e meios do Estado. Numa enumeração breve, os autores e obras relevantes são os seguintes:

> 1496, Diogo Lopes Rebelo, *Do governo da república*. 1500, Lourenço de Cáceres, *Condições e partes de um bom príncipe*. 1525, Frei António de Beja, *Breve doutrina e ensinança de príncipes*. 1557, Diogo de Sá, *Tratado dos estados*. 1563, Frei Heitor Pinto, *Imagens da vida cristã*. 1572, Jerónimo Osório, *Da instituição real*. 1584, Bartolomeu Filipe, *Tratado do conselho*. 1597, Gregório Nunes Coronel, *Do óptimo estado da república*. 1598, Martim de Carvalho Vilas Boas, *Espelho de príncipes e ministros*. 1616, Alvia de Castro, *Verdadeira razão de Estado*. 1626, Pedro Barbosa Homem, *Discursos da Jurídica e Verdadeira Razão de Estado* 1627, João Salgado de Araújo, *Lei régia de Portugal*. 1641, António de Freitas Africano, *Primores Políticos e Regalias de Nosso Rei*. 1641, *Manifesto do reino de Portugal*. 1642, João Pinto Ribeiro, *Usurpação, retenção e restauração de Portugal*; António Carvalho de Parada, *Arte de reinar*. 1644, Francisco Velasco de Gouveia, *Da Justa aclamação*. 1647, António Henriques Gomes, *Política angélica*; António de Sousa de Macedo, *Harmonia Política dos documentos divinos com as conveniências de Estado*. 1650, Sebastião César de Menezes, *Suma política*. 1671, Frei Jacinto de Deus, *Brachilogia de Príncipes*. 1692, Frei João dos Prazeres, *Abecedário real*. 1693, Frei Manuel dos

Anjos, *Política predicável*. 1702, Sebastião Pacheco Varela, *Número vocal*. 1747, Diogo Aboim, *Escola moral*. 1749, Damião de Lemos, *Política moral e civil*.

A estes autores há que acrescentar os nomes dos grandes autores peninsulares da teologia jurídica e política (Molina, Suárez, Batista Fragoso, Bento Pereira).

Para explicar o conceito de Estado, a palavra pode ser dada a António de Sousa de Macedo, resumindo os ensinamentos da doutrina da época:

> «Um Estado não é outra coisa senão uma sociedade de muitos homens debaixo da autoridade de um Rei [que é a Monarquia] ou de principais [que é a Aristocracia] ou de toda a multidão [que é a Democracia].»[84]

Atentemos nos elementos desta definição: o Estado é uma sociedade de homens, formada por associação deles; o Estado pressupõe a existência de autoridades.

Nos textos políticos da época, nomeadamente da Restauração, o conceito de *multidão desordenada* aparece como oposto ao de associação ordenada de homens, sendo aquela incapaz de assegurar a paz e a justiça e a realização do bem comum. A crítica e o desprezo pelas formas violentas, desordenadas e facilmente manipuláveis através das quais as multidões deliberam tem como exemplo maior, para a literatura política católica, o *julgamento* e a condenação de Jesus.

É discutida a natureza jurídica da associação que dá origem à comunidade política. Contrato efectivo ou apenas pressuposto teórico? Pacto real ou histórico? Mesmo dentro da segunda escolástica não podemos esquecer as diferenças subtis, nomeadamente entre os autores que, como Vitória e Sotto, dão a entender que o poder nasce da associação dos homens que constitui o Estado, e a posição daqueles, como Molina, que procuram conciliar, seguindo a lição tomista, a origem abstracta e a origem concreta do poder:

> «...o Estado não tem o poder por concessão das partes que o integram, mas por autoridade divina e imediatamente de Deus como Autor da Natureza. E isto se confirma: porque se a autoridade do Estado não proce-

---

[84] António de Sousa de Macedo, *Armonia Politica dos Documentos Divinos com as Conveniencias de Estado: Exemplar de Principes No governo dos gloriosissimos Reys de Portugal*, Coimbra, António Simões Ferreyra, 1737, p. 26.

48   *O Espírito das Instituições*

desse imediatamente de Deus, mas por concessão das partes, acontecia que se algum dos cidadãos não quisesse consentir nele, o Estado não teria autoridade sobre ele; e como os particulares também não têm autoridade nem direito sobre ele, tampouco poderiam concedê-la ao Estado.» (Molina)[85]

É importante realçar que o Estado não é a mesma coisa que a multidão, ou o povo, ou a nação. A sociedade não pode governar-se a si própria, apontam os tratadistas renascentistas, para quem a perspectiva de uma democracia directa não ocorria. A sociedade deve ser governada pelo poder político e o poder é exercido por homens em concreto.

Professor de filosofia na Universidade de Coimbra, o padre jesuíta Manuel de Góis (1571-1593) sublinha que a oposição entre o despotismo e a política se encontra mediada pela lei e pela liberdade individual:

«Poder despótico é aquele em que o senhor dá ordens aos escravos, que não têm possibilidade de resistir, visto não possuírem nenhum direito. Poder político é aquele com que o Príncipe impera aos cidadãos que lhe obedeçam às ordens. Mas como são livres, têm alguma coisa de seu com que possam resistir ao poder dele.»[86]

Não pode perder-se de vista que este debate sobre a natureza do Estado tem na sua base a discussão acerca da natureza do homem, problema a que voltaremos mais à frente. Os vocábulos latinos – *societas, pactum* – e portugueses – *sociedade, associação* – utilizados para descrever a fundação do Estado conduzem a uma perspectiva intrinsecamente jurídica. Como num contrato, os homens associam-se voluntariamente tendo em vista obter benefícios mútuos.

Estas observações não diminuem outras questões fundamentais acerca do estatuto desta sociedade e dos sujeitos fundadores do Estado. Este é uma associação de homens ou uma associação de famílias e de outros grupos naturais?

«O homem tem necessidade de viver, não apenas numa comunidade de muitas famílias, mas num Estado perfeito e suficiente, para que possa conservar-se entre os homens a paz, a segurança e a justiça. Porque as forças de todo o Estado são superiores às de cada família em particular e também

---

[85] Molina, *De Justitia*, II, 22.

[86] *Curso Conimbricense. I. P. Manuel de Góis: Moral a Nicómaco, de Aristóteles*, Introdução, estabelecimento de texto e tradução de António Alberto de Andrade, Instituto de Alta Cultura, Lisboa, 1957, p. 151.

A Instituição do Estado 49

porque com o poder do Estado cada indivíduo se encontra melhor protegido contra as injúrias dos demais e são mais facilmente perseguidos e castigados os criminosos e facínoras do que apenas com as forças daquele que sofre a injúria».[87]

Sublinhe-se este aparente paradoxo teórico entre necessidade da sociedade e associação dos homens, a qual pressupõe liberdade. Como explicou Paulo Merêa, a escolástica considera a este respeito dois elementos, voluntário e necessário. A sociedade resulta de uma inclinação natural do homem, mas tem como causa próxima o consentimento dos seus membros[88].

A possibilidade de assegurar a realização de fins determinados é fundamental para a definição das sociedades perfeitas. A natureza do poder, tal como é concebida pelos autores peninsulares, recusa uma visão puramente instrumental do Estado e a natureza moral do Estado constitui uma exigência metafísica. Assim, o Estado existe para realizar o bem da comunidade. Os três preceitos da política são a paz, a segurança e a justiça.

De acordo com o aristotelismo medievo, as comunidades são perfeitas quando se bastam a si próprias, não tendo necessidade de entrar em relação com outras para assegurarem a sua existência e continuidade. Com este conceito se relaciona a expressão medieva dos *príncipes que não reconhecem superior* na ordem temporal, através da qual se exprimia a realidade que, com Bodin, se designa por soberania. Apenas o Estado é uma comunidade perfeita – não as famílias, nem as corporações e concelhos, que necessitam do poder coactivo do Estado para poder assegurar a segurança e a paz mesmo no seu interior. Nem os grandes senhores, como o Duque de Bragança antes de 1640, ou cidades como Lisboa[89]. Estado perfeito é o Estado que se basta a si próprio. Esta auto-suficiência pressupõe a existência de meios e condições militares, económicos e outros – nomeadamente, a organização adequada.

O direito da Idade Moderna questiona o estatuto da família e a natureza do casamento, matéria que é importante para esclarecer o modo pelo qual a teoria explica a passagem da vida em família para o Estado. Para definir a natureza jurídica da família moderna é feito um paralelo com a

---

[87] Molina, *De Justitia*, II, 22.
[88] Paulo Merêa, "Suárez Jurista...", *Sobre a Origem do Poder Civil*, p. 67.
[89] Cf. Molina, *De Justitia*, II, 100, 415.

50   *O Espírito das Instituições*

organização política, em função da sua identidade estrutural[90]. Alguns autores definem a família como fundada num contrato. Outros que é uma corporação. As famílias nascem de um contrato, o casamento, e tornam-se uma corporação. Não entramos aqui na apreciação da natureza das corporações medievais, em torno das quais erigiu Otto von Gierke a sua história das teorias políticas[91]. Apenas nos interessa o problema da natureza associativa do Estado. Importa frisar que este modelo organicista implica limites ao poder legislativo do Estado, nomeadamente aqueles que se prendem com a organização de cada família, em particular, ou a condução da vida por cada homem (Suárez, III, XI, 8). Estas são matérias da exclusiva competência de cada família ou de cada homem. Não se trata da essência do puro facto, a que se refere Hegel[92]. Antes, seguindo uma célebre expressão de Carbonnier, estamos perante uma das situações de *sono do direito*, sendo que este não direito resulta de uma escolha individual ou colectiva[93].

O pluralismo social depende precisamente desta autonomia dos corpos naturais, como as famílias, aos quais se reconhece um poder de autodeterminação que é inerente à sua natureza. Exceptuam-se, evidentemente, aqueles assuntos que interessam ao bem comum do Estado. A intervenção do Estado e das autoridades públicas limita-se aos casos patológicos de violação dos seus pressupostos, como é o caso, da violência e das sevícias[94].

É a esta luz que deve entender-se a utilização do conceito de jurisdição dos escritores medievais e modernos. Os pais, os maridos, os tutores e os curadores também exercem um poder jurisdicional em relação aos seus filhos, mulheres e pupilos. Tal como, a outro nível e com outra justificação, as corporações – de mesteres, as universidades, etc. – exercem pode-

---

[90] Na literatura jurídica portuguesa da época, um dos livros mais interessantes pertence ao P. António Cortez Bremeu, *Universo Jurídico ou Jurisprudência Universal, Canónica e Cesária*, Lisboa, 1749. Para o direito romano, v. Bonfante, *Corso di Diritto Romano. Diritto di Famiglia*, 1925, pp. 69 ss.

[91] V., para uma avaliação dos trabalhos de Gierke, v. Michel Villey, *La formation de la penseé juridique moderne*, Paris, Montchrétien, 1975, pp. 584 ss.

[92] Hegel, *Filosofia do Direito*, § 82.

[93] Jean Carbonnier, *Flexible Droit*, 4.ª, LGDJ, Paris, 1979, pp. 28 ss.

[94] V. Manuel Álvares Pegas, *Resolutiones Forenses Practicabiles*, 6 volumes, Ulyssipone, Michaelis Rodrigues, 1742 e Gregório Martins Caminha, *Tratado da Forma dos Libellos, das Allegações Judiciaes, do processo do Juizo Secular, e Ecclesiastico, e dos Contratos, com suas Glossas*, com as adições de João Martins da Costa, Coimbra, Real Collegio das Artes, 1731, pp. 148 ss.

res jurisdicionais sobre os seus membros. Das Ordenações resulta que o direito de punir é privativo do rei. Exceptua-se o poder dos pais em relação aos filhos, senhores em relação aos escravos e criados e maridos em relação às mulheres – contudo, incluindo apenas as penas *moderadas* (OF.5.36; 5.94). Martinho de Mendonça aconselha que o exercício deste direito de castigar seja mediado pela razão:

> «...recomendo muito que a repreensão e castigo seja moderado pela razão e sem mistura alguma de paixão ou ira»[95].

Insisto neste tópico, mesmo quando estas referências podem parecer paradoxais numa obra sobre a história do Estado. Este foi importante para garantir o direito privado, a *civilização do direito civil* (Legendre) – não apenas assegurar a associação dos homens, mas tornar possível a autonomia da família e garantir que a família continua soberana, sem interferências do próprio Estado. Assim, a interpretação do processo de construção do Estado em Portugal não deve unicamente atender aos aspectos estritamente políticos, mas igualmente tomar em consideração os seus fundamentos axiológicos. A criação do Estado destinou-se igualmente a tutelar a autonomia jurisdicional destes corpos sociais e o exercício do poder paternal, do poder conjugal e dos poderes tutelares[96]. Temas como os da relação entre o Estado e a Igreja devem igualmente ser apreciados a esta luz.

Suscitado pelo nominalismo, o não reconhecimento dos universais conduz a um atomismo, favorecendo o individual em detrimento dos grupos sociais, como a família e a cidade. Do mesmo modo, ao reconhecer-se como primeira realidade a do *estado natural*, o pensamento jurídico é levado a valorizar os indivíduos, que na natureza viveriam separados. O tema é relevante em diversos autores políticos seiscentistas e setecentistas, mas vai ganhar um sentido radicalmente novo com a construção liberal do estado natural como pressuposto do contrato social.

---

[95] Martinho de Mendonça, *Apontamentos para a educação de um menino nobre*, Lisboa, José da Silva, 1734, p. 157.

[96] Sobre estas questões, v. Paolo Grossi, *Uma História da Justiça*, pp. 111 ss. Não existe uma história do direito da família em Portugal. Observações e estudos relevantes são devidos a António Manuel Hespanha, em José Mattoso / António Manuel Hespanha, *História de Portugal. O Antigo Regime (1620-1807)*, s.l., Editorial Estampa, 1993.

II. AS AUTORIDADES COMUNS AOS MEMBROS DO ESTADO

O Estado tem autonomia perante os homens que o constituem. A heteronomia constitui uma característica do poder público, dissociando a relação entre os autores e os réus, os criminosos e as vítimas, pela acção de um terceiro. As máximas da moral e da política convergem na condenação de reis e senhores exercerem pessoalmente a justiça, quer a justiça do julgamento, quer a do castigo.

Para os escritores da Idade Moderna, a questão está em saber qual a natureza desta autonomia do Estado perante os seus agentes, problema que tem de ser resolvido nas esferas política, moral e jurídica.

Na esfera moral, só as pessoas físicas podem praticar actos com valor intrínseco[97]. Porém, também é certo que o Estado tem honra e o respeito devido ao Estado encontra-se protegido inclusivamente por legislação penal. A autonomia do Estado como sujeito penal justificou uma nova tipologia criminal.

O Estado é complexo, constituído por corpos diversos, magistrados, oficiais, soldados, corporações, concelhos. Um corpo com muitas vozes como fala a uma só voz? A ficção organicista é invocada para resolver este problema. A república é

> «Um corpo, e congregação de muitas famílias sujeitas ao justo governo de uma cabeça soberana», escreveu Sebastião César de Meneses.

A formulação do conceito de soberania permite chegar à ideia de unidade e explicar o modo como as várias vozes da república se harmonizam para falar a uma só voz. A definição que Bodin deu de soberania no livro *Da república* deve ser recordada:

> «A soberania é o poder absoluto e perpétuo de uma república»[98].

São dois os atributos da soberania – indivisibilidade e perpetuidade. A soberania constitui um instrumento de afirmação do Estado e, numa monarquia, de plenitude de poder do príncipe, porque este não partilha o poder com outros. Na fórmula dos juristas renascentistas, «o poder não admite companheiro» e, segundo uma imagem do angevino, a soberania é tão indivisível como o ponto em geometria.

---

[97] Sobre o problema da dogmática das pessoas colectivas, v. Ruy de Albuquerque, *As represálias...*, I, 403-404.

[98] *Os seis livros da República*, Paris, I, 1583, cap. VIII, p. 122.

A *Instituição do Estado* 53

Como demonstrou Martim de Albuquerque, coube a António de Freitas o mérito da recepção desta construção *bodiniana*, conjugando o conceito de *indivisibilidade da soberania* com a supremacia do poder legislativo sobre os restantes poderes do Estado[99]. No plano interno aos reinos, a titularidade da soberania justifica que o rei se recuse a partilhar o poder com os *estados*.

Contudo, até aos catecismos do absolutismo, o poder dos reis resulta da comunidade. Independentemente da natureza do regime, escreveu Molina,

> «Em todo o caso, os governantes sempre detêm o poder do Estado por concessão da república e, por isso, poderá ser maior ou menor de acordo com o Estado; e não o têm maior do que aquele que lhes for concedido pela república.»[100]

No final do Antigo Regime volta a colocar-se um problema nascido na teoria política medieval – saber se o poder político é *ascendente* da comunidade para os reis, ou *descendente*, por delegação do rei nos órgãos e magistrados do Estado.

III. REGIME E LIMITAÇÃO DO PODER

Já noutros trabalhos sublinhei a natureza *constitucional* dos Estados pré-liberais, em especial em torno da racionalização e dos limites introduzidos ao poder. Assim, as leis fundamentais e a consagração de limites ao poder dos governantes (vinculação dos príncipes à palavra – leis, contratos e promessas; tribunais com poderes para anular actos do poder; tutela dos direitos e expectativas justificados) são princípios estruturais das monarquias[101]. Agora importa verificar que o regime político traduz precisa-

---

[99] António de Freitas (Africano), *Primores Políticos e Regalias de Nosso Senhor D. Joam o IV*, Lisboa, Manuel da Silva, 1641.

[100] Molina, *De Justitia*, II, 23.

[101] Cf. *Judex Perfectus*, §§ 5-7; em termos comparados, v., entre a moderna jus-historiografia, Pierangelo Schiera, *Dall'Arte di Governo alle Scienza dello Stato. Il Cameralismo e l'Assolutismo Tedesco*, Milano, Giuffrè, 1968, pp. 193 ss.; M. Stolleis, *Geschichte des offentlichen Rechts im Deutschland*, München, Beck, 1988 e *Staat und Staatrazon in der frühen Neuzeit*, Frankfurt, Surkamp, 1990; François Olivier-Martin, *Histoire du Droit Français des Origines à la Revolution*, Éditions Domat Montchrestien, s.l., 1951 e Philippe Sueur, *Histoire du droit public français. XV e. – XVIII e. siècle*, I, *La constitution monarchique*, Paris, PUF, 1989.

mente a estabilidade e organização necessárias ao bom e correcto funcionamento da sociedade. A existência de instituições é já um limite ao poder dos governantes.

Contudo, a caracterização dos regimes não depende unicamente da natureza e do número dos titulares do poder. Tem igualmente de atender a outros elementos materiais. A associação dos homens que dá origem ao Estado assenta em virtudes e valores partilhados pelos seus membros e tais virtudes e valores são igualmente relevantes internamente às instituições políticas.

Estes valores partilhados pela associação dos homens variam de acordo com a natureza da comunidade. A honra, o patriotismo, o orgulho próprio e o sentimento de justiça são alguns destes valores sociais que os tratadistas do renascimento e do barroco utilizam para caracterizar as sociedades.

É importante assinalar duas rupturas teóricas.

Com Hobbes assistimos à transição do princípio da justiça para a glória, orgulho e medo de morte violenta como princípios da moral política[102].

O orgulho próprio dos povos aparece em Rousseau como autónomo das virtudes cívicas, no sentido em que um povo pode orgulhar-se da sua missão histórica, mas esse amor-próprio não tem correspondência com o exercício de virtudes cívicas.

A discussão política acerca da forma do Estado ou regime político continua a travar-se no quadro do aristotelismo, com as suas três formas perfeitas e outras tantas degeneradas, a que acrescem diversas formas mistas de regime, as quais constituem, segundo Moreau-Rebeil, o *ídolo tradicional dos humanistas*[103]. Para além deste estudo sobre as formas do regime político, a literatura política moderna concretiza a limitação do poder através de remédios concretos, nomeadamente as leis fundamentais ou leis do reino e o cumprimento voluntário das leis, pactos e promessas. Para justificar a sua teorização do consenso, na obra de D. Jerónimo Osório (1506-1580), acresce à ideia de bem comum a que devem dirigir-se as leis, a obrigação própria do ofício real de respeitar a sua própria legislação:

---

[102] V. Leo Strauss, *The Political Philosophy of Hobbes*, Oxford, Clarendon Press, 1936, pp. 108 ss.

[103] J. Moreau-Rebeil, *Jean Bodin et le droit public comparé dans ses rapports avec la philosophie de l'histoire*, Paris, 1931, p. 152. Para maiores indicações bibliográficas, v. Martim de Albuquerque, *O Poder Político no Renascimento Português*, Lisboa, ISCPU, 1968, pp. 43 ss. e o nosso *Judex Perfectus*, § 2.º II-III.

A Instituição do Estado   55

«De resto, de que servirá ameaçar os cidadãos com o rigor da lei, se ele próprio, com o seu mau exemplo, os induzir a desprezar o direito?» (*De Regis Institutione*, livro V).

Deve ser recordada uma formulação lapidar de João de Barros:

«Os Portugueses não tinham mais que um rosto, uma palavra, um Rei e um Deus.»[104]

Se é verdade que podemos encontrar fórmulas similares por toda a Europa, esta é, sem dúvida, uma expressão reveladora da *ética tradicional portuguesa*, na sua refutação da política *maquiavélica*.

Os limites ao poder surgem igualmente pela conjugação de factores institucionais, isto é, não são apenas o resultado da formação moral de um príncipe perfeito. Sistematizamos alguns destes limites do seguinte modo:

(i) A existência de leis fundamentais e de outras leis.

(ii) A autonomia de instituições judiciais: o rei não julga pessoalmente, mas apenas em recurso e respeita as decisões dos tribunais, mesmo aquelas que são desfavoráveis às suas pretensões.

(iii) O rei encontra-se vinculado à palavra (contratos e promessas) e os tribunais podem impor esse cumprimento através da responsabilidade patrimonial do erário régio.

(iv) O rei não pode agir contra os seus actos anteriores sem uma justa causa (*venire contra factum proprium*), verdadeira exigência de coerência e de proibição do arbítrio.

Apresentamos de seguida uma tipologia de regimes segundo a doutrina política do barroco, conjugando diversos elementos relevantes para a caracterização da forma do Estado. Esta tipologia é essencial para compreender o lugar constitucional das instituições políticas. Atente-se que a literatura do iluminismo não põe em causa estes elementos da teoria política. A sua intenção principal é a de sustentar as vantagens se não mesmo a necessidade da monarquia pura, aquela em que o rei não partilha o poder com outras instituições. Como temos vindo a salientar, já é original no iluminismo a utilização dos elementos teóricos anteriores de modo a tornar possível uma atitude crítica em relação ao saber e ao conhecimento. A confiança no progresso das instituições humanas – através da ciência e da

---

[104] João de Barros, *Décadas*, II, liv. 6, cap. III.

técnica, progresso que deveria ser realizado por príncipes filósofos, este, sim, é um elemento novo. Racionalizar a condição do homem de modo a torná-lo mais feliz implica uma nova concepção da história, não mais assente na estabilidade do direito natural, mas numa visão de progresso do espírito histórico, que torna inevitável a existência de reformas económicas, sociais e educativas.

TIPOLOGIA DOS REGIMES POLÍTICOS

FORMAS PURAS	MONARQUIA	ARISTOCRACIA	DEMOCRACIA (república)
CARACTERIZAÇÃO	Poder reside num só	Poder reside num grupo, os melhores	Poder reside na comunidade
FINS	Felicidade Justiça Bem comum Paz e segurança	Felicidade Justiça Bem comum Paz e segurança	Felicidade Justiça Bem comum Paz e segurança
VALORES	Virtudes cívicas Honra pessoal Orgulho próprio	Virtudes cívicas Honra pessoal Amor-próprio	Honra republicana Cidadania Igualdade
FORMAS CORRUPTAS	Tirania	Oligarquia	Demagogia (democracia)
CAUSAS DE CORRUPÇÃO OU DE DECADÊNCIA DO REGIME	Incumprimento dos fins; excesso de leis; mentira; incapacidade e ganância	Incumprimento dos fins; excesso de leis; mentira; corrupção dos dirigentes	Incumprimento dos fins; excesso de leis; corrupção dos dirigentes
FORMAS MISTAS	Com a aristocracia: Igreja; nobreza; tribunais superiores Com a democracia: – Cortes	Com a democracia: – Cortes	Com a aristocracia: Igreja; nobreza; tribunais superiores; privilégios; direitos particulares
INSTRUMENTOS DE LIMITAÇÃO DO PODER	Cumprimento da palavra dada: leis, contratos e promessas Respeito pela propriedade, direitos particulares	Cumprimento da palavra dada: leis, contratos e promessas. Respeito pela propriedade e direitos particulares	Cumprimento da vontade da maioria

58 — O Espírito das Instituições

Deve alertar-se para o facto de que esta tipologia teórica de regimes não existe na prática. O realismo político dos escritores do renascimento e barroco levam a recordar duas lições aristotélicas recebidas pela tradição política ocidental. A primeira releva da antropologia política do barroco, assente no pessimismo e realismo quanto à natureza pecaminosa do homem[105]. A segunda lição de Aristóteles aponta a necessidade de conciliar o regime com a situação concreta da cidade e do povo e com o carácter dos governantes e dos governados. É sobejamente conhecida a oposição entre Platão e a sua teorização de formas ideais de poder, origem das utopias e ucronias, e o aristotelismo, com a sua insistência na necessidade de adequar os regimes políticos à situação concreta da cidade e dos povos. O carácter do povo e o local onde se situa a cidade são decisivos para esclarecer este tema.

De outro lado, também na realidade das coisas, adverte-se, não se encontra uma forma pura de regime, mas antes e em função das sociedades políticas, limites que resultam dos factos e da imperfeição da natureza dos homens. É em grande parte desta verificação empírica que a referência à natureza das coisas ganha um sentido particular.

Deve ainda enunciar-se uma outra questão. A de saber se estas formas do Estado são igualmente aplicáveis às instituições estaduais, isto é, se existem formas organizativas que são essencialmente monárquicas ou aristocráticas ou democráticas. Contudo, este problema, que é enunciado por Montesquieu, não parece ter eco nos escritores portugueses.

IV. PODER POLÍTICO E PROPRIEDADE

Ao descrever os sistemas económicos e sociais, a sociologia do Estado (Max Weber, Tönnies, Dahrendorf) observou que, na evolução histórica das sociedades ocidentais, o poder dos dirigentes políticos se foi diferenciando das faculdades conferidas aos proprietários em relação aos bens que estão no seu domínio. As distinções entre propriedade e domínio e entre direito público e direito privado constituem, portanto, um elemento marcante das sociedades ocidentais e da complexidade das suas estruturas

---

[105] Acerca desta caracterização antropológica do barroco político, v. Martim de Albuquerque, "Para uma Teoria Política do Barroco em Portugal. A Summa Politica de Sebastião César de Meneses (1649-1650)", in *Estudos de Cultura Portuguesa*, II, Lisboa, 2000.

organizativas. Estas observações podem ser aprofundadas seguindo duas linhas fundamentais de investigação: a primeira, concernente à natureza do poder político; a segunda, preocupada com a relação entre o poder dos governantes e os direitos das pessoas que integram a comunidade.

O poder político não se confunde com a propriedade. O direito de propriedade e, em geral, os direitos individuais constituem um limite ao poder dos reis. Facto notável, estas conclusões aplicam-se mesmo nas situações em que os titulares destes direitos são funcionários do próprio governante máximo. Os juristas identificam, para o criticar e rejeitar, a monarquia senhorial, que tinha sido identificada por Bodin:

> «Mas a República não está seguramente na propriedade do Príncipe, como estão os bens privados, nem mesmo por força da hereditariedade e do poder absoluto. Diz-se isto da República, porque a todos diz respeito; e refere--se isto acerca do príncipe, a fim de que ele a presida para o bem de todos: porque, se ele exercer o poder com injúria e prejuízo da República, é o seu poder que é atingido» (Domingos Portugal)[106].

A patrimonialidade das relações políticas manifesta-se sobretudo em dois domínios, o regime dos ofícios e dos bens do Estado (v. *infra*). Neste trecho do nosso maior juspublicista do século XVII podemos documentar uma outra temática fundamental para o estudo dos limites aos poderes dos reis – a propriedade privada e os direitos individuais. Efectivamente, foi difícil a gestação de uma dogmática juspublicista, quando os conceitos aplicáveis para explicar as relações entre o Estado e os seus funcionários eram retirados do direito privado. No direito francês, anote-se o trabalho de juristas como Bodin, Loyseau e Delamare e outros, no sentido de criarem um direito da função pública, distinto do direito de propriedade. Quer dizer, o nascimento do Estado implicou a autonomia de um direito do Estado, cuja teleologia e razão de ser não se confunde com o direito que rege as relações entre as pessoas (direito civil).

V. PESSOAS PÚBLICAS E METÁFORAS POLÍTICAS

A possibilidade de uma pessoa colectiva integrar outras pessoas colectivas menores não surpreende a dogmática actual. Do mesmo modo,

---

[106] Domingos Antunes Portugal, *Tractatus de Donationibus Jurium et Bonorum Regiae Coronae*, 2 tomos, Lugduni, Fratum de Tournes, 1757, I, liv. 2, cap. 24 [= p. 293].

60   *O Espírito das Instituições*

também não surpreende que uma pluralidade de órgãos exerça as atribuições da pessoa colectiva segundo as respectivas competências.

Estas realidades eram desconhecidas do direito pré-liberal. Até se chegar ao conceito de pessoa colectiva, o pensamento jurídico português e europeu utilizou diversos utensílios teóricos.

João Pinto Ribeiro atribui às instituições burocráticas e, em especial, à Mesa do Desembargo do Paço, uma participação no *corpo místico do Príncipe*[107].

Os juristas medievais e do *ancien regime* identificam o conceito de pessoas públicas para referir as instituições do Estado. Vale a pena dedicar breves linhas a este conceito de pessoa e verificar como foi utilizado para designar certo tipo de organizações e de cargos. Assim, o conceito de pessoa abarca a pessoa *ficta* e a pessoa verdadeira. Pessoas fictícias são as comunidades, os colégios e as universidades. Pessoas verdadeiras são os homens singulares. As pessoas verdadeiras que desempenham ofícios públicos ou dignidades constituídas, como os juizes, dizem-se *pessoas públicas*. Por *pessoas privadas*, designa-se, ainda que impropriamente para utilizar o ensinamento de Bento Pereira, as pessoas que gozam do benefício ou privilégio de uma lei particular, como os clérigos[108].

Tomás António Gonzaga utiliza estes conceitos a propósito dos juizes:

> «São pois os magistrados umas pessoas públicas que, recebendo o poder do rei e representando a sua pessoa, nos exigem uma profunda obediência»[109].

O conceito de pessoa moral utiliza-o Francisco Coelho de Sousa e Sampaio para designar os tribunais e relações encarregados pelo rei do exercício do *sumo império*[110].

O Estado é um organismo complexo, que Hobbes dirá ser um monstro, o Leviatão. Os críticos logo se lançaram, em Inglaterra e no continente

---

[107] João Pinto Ribeiro, *Lustre ao Dezembargo do Paço*, in João Pinto Ribeiro, *Obras Varias...*, p. 3 ss.

[108] Bento Pereira, *Elucidarium Sacrae Theologiae Moralis, et Juris Utriusque*, 2ª ed., Conimbricae, Typis Regio Artium Collegio, 1744, pp. 123 ss.

[109] Tomás António Gonzaga, *Obras Completas*, II, *Tratado de Direito Natural*, p. 116.

[110] Francisco Coelho de Sousa e Sampaio, *Prelecções de Direito Patrio, Publico, e Particular*, 1ª e 2ª partes, Coimbra, Real Imprensa da Universidade, 1793, § CLXXXIII.

europeu, *à caça do Leviatão*[111], nomeadamente alegando a imoralidade do novo ente estadual. Esta caça é proibida entre nós, mas não com o objectivo de preservar uma espécie em extinção. A leitura de Hobbes – ou, para referir a grafia da época, Obésio – é proibida.

A semântica da Idade Moderna opõe duas ideias. À república (*res publica*, coisa pública) medieva contrapõe-se o Estado como pessoa moral e jurídica; ao *status* (estado), como estabilidade e conservação das relações de poder, contrapõe-se o dinamismo e a acção dos dirigentes do Estado.

As metáforas políticas são adequadas às concepções de cada época. Com o triunfo da ciência e do racionalismo modernos, a metáfora do corpo cede lugar à imagem do mecanismo e da engrenagem. As metáforas mecanicistas são recebidas na literatura política e jurídica do racionalismo iluminista para justificar o funcionamento do Estado como uma máquina. O Estado é um relógio, cuja actividade depende de uma maquinaria complexa, metódica, regulada e calculada: a burocracia[112]. E o governante é o relojoeiro, já não um pai nem um piloto, mas um mecânico da sociedade (Mirabeau). O Estado já não é um corpo, mas uma máquina que exige o correcto funcionamento de cada parte. E o homem, como lembra La Mettrie, é igualmente uma máquina. No *Contrato Social*, Rousseau leva ainda mais longe esta metáfora; o legislador é um mecânico e o príncipe é o operário (II, VII).

Pode ainda subentender-se outra consequência para estas metáforas políticas: o direito público é uma técnica ao serviço do Estado.

VI. FINS E FUNÇÕES DO ESTADO

A dogmática publicista dos nossos dias já precisou que por funções do Estado se designam as atribuições ou deveres que lhes cabe exercer em benefício da colectividade e por competências os poderes que a lei concede a cada um dos seus órgãos.

É necessário não perder de vista que a dissociação entre sociedade e Estado constitui um postulado contemporâneo. No início da Idade Mo-

---

[111] Para uma primeira indicação bibliográfica, v. Samuel Mintz, *The Hunting of Leviathan*, Cambridge University Press, 1970.

[112] V. Stolberg-Rillinger, *Der Staat als Machine. Zur Politische Metaphorik des Absoluten Fürstenstaates*, 1986.

derna, o conceito de bem comum era suficientemente amplo e impreciso para permitir diversos entendimentos acerca das funções políticas, nomeadamente o sentido de justiça que já acima referimos.

Mestre de D. Afonso V, Frei João Sobrinho identifica na lei humana a exigência de cumprimento da paz e do bem comum:

> «A prudência do homem investido em autoridade encontrou, para que os homens na comunidade vivessem em paz e para melhor organização da coisa pública, e chama-se, com razão, lei humana, civil e política, paternal e económica»[113].

Frei António de Beja defende na *Breve Doutrina e Ensinança dos Príncipes* que o bem comum se exprime em três preceitos do governo do príncipe: favorecer os pobres, castigar os malfeitores e garantir a paz[114].

No renascimento e barroco a apreciação destas questões constituía essencialmente uma tarefa dos teóricos da justiça e da política, não dos juristas. Os nomes de Suárez, Molina e Baptista Fragoso podem ser recordados a respeito de uma elaboração teórica acerca das funções do Estado feita de acordo com os utensílios da teologia moral, jurídica e política.

Acima sublinhámos o conceito de comunidade perfeita como um corpo político governado pela jurisdição dotada de força coactiva, que é a que estabelece as leis. Estas comunidades podem ser territoriais, quando se localizam dentro de fronteira fixas, ou pessoais (ordens religiosas, confrarias, etc.). Quanto aos fins, a associação dos homens que constitui o Estado pode caracterizar-se do seguinte modo:

> «O seu fim é a felicidade natural da comunidade humana perfeita ou autónoma que ele governa e a de cada um dos seus homens enquanto são membro dessa comunidade. Isto para que vivam politicamente em paz e justiça, com a abundância de bens suficientes para a conservação e bem-estar da sua vida material e com a rectidão normal de costumes que é necessária para a paz social, a prosperidade pública e a adequada conservação da natureza humana». (Suárez)[115]

---

[113] Moisés Amzalak, *Frei João Sobrinho e as Doutrinas Económicas da Idade Média*, Lisboa, 1945, p. 148.

[114] Frei António de Beja, *Breve Doutrina e Ensinança de Príncipes*, reprodução *fac-símile* da edição de 1525, introdução de Mário Tavares Dias, Lisboa, Instituto de Alta Cultura, 1965, pp. 144 ss.

[115] Suárez, *De Legibus*, III, XI, 7.

A Instituição do Estado 63

Numa visão analítica, temos, assim, quatro finalidades distintas entre si: primeiro, paz; segundo, justiça; terceiro, bem-estar material; finalmente, rectidão de costumes. Como dimensão unificadora, a felicidade da comunidade.

Este trecho é uma das chaves para entender as concepções políticas do barroco e a emergência do que Finnis designou como justiça legal[116]. Por justiça legal designa-se um terceiro tipo que acresce aos conceitos aristotélicos de justiça comutativa e justiça distributiva. Assim, enquanto a justiça comutativa regula as relações entre os cidadãos e a distributiva as relações do Estado com os cidadãos, já a justiça legal regeria as relações entre os cidadãos e o Estado. Assim, o Estado – ou toda a comunidade – assume uma influência decisiva como distribuidor de justiça.

É importante também não perder de vista o conteúdo e extensão do conceito de justiça, muito distante da noção contemporânea de *justiça judicial*. Na extensão deste conceito avulta um conteúdo – premiar a virtude[117]. De acordo com as concepções jusnaturalistas católicas, a virtude individual, que está na base da sociedade, deve ser premiada. Sublinho a importância deste tópico. Contra ele vai rebelar-se o espírito do liberalismo racionalista, para quem as virtudes cívicas são exigências da moralidade política e, consequentemente, a sua verificação não pode dar lugar a um prémio (Rousseau, Bentham, Kant e os teóricos do terror revolucionário). Utilizo a expressão justiça premial para caracterizar esta vertente da justiça.

Manuel de Góis fala de *justiça remunerativa* como a

> «que manda dispensar, segundo proporção geométrica e os méritos e dignidades de cada um, as honras, a magistratura, funções públicas, benefícios e cousas semelhantes.»[118]

O conteúdo da justiça premial é muito extenso e inclui a atribuição de títulos de nobreza, de ofícios, de moradias, de terras e jurisdições, de dinheiro, etc.

Daqui decorrem consequências, quer no plano moral, quer no plano institucional. As consequências institucionais destas afirmações acerca da

---

[116] John Finnis, *Natural Law and Natural Rights*, Oxford, Clarendon, 1992, pp. 185 ss. Para Finnis, os textos fundamentais pertencem ao Cardeal Caetano e a Soto.

[117] Para uma apreciação mais detalhada, v. *Judex Perfectus*, § 9.

[118] Manuel de Góis, *Curso Conimbricense. I. P. Manuel de Góis: Moral a Nicómaco, de Aristóteles*, 7ª disputa, das virtudes em geral, pp. 207 ss.

64   *O Espírito das Instituições*

justiça são evidentes. Porque esta é uma atribuição dos reis, são criados órgãos e magistrados para o seu exercício. Quanto ao estatuto e função monárquicas, sendo o cumprimento destas atribuições um dever, os tratados da confissão particularizam os ilícitos morais que podem ser praticados pelos reis: não administrar justiça, em especial nas causas das pessoas miseráveis, pobres, viúvas e pupilos; condenar sem ouvir; perdoar a pena ao ofensor contra a vontade do ofendido; vender os ofícios indevidamente, dando-os aos indignos; obrigar os súbditos a contrair matrimónio[119].

Uma reconstrução dogmática dos elementos que temos vindo a relatar, utilizando os conceitos funcionalistas da sociologia do Estado, permite-nos compreender a novidade da mensagem política da modernidade. Um quadro das funções do Estado do renascimento e do barroco ficaria assim preenchido:

(i) Funções de soberania.
Defesa; relações internacionais; emissão de moeda; cobrança de impostos.
(ii) Funções de conservação do Estado.
Defesa da religião; justiça criminal e civil; funcionamento das instituições; relações com a Igreja; censura.
(iii) Funções sociais.
Protecção das pessoas fracas; justiça premial.
(iv) Funções económicas.
Monopólios e contratos da coroa; fomento económico; exploração de recursos naturais e comerciais.

Não pode perder-se de vista a escassez de recursos para a realização destas funções. Uma conclusão da sociologia histórica do Estado é, aliás, a de que a dinâmica do Estado suscita o alargamento constante das necessidades que se consideram a seu cargo.

VII. ECONOMIA, POLÍCIA E DIREITOS NATURAIS

Este elenco das funções do Estado postas em destaque pela segunda escolástica vai conhecer rupturas decisivas.

---

[119] Francesco Larraga, *Pontuario da Teologia Moral*, Lisboa, Of. Gabriel Soares, 1739, pp. 300-301.

A Instituição do Estado 65

Uma primeira ruptura com estas concepções surge com uma fórmula inovadora de Hobbes, elemento fundamental do liberalismo moderno: a prosperidade de um povo não depende da forma do Estado (*Leviathan*, cap. 30). É a partir desta convicção, como tem vindo a salientar Senellart, que Hobbes leva a arte de governar para um domínio teórico em que seria possível uma solução científica, a economia[120].

Estudados pelos teóricos da razão de Estado, os instrumentos próprios da racionalidade da acção do Estado em relação às questões económicas são diversos: a emissão e a alteração do valor da moeda; a diferenciação dos regimes dos direitos aduaneiros; a exploração de minas e metais; a concessão de privilégios comerciais e industriais, etc. Assinala--se, assim, a necessidade de criar instituições que reflectissem sobre estas questões, preparassem e propusessem medidas, e outras ou as mesmas, que regulassem as iniciativas dos particulares e o contencioso gerado (pedidos para a introdução de fábricas, etc.).

Para a economia política, não se trata apenas de estudar os factos económicos, mas de agir sobre eles. Numa linguagem actual, não se trata apenas de inquirir a razão de ser moral das instituições – a perspectiva moral – mas a sua eficiência: como funcionam e quanto custam?

Os comportamentos económicos dos agentes privados tendo em vista a maximização do lucro podem ser conciliados pela acção do Estado ou do mercado. É aqui que surge a ideia de uma mão invisível capaz de proceder à harmonização do interesse individual com o interesse geral, de modo a criar uma ordem vantajosa para todos. A síntese destes interesses egoístas e altruístas já não apela ao bem comum escolástico, mas ao interesse público (mais tarde, interesse nacional) sustentado pela vontade geral ou da maioria. Na visão de Montesquieu, o comércio é um factor de prosperidade dos povos e de pacificação das relações entre os Estados. Adam Smith acrescenta que a prosperidade de um Estado não está necessariamente ligada à decadência de outro, como pretendiam os autores da razão de Estado.

Apesar das semelhanças que podem encontrar-se no pensamento económico europeu do século XVIII existiram ritmos diferentes de transformação das estruturas económicas e sociais consoante os países.

As ciências do Estado, se trazem uma transição em relação aos *espelhos de príncipes*, igualmente traduzem a consagração de novas áreas de

---

[120] Michel Senellart, *Les arts de gouverner. Du regimen médiéval au concept de gouvernment*, Paris, Seuil, 1995, pp. 37 ss.

66 O Espírito das Instituições

actuação para os príncipes. A literatura publicada em Portugal também reflecte estes problemas, desde a segunda metade de setecentos. Seguindo a metodologia adoptada ao longo do presente estudo, referimos seguidamente os principais escritos que reflectem a mensagem política das ciências do Estado da monarquia pura:

> 1766, António Pereira de Figueiredo, *Demonstração teológica*. 1767, *Dedução cronológica e analítica*. 1770, José António de Alvarenga, *Sobre a authoridade regia. Oração aos bachareis, que se habilitão para servir a S. Magestade nos lugares de Letras*. 1770, António Ribeiro dos Santos, *De Sacerdotio et Império*. 1786, Bento de Sousa Farinha, *Filosofia de príncipes*. 1789-1794, Pascoal de Melo, *Instituições do direito civil*. 1799, Marquês de Penalva, *Dissertação a favor da monarquia*. 1803, Rodrigues de Brito, *Memórias históricas sobre as verdadeiras bases da riqueza das nações*.

Para além de traduzirem uma nova atitude acerca das relações entre o Estado e a Igreja, estes textos repensam as funções do Estado, nomeadamente aquelas que tradicionalmente eram realizadas pelas instituições eclesiásticas (ordens e institutos religiosos, dioceses, etc.).

A segurança dos cidadãos aparece como a principal finalidade do poder político para o iluminismo, traduzindo, simultaneamente uma restrição dos fins e um alargamento das funções do Estado. A este respeito, escreve Pascoal de Melo num texto didáctico, as *Instituições de direito civil*:

> «O fim da sociedade é a segurança dos cidadãos; por isso, o Príncipe que detém o supremo poder (expressão pela qual entendemos o direito de dirigir a seu arbítrio as acções dos súbditos), deve, na medida das suas forças, e para este fim realizar todos os actos que repute necessários, sem que possa algum dia ser obrigado a prestar contas dos seus actos»[121].

Quando tratou de dar um conteúdo preceptivo a estas noções, Pascoal de Melo expôs o conteúdo da mensagem política do iluminismo de matriz absolutista no *Novo código de direito público* do seguinte modo:

> «Os meios [da segurança] são, fazer leis, criar juizes, determinar penas e prémios, e fazer honras e mercês aos beneméritos. E aos vassalos toca amar e obedecer ao imperante, e aos que em seu Nome governam;

---

[121] Pascoal de Melo Freire, *Instituições do Direito Civil...*, liv. 1, tit. 1, § 1-2 [= *BMJ*, 161, pp. 94-96].

A *Instituição do Estado* 67

servir os cargos públicos, e pedir ao seu Príncipe não só a sua protecção, mas graças e mercês em remuneração dos seus serviços»[122].

O alargamento das funções do Estado a actividades até então consideradas como próprias da iniciativa particular constitui uma das formas de construção da centralização e concentração do poder desde a segunda metade do século XVIII. Às típicas funções estatais no domínio da justiça, defesa, relações internacionais e cobrança de impostos, somam-se novas atribuições no domínio da cultura, com a instituição do ensino primário oficial, a reforma da universidade e a fundação de instituições de ensino e cultura, e da segurança interna, com o Intendente-Geral de Polícia e a Guarda Real, da censura, com a Real Mesa Censória.

Para o direito francês, matriz da literatura europeia da polícia, Delamare identifica onze funções de polícia: religião; disciplina dos costumes; víveres; saúde; tranquilidade pública; relações de vizinhança; ciências e artes liberais; comércio, manufacturas e artes; serviçais domésticos; operários; pobres[123]. Estas funções de polícia, continua o mesmo autor, participam mais fortemente do que as de juiz no poder do príncipe, porque os magistrados se preocupam apenas em resolver os litígios entre as partes – e terá sido por este motivo que a polícia foi separada dos tribunais.

Francisco Freire de Melo concretiza como objecto da polícia a agricultura, as artes, as manufacturas, e a procura dos bens que garantam a subsistência dos cidadãos e a segurança externa e interna[124].

Encontramos em Ricardo Raimundo Nogueira o mesmo conceito de polícia, visto pelo prisma da administração. Diz este autor que

> «…se quisermos falar com exactidão, havemos de dizer que a parte da administração pública, que se designa pelo nome de polícia, não é mais que aquele ramo da economia civil que se ocupa em procurar a segurança dos cidadãos, a bondade, abundância, e justo preço dos géneros necessários para a sustentação, e comodidade da vida, e o bom estado, e uso cómodo das ruas, estradas e lugares públicos»[125].

---

[122] Pascoal de Melo, *O Novo Código do Direito Público de Portugal, com as Provas*, Coimbra, Imprensa da Universidade, 1844, p. IV-5.

[123] Delamare, *Traité de la Police*, 2ª ed., 4 tomos, Amsterdam, Aux Dépens de la Compagnie, 1729, prefácio e I, pp. 169 ss.

[124] Francisco Freire de Melo, *Discurso sobre Delictos e Penas e qual foi a sua proporçaõ nas differentes epocas da nossa jurisprudencia: principalmente nos tres seculos primeiros da Monarchia Portugueza*, Londres, T. C. Hansard, 1816, p. 22.

[125] Ricardo Raimundo Nogueira, Ricardo Raimundo Nogueira, *Prelecções de Direito*

68   *O Espírito das Instituições*

Em termos analíticos, temos, portanto, três tipos de actividade, para usar conceitos dos nossos dias: segurança; bem-estar; regulação económica.

O liberalismo introduz uma ruptura em relação a esta visão do Estado com a formulação dos direitos naturais individuais. A Declaração dos Direitos do Homem e do Cidadão de 1789 deve ser recordada:

> «A finalidade da associação política é a conservação dos direitos naturais e imprescritíveis do homem. Estes direitos são a liberdade, a propriedade, a segurança e a resistência à opressão» (Declaração dos Direitos do Homem e do Cidadão de 1789, artigo 2.°).

Não são substancialmente distintos os princípios da revolução americana, tal como os encontramos expressos na *Declaração dos representantes dos Estados Unidos da América reunidos em Congresso* (Declaração de Independência):

> «Sustentamos como evidentes estas verdades: que todos os homens são criados iguais; que são dotados pelo seu Criador de certos direitos inalienáveis; que entre estes estão a vida, a liberdade, e a procura da felicidade; que para garantir estes direitos se instituem entre os homens os governos, os quais gozam de legítimos poderes em virtude do consentimento dos governados; que quando uma forma de governo se torna destruidora destes princípios o povo goza do direito a reformá-la e aboli-la e instituir um novo governo que se funde nos referidos princípios, e a organizar os seus poderes do modo que, segundo o seu juízo, oferece maiores probabilidades de alcançar a sua segurança e felicidade.»[126]

Apenas podemos referir brevemente a crítica formulada por Kant ao paternalismo político como inimigo da liberdade, na medida em que trata os cidadãos como crianças, incapazes de escolherem o seu destino livre e conscientemente.

Pátrio, in *O Instituto*, 12.°, p. 153. Cf. Pedro Caridade de Freitas, *Um Testemunho na Transição para o Século XIX: Ricardo Raimundo Nogueira*, Coimbra, Almedina, 2005, pp. 145 ss.

[126] Declaração de independência dos Estados Unidos da América, de 4 de Julho de 1776 (tradução nossa).

VIII. FUNÇÕES E ÓRGÃOS DO ESTADO

Ao longo do período em estudo diversos autores estabeleceram uma ligação clara entre as funções do Estado e instituições em concreto.

Esta ligação era potenciada pelo organicismo político recebido dos autores medievais, que o tinham ido buscar às fontes clássicas. Cada órgão da comunidade exerce uma função, exactamente como cada órgão do corpo humano exerce uma missão específica[127].

Na literatura emblemática deparamos com algumas das mais exemplares representações destas metáforas políticas. Assim, o rei é a cabeça, ao coração corresponde o senado (os tribunais superiores), a função dos ouvidos, olhos e boca é exercida pelos juizes e autoridades locais, os oficiais e os soldados correspondem às mãos da república[128].

Também os principais publicistas do século XVII não deixaram de utilizar este tipo de argumentos, mesmo quando, como é o caso de Marinho de Azevedo, o primeiro teorizador das leis fundamentais, se tratava de justificar a natureza do Estado:

> «Todos os impérios e reinos do mundo têm as suas leis fundamentais, nas quais estão expressos os fundamentos da república e sociedade, com que o príncipe, como sua cabeça, está unido aos estados do reino, como seus membros, por meio do governo e administração pública»[129].

Já João Pinto Ribeiro viu na república um corpo *místico*, composto de três membros principais: fígado, onde reside a faculdade natural e ao qual pertence a nutrição do corpo, isto é, a agricultura; coração, onde se encontra a faculdade vital, a arte militar; e cérebro, onde se encontra a inteligência e conhecimento das coisas, as letras[130]. O primeiro lugar da república cabe às letras, o segundo às armas e o terceiro à agricultura[131].

---

[127] Cf. *Judex Perfectus*, § 38 IV.

[128] Para a simbólica do Estado e para a importância da emblemática tem alertado Martim de Albuquerque, desde a publicação de *O Poder Político no Renascimento Português* [1968].

[129] Luís Marinho de Azevedo, *Exclamaciones Politicas, Iuridicas Y Morales*, Lisboa, Lourenço de Anveres, 1645, p. 32; no original: «Todos los imperios, y reynos del Mundo tienem sus leys fundamentales, en cuya virtude estan coligados los fundamentos de la República, y compañia civil, con que el Principe, como su cabeça, está unido a los estados del Reyno como miembros suos por medio del govierno, y administracion publica».

[130] Idem, p. 176.

[131] João Pinto Ribeiro, *Preferencia das Letras às Armas*, in João Pinto Ribeiro,

70   *O Espírito das Instituições*

Desta metáfora organicista passamos à concretização institucional. Porém, observe-se que a historiografia europeia tem permanecido pouco interessada em estudar esta relação directa entre fins do Estado, tal como descritos ou observados pelos tratadistas, e instituições em concreto. É para entender esta relação particular que a leitura dos trabalhos contemporâneos de ciência da administração se pode revelar frutuosa, não no sentido da existência de uma reflexão científica nos escritores da época em estudo, mas por existirem apreciações e conclusões que antecipam essa reflexão.

A literatura jurídica e política identifica dois tipos de organizações: os conselhos, instituições de consulta do príncipe, e os tribunais, instituições dotadas de jurisdição e de império, isto é, com poderes para julgar e para impor uma decisão. Distinção imprecisa, alerte-se, visto que as instituições superiores são, em regra, simultaneamente conselhos e tribunais. Seguindo um trecho da *Política* de Aristóteles, identificam-se cinco conselhos: de Estado, de religião, da justiça, da guerra e da fazenda.

As fontes são muito vastas.

Para a Espanha do período anterior à União Ibérica encontramos no *Conselho e conselheiros de príncipes* de Furio Ceriol uma ligação clara entre funções do Estado e instituições em concreto. São sete os conselhos superiores identificados: 1.º, da Fazenda; 2.º, da Paz ou de Estado; 3.º da Guerra; 4.º, dos Mantimentos ou Provisões (para que nada falte no reino); 5.º, das Leis – encarregue da elaboração, interpretação, declaração e revogação das leis e ainda da nomeação e demissão dos oficiais; 6.º, das Penas – para castigo dos delinquentes; 7.º, das Mercês[132]. Para além da curiosa sugestão de criação do Conselho dos Mantimentos, a teorização referida permanece válida nas décadas seguintes[133].

Também Bartolomeu Filipe expõe no *Tratado del Consejo y delos consejeros* uma hierarquia das instituições de conselho. A mais importante

---

Obras Varias..., II, pp. 169 ss. Sobre outros órgãos humanos e a sua correspondência nas funções sociais, *ibidem*.

[132] F. Furio Ceriol, *El Consejo, i Consejeros del Príncipe*, Anvers, Viuda de Martin Nucio, 1559, ff. 3 ss.

[133] Para a organização institucional, v. Francisco Tomás y Valiente, *Gobierno e Instituciones en la España del Antiguo Régimen*, Madrid, Alianza, pp. 151 ss.; v. também a colectânea de estudos de José António Escudero, *Administración y Estado en la España Moderna*, Junta de Castilla y León, 1999; Santos M. Coronas Gonzáles, *Estudios de Historia del Derecho Publico*, Valência, 1998, fundamental para uma percepção das jurisdições privilegiadas.

A Instituição do Estado   71

destas instituições é constituída pelo Conselho de Estado, cujas atribuições consistem em procurar que a república viva em paz. Dever-se-ia chamar, escreve o autor, conselho da paz – tendo toda a jurisdição civil e criminal, devem executar-se as suas decisões *como se fosse o príncipe a mandar*[134].

O modelo desta forma de governo e a sua descrição no tempo filipino encontram-se igualmente em António de Sousa de Macedo[135], autor que identifica os seguintes conselhos e tribunais efectivamente existentes: Mesa do Desembargo do Paço; Casa da Suplicação; Mesa da Consciência; Corregedores da Câmara da cidade de Lisboa; Relação do Porto; Relação de Goa; Casa dos Contos; Alfândega; Casa da Índia.

Para os escritores do antigo regime esta forma de governo por juntas e conselhos constituiu uma inovação do governo do Conde Duque de Olivares[136].

O autor de *A Arte de Furtar,* depois de recordar que Aristóteles defendia a existência de cinco tribunais na república, referia que Portugal estava melhor representado, por ter doze tribunais, os quais correspondiam ao desenho das funções aristotélicas: dois tribunais da fazenda, que eram o Conselho da Fazenda e o Juízo do Cível, para onde se apelava; cinco tribunais para os assuntos da paz, a saber, o Santo Ofício, o Ordinário, o da Consciência, a mesa do Paço e a Casa da Suplicação; dois tribunais para os assuntos da guerra, o Conselho de Guerra e o Conselho Ultramarino; para os assuntos do Provimento, aponta dois tribunais, o da Câmara e o dos Três Estados; para a Justiça aponta a Mesa do Paço e a Relação[137].

Identificamos uma função comum a todas as instituições superiores. Utilizando a terminologia de Durkheim, é a de *pensar o Estado.* Ao serem chamados a reflectir sobre o funcionamento da coisa pública e a propor medidas de reforma, a partir do conhecimento empírico adquirido com o seu funcionamento, cada um destes órgãos realiza duas actividades que são vitais para a conservação do Estado – inteligência e memória. Até ao

---

[134] Bartolomeu Filipe, *Tratado del Consejo y delos consejeros delos Principes*, Coimbra, Antonio Mariz, 1584, f. 101.

[135] António de Sousa de Macedo, *Flores de España. Excelencias de Portugal, en que brevemente se trata lo mejor de sus historias, y de todas las del mundo desde su principio hasta nuestros tiempos, y se descubren muchas cosas nuevas de provecho, y curiosidad*, Coimbra, Antonio Simões Ferreyra, 1737, pp. 136 ss.

[136] D. Luís da Cunha, *Instruções Inéditas de D. Luís da Cunha...*, p. 31.

[137] *Arte de Furtar. [Padre Manuel da Costa]*, edição crítica, com introdução e notas de Roger Bismut, Lisboa, Imprensa Nacional-Casa da Moeda, 1991, pp. 215-216.

início do liberalismo, como temos vindo a alertar, a preparação das principais reformas do Estado é pensada dentro do Estado.

A identificação entre órgãos e funções do Estado tem uma interpretação política. Para os grandes teóricos contra-revolucionários como Cortés e Bonald, o naturalismo político desta relação é sustentado como uma antítese das concepções revolucionárias e liberais, tidas como artificiais.

No quadro seguinte procuro dar uma indicação mais clara desta associação entre as funções do Estado e as instituições criadas para as realizar.

FUNÇÕES E INSTITUIÇÕES DO ESTADO

FAZENDA, FISCO E MOEDA	Atribuição régia	Provedor Juiz de fora Corregedor	Conselho de Estado	Conselho da Fazenda; Junta dos Três Estados; Erário Régio
JUSTIÇA CIVIL E CRIMINAL	Atribuição régia	Juizes eleitos Juiz de fora Corregedor	Relações Casa da Suplicação	Mesa do Desembargo do Paço (revisão)
JUSTIÇA PREMIAL	Atribuição régia		Mesa do Desembargo do Paço	Secretário das Mercês
RELAÇÕES INTERNACIONAIS	Atribuição régia	Embaixador e outros legados	Conselho de Estado	Secretário de Estado
GUERRA E DEFESA	Atribuição régia		Conselho da Guerra	Secretário de Estado
SEGURANÇA LOCAL	Atribuição municipal	Quadrilheiros		Intendente-Geral da Polícia; Guarda Real de Polícia (1801)
ULTRAMAR	Atribuição régia		Conselho Ultramarino	Secretário de Estado
EDUCAÇÃO	Atribuição da Igreja e do Estado, desde 1768	Universidade de Coimbra	Mesa da Consciência e Ordens	Real Mesa Censória (etc.)
SAÚDE E PROTECÇÃO NA DOENÇA E VELHICE	Atribuição do Estado, da Igreja, das corporações de comerciantes e artesãos, e das misericórdias	Corregedores (inspecção sobre médicos e *sangradores*); provedores (inspecção sobre hospitais)	Hospitais (OF.1.62)	Cirurgião mor; Provedor mor da saúde; Mesa do Desembargo do Paço (aposentadorias)
RELIGIÃO	Atribuição da Igreja e do Estado	Santo Ofício	Mesa do Desembargo do Paço (beneplácito)	
PESSOAS FRACAS (viúvas, órfãos, miseráveis)		Juiz dos órfãos Provedor da comarca	Juizes especializados nos tribunais superiores	

§ 3.º
Estado e Razão

I. RACIONALIDADE DA VIDA HUMANA

Um dos alvos preferidos da crítica social humanista é a brutalidade e a estupidez da sociedade quinhentista. Através dos autos e entremezes populares, de certa poesia satírica, mas também dos autores moralistas, a leitura da literatura portuguesa do renascimento e do barroco permite encontrar muitos motivos de crítica e de escárnio relevantes para explicar as tensões sociais e os impulsos para a introdução de reformas por via legislativa. Uma enumeração dos factos e comportamentos denunciados apenas pode ser exemplificativa: os abusos dos poderosos; a ignorância da nobreza; o fidalgo pelintra; a ganância dos comerciantes; os gastos excessivos e o endividamento das famílias; o número de clérigos; a devassidão de alguns conventos; a concentração da propriedade fundiária nos *corpos de mão morta*; a brutalidade dos pais; a obsessão com o luxo; a preocupação das raparigas em casar ricas...

No domínio jurídico, encontramos igualmente muitos motivos de crítica social, que se interligam com os anteriores: a estupidez dos juízes municipais; a indisciplina, a ignorância e a brutalidade dos estudantes da universidade; a irracionalidade e a demora dos procedimentos judiciais; a designação para cargos judiciais como mera recompensa dos serviços de algum ascendente; a ignorância dos advogados; a corrupção, nomeadamente nas alfândegas e na cobrança dos impostos...

Gil Vicente (1465?-1537)[138], especialmente em *Cortes de Júpiter*, *Quem tem farelos* e *Auto da Barca do Inferno*, satiriza, com particular liberdade, juízes locais, advogados e práticas judiciárias, iniciando uma tradição em que igualmente se inserem Cruz e Silva (*O Hissope*), Correia Garção (*Assembleia ou Partida*), Manuel de Figueiredo (1725-1801) e, em especial, António José da Silva, com a *Vida de D. Quixote de la Mancha*. Na literatura moralista, com Frei Heitor Pinto, Francisco Rodrigues Lobo (1580--1622) e Francisco Manuel de Melo (1608-1666), em especial nos *Apólogos Dialogais*, entre outros, encontramos também críticas relevantes do funcionamento da sociedade e do direito, igualmente presentes em obras mais

---

[138] Acerca das diversas vertentes do humanismo jurídico em Portugal, v. Nuno Espinosa Gomes da Silva, *Humanismo e Direito em Portugal*, cit.; Luís da Cunha Gonçalves, *Gil Vicente e os Homens do Foro*, 2ª, Ática, Lisboa, 1953.

A Instituição do Estado 75

dirigidas ao público letrado mas com idêntica finalidade moralista. Diogo Guerreiro Camacho de Aboim expõe na *Escola moral, política, cristã e jurídica* um conjunto de reflexões com intenção moralizadora, que igualmente vamos encontrar nas obras de Jerónimo da Cunha, *Arte de Bacharéis*, de 1743, de José Gomes Cruz, *Diálogo apologetico, moral e critico*, de 1760, de Manuel José de Paiva, *Governo do mundo em seco*, de 1751 – uma das mais interessantes críticas da aplicação da pena de morte –, de Bento Morganti, *Aforismos Morais*, de 1765, de Carlos José Mourato, *Instrumento da verdade*, de 1778, na tradução de *Dissertação sobre os deveres dos juizes*, 1798, e na *Recreação Filosófica* do Padre Teodoro de Almeida.

É importante realçar esta ligação entre a literatura e os novos temas da política e do direito. Se não é surpreendente em face do tipo de cursos ministrados na universidade que a maioria dos homens de letras tenha formação jurídica, também o paradigma do homem de letras aponta para uma universalização dos modelos literários – o jurista é igualmente um poeta e deve mesmo recordar-se que alguns deles foram mais aclamados na época em que viveram como poetas do que como juristas (Gabriel Pereira de Castro, Tomás António Gonzaga, etc.)

Estas fontes são relevantes, quer para compreender as situações sociais para as quais não existia uma resposta jurídica particular, quer, pelo contrário, para contextualizar a formulação de programas reformistas. A existência de censura não impediu a publicação de textos e a sua comunicação ao público. Por vezes, também a recriação dos clássicos greco--latinos foi um modo de contornar a censura para divulgar uma mensagem política precisa.

A *invenção do funcionário moderno* passou, portanto, por regras de etiqueta e de cortesia, de disciplina e de direito penal, pela imposição de horários e de hábitos de trabalho. E passou igualmente por instituições disciplinadoras, como a escola e as forças armadas, entre nós, aliás, muito criticadas pela sua incapacidade para concretizarem esta finalidade.

Para o pensamento científico de Descartes e de Newton tratava-se também de superar os medos do homem no desconhecido através do crivo da razão. Para os pedagogos, como Erasmo e Comério, ou para o método de estudar dos jesuítas, de realizar tal desiderato através da educação e do ensino. Esta mensagem passou por artifícios retóricos e literários, como o elogio da loucura, a invenção dos géneros ensaístico e da utopia, ou, como encontramos no Montesquieu das *Cartas Persas* – pela sátira e pelo distanciamento crítico. Para o pensamento científico português, nomeadamente

76 · O Espírito das Instituições

com Pedro da Fonseca, tratava-se igualmente de construir e fundamentar a liberdade do homem em face da omnisciência divina[139].

Também não pode ser ignorado o papel que as igrejas e a teologia exercem nesta racionalização da vida social, em especial, a Igreja católica pós-tridentina e a respectiva teologia moral. Autores recentes como Legendre, Grossi e Prodi também têm insistido nesta ligação. Existe, assim, uma mensagem com propósitos similares divulgada pelas igrejas, pelo Estado, pelo teatro, pela literatura: a necessidade do homem se dominar a si próprio, através da interiorização da disciplina.

Do lado católico pós-tridentino, Inquisição, constituições dos bispados, visitas episcopais e juiz dos pecados públicos são elementos centrais na construção de um aparelho de controlo social[140]. E se, a outro nível, estas novas instituições colocam o problema da relação entre a jurisdição régia e a canónica, não é menos evidente a sua importância para a construção de uma disciplina a que os funcionários do Estado também devem obediência. A mensagem transmitida é a de que a sociedade e a política não resistem aos excessos da paixão e, consequentemente, os homens devem procurar a salvação através da virtude.

A violência e a paixão andam a par. Numa sociedade que considera a honra um dos seus valores, tal perspectiva valorativa tem consequências precisas no plano social. A sociedade e o direito continuam a aceitar a violência quando ela é o modo pelo qual se restauram, na ordem social, valores violados por actos moral e socialmente reprovados. O duelo pela honra é uma destas práticas sociais que, apesar de sucessivamente proibida pelas legislações nacionais europeias, vai persistir até ao século XX, amplamente aceite e justificada pela opinião pública.

A proibição da vingança privada e o princípio da tutela pública dos direitos foi consagrada na legislação medieval[141]. Porém, o cumprimento efectivo destas regras é mais complexo, nomeadamente nos senhorios, laicos e eclesiásticos. Deste modo, o monopólio do uso da violência nas mãos do Estado passa pela proibição da vingança privada e pela constru-

---

[139] V., em especial, Miguel Batista Pereira, *Ser e Pessoa em Pedro da Fonseca. O Método em Filosofia*, Coimbra, 1967 e António Manuel Martins, *Lógica e Ontologia em Pedro da Fonseca*, Coimbra, 1990.

[140] Para uma introdução geral, v. Lucas de Andrade, *Visita Geral, Que Deve Fazer Hum Prelado no seu Bispado, apontando as cousas por que se deve perguntar. E o Que Devem os Parochos preparar para a visita*, Lisboa, Joaõ da Costa, 1673.

[141] Cf. José Adelino Maltez, *Sistema penal*, em Ruy de Albuquerque / Martim de Albuquerque, *História do Direito Português*, I/II, Lisboa, 1983, pp. 216 ss.

ção de um aparelho público de justiça e de segurança. As dificuldades na implementação e cumprimento destas proibições são conhecidas. O papel da resistência, das reformas e das rebeliões à imposição de um aparelho estadual de justiça tem vindo a ser sublinhado tanto por historiadores como por juristas[142].

Nada é mais brutal e estúpido do que a violência da guerra, em especial a guerra civil. Ela conduz à ruína do Estado e à opressão dos cidadãos[143]. No plano interno ao Estado, o príncipe é o responsável pela unidade do poder, fundamento para a paz interna.

> «A paz que o príncipe concede aos seus vassalos para fazer cessar as guerras civis é mais importante que a conquista de novos estados, para aumento da monarquia. Porque de que servem os dilatados termos do império se as forças ficam diminuídas no seu interior? Deixar o coração doente e cuidar das extremidades não é o que ensina a prudente medicina.»[144]

Noutro lugar apontei uma consequência jurídica tão precisa quanto negativa desta orientação: à guerra civil não se aplicam as regras do direito da guerra, remetida para o domínio do puro facto[145]. Também não pode perder-se de vista a recomendação da literatura da razão de Estado acerca das guerras externas como elemento de união quando existe o risco de guerras civis. O uso frio e racional da guerra para obter resultados na política interna acompanha o longo reinado de Luís XIV e as suas *guerras de gabinete*, frequentemente condenadas com particular vigor pelos jesuítas como exemplos da má razão de Estado.

É manifestamente excessivo reduzir o pensamento do barroco ao lema cartesiano *penso, logo existo*. Já foi escrito, também excessivamente,

---

[142] Para as fontes jurídicas, v. Diego Quaglione, *Politica e Diritto nel Trecento Italiano. Il «De Tyranno» di Bartolo de Sassoferrato (1314-1357)*, Firenze, Leo S. Olschki, 1983; Mario Sbriccoli, *Crimen Laesae Maiestatis*, cit.; Angela de Benedictis / Kart-Heinz Lingens, *Wissen, Gewissen und Wissenschaft im Widerstandsrecht (16-18. Jh)*, Frankfurt am Main, 2003 (em especial, Angela de Benedictis, "Sapere, coscienza e scienza nel diritto di resistenza").

[143] Entre outros, António Henriques Gomes, *Politica Angelica. Primeira parte. Dividida em 5. dialogos*, Roan, L. Maurray, 1647, pp. 144-145; Sebastião César de Menezes, *Suma Política...*, pp. 118 ss. (edição 1650); Manuel Fernandes de Vila Real, *El Politico Christianissimo o Discurso Politico sobre algunas acciones de la Vida del Eminentissimo señor Cardeal duque de Richelieu*, Pamplona, Uan Antonio Berdun, 1642, pp. 113 ss. Cf. a nossa *História das Relações Internacionais*, § 15, 60 ss.

[144] Manuel Fernandes de Vila Real, *El Politico Christianissimo...*, pp. 113 ss.

[145] *História das Relações Internacionais*, 60 III.

que este é o lema da França – *Descartes, c'est la France* (Glucksman). No entanto, nos juristas e teólogos católicos do século XVII e XVIII é um lugar comum a denúncia da desumanidade daqueles que pretendem reduzir o direito à razão. Os *brutos*, isto é, os homens desprovidos de inteligência também participam pelo direito natural dos direitos e deveres comuns ao género humano. Pergunta-se, consequentemente, ao reduzir-se o homem à razão, qual o lugar daqueles que não são dotados de entendimento e razão?

Para exprimir a insuficiência e unilateralidade da perspectiva daqueles para quem a história é o curso directo de um processo civilizacional racionalista, podemos apontar duas grandes referências, agora no plano das manifestações intelectuais: a espiritualidade barroca e a literatura libertina.

A espiritualidade barroca peninsular é demasiado complexa para ser resumida numa breve síntese. Entre a exuberância dos místicos e *alumbrados* e o rigorismo dos partidários da via estreita que viam na vida humana um caminho – a escada de Jacob – para Cristo existe todo um universo de contrastes e de diferenças subtis[146]. Deve simplesmente anotar-se a recusa dos escritores do renascimento e do barroco em verem na razão o metro único do agir humano.

De outro lado, a desordem das paixões conduz ao amor libertino, assente num jogo e no calculismo. Do mito de D. Juan às *Ligações Perigosas* de Laclos encontramos um nexo comum, igualmente espelhado na literatura política do barroco. A dissimulação amorosa e o jogo permanente da sedução são elucidativos de uma forma de viver e de pensar que não se reduz à razão ou, talvez mais exactamente, utiliza a razão como mero instrumento de dominação e de prazer.

A institucionalização da disciplina é um passo fundamental da estratégia de racionalização e cumprimento de preceitos morais no funcionamento da sociedade. Contudo, não podemos perder de vista os problemas existentes. A importância da disciplina na escola é realçada por todos os grandes tratadistas da pedagogia, não apenas como um valor intrínseco ao funcionamento da instituição escolar, mas também como essencial para a formação moral de cada homem. Muitos escritores portugueses retiram da

---

[146] Para Portugal, v. a magistral reconstrução destas concepções feita por Cabral de Moncada, em "Mística e racionalismo em Portugal no século XVIII", in *Estudos Filosóficos e Históricos*, II, Coimbra, 1959; e *Filosofia do Direito e do Estado*, I, Coimbra, 1955, pp. 197 ss.

A Instituição do Estado 79

indisciplina efectivamente reinante na universidade a incapacidade dos juizes assimilarem padrões de conduta social[147].

A disciplina nos tribunais e, em especial, nas salas de audiência foi igualmente objecto de regulamentação específica.

Desta disciplina fazem parte outro tipo de regras, nomeadamente o dever de os funcionários públicos estarem casados. O amor contemplativo e o elogio do celibato, igualmente outro tópico barroco, não são considerados contraditórios com a obrigação do estado de casado imposta aos juizes e a outros funcionários régios.

A previsibilidade das condutas e a antecipação racional das consequências de cada acto são regras definidoras do Estado limitado pelo direito. Mas estas referências são ainda mais relevantes para a condução do Estado e da economia, porquanto a confiança no cumprimento dos compromissos assumidos e a antecipação racional das condutas alheias e das consequências que resultam de um determinado comportamento constitui uma condição prévia à introdução do capitalismo.

Em face dos elementos aduzidos, parecem excessivos, para caracterizar o Barroco, os requisitos da racionalidade prática que foram identificados por John Finnis: plano de vida coerente; não arbitrariedade na escolha dos valores; não escolha arbitrária entre as pessoas; respeito pelos valores básicos em cada acto; respeito pelo bem comum; moralidade[148]. Esta caracterização apenas pode ser compreendida depois da obra kantiana.

II. RACIONALIDADE DA ACÇÃO POLÍTICA

A expressão racionalidade da acção política é equívoca e polissémica. Com ela podem designar-se três modos distintos de relação entre a razão e a política, que podemos decompor analiticamente: como conhecimento; como regra de acção; e como virtude.

---

[147] Cf. *Arte de Furtar. [Padre Manuel da Costa]*, p. 228: «Como há-de haver no mundo que se tolere e permita provarem cursos em Coimbra mais de um cento de estudantes, todos os anos, sem porem pé na Universidade? Andam na sua terra, matando cães e escrevem, a seu tempo, ao amigo, que os provem lá na matrícula, representando as suas figuras e nomes; e *daqui vêm as sentenças lastimosas que cada dia vemos a julgadores*, que não sabem qual é a sua mão direita mais que para embolsarem com ela espórtulas e ordenados, como se foram Bártolos e Cova-Rubias»; v. *Judex Perfectus*, § 27 III.

[148] John Finnis, *Natural Law and Natural Rights*, pp. 100 ss.

A racionalidade política como conhecimento

O primeiro sentido de racionalidade implica um programa ao serviço da política. A antropologia, a geografia, a história e a economia são disciplinas necessárias para o conhecimento dos homens, da natureza do local onde se situa o Estado e dos meios postos ao seu dispor.

Um dos lemas do barroco é precisamente a máxima «conhece-te a ti mesmo». Máxima que se aplica em primeiro lugar a cada homem, mas, também aos povos e aos Estados.

> «Nenhuma ciência há melhor do que aquela pela qual o homem se conhece a si próprio», escreveu o Padre Manuel Bernardes, seguindo S. Agostinho, continuando: «Sem conhecimento próprio não pode haver humildade, nem sem humildade virtude alguma.»[149]

Depois da invenção da imprensa multiplicam-se os livros de descrição dos Estados, da sua geografia e corografia, população, habitantes, comércio, manufacturas, colónias, finanças.

O italiano Botero é um dos pioneiros neste tipo de publicações. Logo nas *Relações universais*, o grande tratadista da razão de Estado católica denunciou a ausência de uma indicação clara quanto à efectiva dimensão do reino português, primeiro requisito para o conhecimento do Estado. O tema era decisivo para a teoria política, assente numa reflexão aristotélica acerca das dimensões adequadas das cidades. E era igualmente decisivo para a paz entre os Estados.

> Anote-se a publicação de elementos relevantes desde 1561: mapas de Portugal (1561, 1672, 1762), descrições e corografias de Portugal (1610, 1706), geografias históricas (1734).

Nestas descrições encontramos frequentemente a exposição das instituições portuguesas. Nelas podemos verificar o modo como a literatura coeva via a organização política, judicial e administrativa em concreto. Insistirei neste aspecto particular, decisivo para uma interpretação da natureza e dos limites ao conhecimento científico. É necessário compreender por dentro as instituições da monarquia, através do grau de conhecimentos que os seus funcionários têm das coisas do Estado e da sociedade (v. *supra*).

---

[149] Manuel Bernardes, *Nova Floresta de Vários Apophtegmas*, Lisboa, Valentim Deslandes, 1706-1728, III, pp. 436-7.

A racionalidade política como regra de acção

Encontramos nos escritores do renascimento e do barroco – poetas, dramaturgos, políticos, moralistas – uma apreciação dos temas da justiça e da injustiça, do tirano e do bom governante, da política e do direito.

A temática da paixão e da emoção na decisão política é muito tratada pelos escritores medievais, mas retomada em moldes inovadores pelos escritores renascentistas. Dois exemplos retirados da literatura política medieval. Álvaro Pais denuncia que o prazer de dominar torna os reis tiranos[150]. Já no final da Idade Média, D. Duarte identifica a imparcialidade ou *obrigação de estar sempre seu ânimo despojado de toda a paixão* como um dos deveres dos julgadores[151].

A existência de leis constitui, assim, um modo político, jurídico e moral de evitar o triunfo das paixões dos governantes na vida social[152]. Certas máximas de natureza moral são formuladas a este respeito: o poder não existe para o prazer do governante; as leis não são nem podem ser o resultado das paixões dos príncipes.

Normalmente habituados a construções artificiais e subtis, a psicologia dos governantes é formulada em termos invulgarmente simples pelos escritores do barroco: o prazer de mandar torna os reis tiranos. É o que podemos ler num dos mestres portugueses deste período, Francisco Rodrigues Lobo:

> «...e posto que houve e há muitos Reis (a que convém mais o nome de tiranos) a que a sua depravada natureza desvia destas condições Reais, que juntamente com a coroa e ceptro se lhe comunicam, pela maior parte os Reis se sujeitam mais à lei e à razão que os que, obrigados de seu forçoso poder, não podem evitar o castigo de seus erros»[153].

Num outro texto também com o peso estilístico da retórica barroca, o Padre Manuel Bernardes opõe razão e paixão:

> «O poder não há-de embargar a justiça, quando a justiça embarga o

---

[150] Álvaro Pais, *Espelho dos Reis*, I, pp. 187 ss.

[151] D. Duarte, *Leal Conselheiro*, actualização ortográfica, introdução e notas de João Morais Barbosa, Imprensa Nacional Casa da Moeda, s.l., s.d. (1982), cap. LX [= pp. 297 ss.].

[152] V. *A Lei da Liberdade*, I, *passim*.

[153] Francisco Rodrigues Lobo, *Côrte na Aldeia e Noites de Inverno*, prefácio e notas de Afonso Lopes Vieira, Livraria Sá da Costa, Lisboa, 1945, p. 275.

poder. Porém, o trabalho está em que as névoas da paixão opondo-se aos olhos da razão, fazem parecer razão o que na verdade é paixão.»[154]

O binómio racionalidade e sentimento não constitui um par de conceitos opostos. Para os tratadistas monárquicos do barroco, o paternalismo político completa a racionalidade decisória, não se opõe a ela. Daí o complexo mecanismo institucional em que assenta esta construção. Os juizes devem decidir com base na razão, em função do alegado e provado; mas já os príncipes que não reconhecem superior podem e devem mitigar a dureza da lei em nome de princípios superiores, assentes na moral evangélica de Cristo e no direito natural. Assim, a misericórdia e o perdão inscrevem-se no plano do jurídico. Também a mercê e o prémio constituem atribuições do poder.

Face à crueldade das leis da guerra que vinha dos tempos medievais, compreende-se que os escritores humanistas levem a sua argumentação jusnaturalista para o terreno da teoria da guerra. Era aí precisamente, como principalmente relatado por Grócio, que se encontravam os exemplos mais atrozes de violação de regras civilizacionais.

Daí a dúvida e o debate nos filósofos de seiscentos e de setecentos: no estado de natureza o homem é naturalmente mau e a guerra inevitável ou, pelo contrário, o homem é naturalmente bom e a violência é o resultado artificial da queda? A interpretação dos clássicos europeus não é inequívoca neste ponto particular da causa da guerra. Mesmo os comentadores de Hobbes questionam se a sua visão é a de que a guerra no estado de natureza resulta da paixão ou de um cálculo racional tendo em vista a dominação.

Racionalidade e cálculo político

Existe uma outra dimensão da política do barroco que é nova, em relação aos tempos medievais – a política como um jogo. Para utilizar uma metáfora, o jogo político é o xadrez, que os escritores renascentistas dizem ter sido inventado para distrair um déspota oriental. Enquanto ele joga, evitam-se os seus caprichos, a sua crueldade e tirania[155].

---

[154] Manuel Bernardes, *Nova Floresta de Vários Apophtegmas*, V, p. 452.

[155] Francisco de Monçon, "Livro segundo do officio do perfeito principe cristiano", ANTT, Livraria, ms. 618, f. 72.

No jogo político já não tratamos de paixões, mas do prazer em conquistar o poder e conservá-lo, mesmo que seja necessário diminuir ou eliminar os adversários. Aqui, a racionalidade política torna-se um cálculo permanente acerca das alianças e das traições, dos amigos e dos inimigos. Verdadeiras ou falsas, as memórias de (ou atribuídas a) Luís XIV, Sully, Richelieu e Mazarino reflectem este entendimento. Os jogadores políticos encontram uma literatura específica nos séculos XVII e XVIII, quer nas obras memorialistas de secretários de Estado e outros altos funcionários (Walsingham, António Perez, Richelieu, Mazarino, etc.), quer nos livros escritos para os *homens da corte*, os *perfeitos cortesãos* e os *políticos astutos* (Castiglione, Baltazar de Gracian, Duarte Ribeiro de Macedo), habilitados para sobreviver no ambiente de intriga palaciana.

Tenho vindo a salientar uma fórmula do *Breviário dos Políticos* atribuído ao Cardeal Mazarino como expressão máxima do comportamento aconselhado aos políticos empenhados em obter a protecção dos poderosos e a eliminar os inimigos:

«1. Simula. 2. Dissimula. 3. Não confies em ninguém. 4. Diz bem de todos. 5. Prevê antes de agires»[156].

Entre simulação e dissimulação, no entanto, vai para os escritores do barroco uma grande diferença, aquela que medeia entre a conduta permitida e a proibida[157]. É ilícita a mentira, a fraude e a simulação. Na definição de Alvia de Castro, a simulação consiste em fingir aquilo que é como se fosse, e é ímpia e perigosa. É lícita a dissimulação, que consiste em encobrir aquilo que é, como se não fosse. O silêncio e segredo são moralmente admissíveis e considerados em alguns casos como prudentes e necessários, desde que a honestidade não fosse posta em causa[158].

Um dos clássicos do barroco escreve:

«Entre a simulação e dissimulação há esta diferença, que a simulação não é outra coisa mais do que fazer crer uma coisa que não é, e a dissimulação é persuadir aquilo que na verdade é. Quem disser que o bom é mau, simula; e que disser que o mau é bom, dissimula.» (Bento Morganti)[159]

---

[156] Cardeal Mazarino, *Bréviaire des Politiciens*, trad. franc., apresentação de U. Eco, Paris, Arléa, 1997.

[157] V. *História das Relações Internacionais*, § 12, 51.

[158] D. Fernando Alvia de Castro, *Verdadera razon de estado. Discurso politico*, Lisboa, Pedro Craesbeeck, 1616, f. 46 v.

[159] Bento Morganti, *Afforismos Moraes, e Instructivos*, Lisboa, Of. de Manoel Coelho Amado, 1765, I, 11.

Nas *Instruções políticas de legados*, António da Silva e Sousa descreve as cortes estrangeiras como sítios de combate a vícios como a infidelidade, a corrupção, a ignorância, o temor, a desconfiança, o ódio e a paixão[160]. A vida diplomática fornece bons exemplos deste jogo político. Não surpreende que o embaixador seja descrito na literatura especializada como um espião honesto e alguns livros apresentem, inclusivamente com acontecimentos retirados da prática diplomática do tempo, os casos exemplares desta espionagem[161].

Como num jogo, na dissimulação honesta trata-se de fazer crer ao adversário que as forças são superiores ou que a intenção é diferente. Um exemplo muito glosado é o do rei Filipe I de Portugal que se informava em segredo sobre as virtudes dos oficiais e dos candidatos ao exercício de funções públicas, nomeadamente determinando a realização de inspecções secretas, mesmo aos tribunais superiores (prática relatada e apreciada nos tratadistas da época, como Saavedra Fajardo, entre muitos outros).

Como em qualquer jogo, a roda da fortuna dos políticos pode girar. Numa carta de Ricardo Raimundo Nogueira encontramos uma fórmula que descreve a queda em desgraça dos políticos:

«A estrada do valimento é íngreme e quem nela escorrega roda até ao fundo e vem a quebrar os narizes.»[162]

Perante estes elementos, podemos questionar: como conciliar esta visão da política como um jogo perante a racionalidade que deve caracterizar a acção das instituições, tema que constitui o principal objecto deste ensaio?

A preocupação da historiografia em fornecer sínteses das épocas estudadas leva muitas vezes à desvalorização dos aspectos contraditórios que nelas encontramos. Os elementos acima coligidos dão precisamente conta da multiplicidade de pontos de vista, que ilustram da natureza contraditória de muitos dos escritos, nos quais surpreendemos as correntes políticas da época e as tentativas de apelar à respectiva opinião pública. Imagens contraditórias que a literatura moralista europeia reflecte e teoriza.

---

[160] António da Silva e Sousa, *Instruçam politica de legados*, Amburgo, s.ed., 1656, pp. 28 ss.

[161] Por todos, v. Wicquefort, *Memoires touchant les ambassadeurs et les ministres publics*, Amsterdam, Janssons a Waeberge, 1730, p. 77 e a nossa *História das Relações Internacionais*, 78 III.

[162] Ricardo Raimundo Nogueira, carta de 25 de Setembro a António Ribeiro dos Santos, BNL, ms. 64, n.º 2.

É apenas com a criação dos partidos no século XIX que são introduzidos os programas políticos e se formula a convicção democrática de que a escolha dos eleitores não respeita apenas a pessoas, mas igualmente a programas políticos parcelares. Antes do liberalismo documentamos a existência de correntes de opinião, de orientações políticas distintas, de disputas entre validos, cortesãos, secretários e conselheiros, lutando pela nomeação para cargos políticos, pela concessão de mercês e de prémios, etc., mas os governantes não são portadores de verdadeiros programas políticos. Pelo contrário, os tratadistas políticos aconselham o rei na arte de não inovar. As inovações são perigosas para a estabilidade do regime e para a autoridade de um príncipe. Existe, assim, um formidável contraste com a política do presente, assente na apresentação contínua de propostas de reforma, ainda que frívolas e artificiais para cativar a opinião pública.

Não podemos esquecer, por último, outros limites da racionalidade política. O amor e a amizade são valores políticos e as relações que se estabelecem entre familiares e amigos não são dissociáveis da vida na *polis*.

III. RACIONALIDADE E INSTITUIÇÃO

O funcionamento das instituições políticas e de justiça é um exemplo claro das observações anteriores. Podemos distinguir analiticamente algumas das principais dimensões da racionalização formal no seu funcionamento.

Horários e regras de tratamento

Quando se lê a legislação acerca do funcionamento das instituições judiciais, uma exigência sempre presente é a da celebração de uma missa, logo pela manhã. Destaco outra vertente desta exigência: os juizes devem estar presentes no tribunal logo pela manhã e iniciar o despacho dos processos e a audição dos requerentes[163].

---

[163] Quanto às regras das reuniões e despacho, v. *infra*. Quanto à falta de pontualidade como característica dos portugueses, v. Rebelo da Silva, *História de Portugal nos Séculos XVII e XVIII*, V, pp. 52 ss.

O hábito e o cumprimento de horários são elementos de disciplina das pessoas, referem os moralistas e pedagogos. Os regimentos exigiam a realização de reuniões periódicas dos conselheiros e desembargadores, em regra diárias. O despacho dura três horas e vai das sete às dez horas da manhã, no Verão, e das oito às onze horas, no Inverno (Desembargo do Paço, Conselho Ultramarino, Conselho de Guerra...). Existem algumas variantes: na Relação da Baía o despacho deve durar quatro horas; na Casa das Rainhas prevêem-se três horas de despacho, pela tarde, às segundas, quartas e sábados, a partir das duas horas, no Inverno, ou das três, no Verão; na Junta da Bula da Cruzada são três horas de despacho, à terça ou sexta-feira; já o Conselho de Estado reúne por duas horas, sempre que necessário e em regra três vezes por semana (Regimento de 1569), três horas, dois dias por semana (Regimento de 1624) ou ainda três horas, às segundas-feiras a partir das três da tarde (Regimento de 1645).

É importante referir que a imposição destas regras se dá em termos paralelos ao estabelecimento de um modelo profissional do desempenho dos cargos públicos.

O formalismo das regras de tratamento constitui igualmente um modo através do qual, de modo abstracto e impessoal, o ofício se distingue da pessoa do seu titular. São criadas fórmulas do tratamento devido à função pública que é exercida pelo oficial. Os desembargadores do Paço têm o tratamento de Excelência; os restantes desembargadores o de Senhoria; os magistrados ordinários não gozam de tratamento especial, mas usualmente são designados por senhoria. Considera-se que a honra é de tal modo inerente à função de cada magistrado que Manuel Rodrigues Leitão reconhece que não é lícito renunciar a ela, pelo respeito que é devido à pessoa pública do oficial[164].

Razão, vontade e desejo

Como assegurar que os funcionários régios não actuam simplesmente de acordo com a sua vontade, os seus desejos e caprichos? Como assegurar que a justiça não é simplesmente vingança?

Para descrever o modo como a doutrina resolveu o problema da relação entre vontade e razão concentremo-nos num dos clássicos portugueses

---

[164] Manuel Rodrigues Leitão, *Tratado Analytico & Apologetico, sobre os Provimentos dos Bispados da Coroa de Portugal...*, p. 811.

do renascimento, D. Sancho de Noronha. No *Tratado Moral de Louvores de Alguns Estados Seculares* distingue os três principais requisitos para o exercício da função de julgar: a obrigação de saber discernir as causas (entendimento); a *obrigação de estar sempre seu ânimo despojado de toda a paixão* (justiça e equidade); e a *obrigação de dar as tenções no processo com zelo da justiça e sem favor* (imparcialidade)[165]. Para cumprir as funções do seu ofício, escreve D. Sancho de Noronha, os juizes devem julgar de acordo com *alma racional*, segundo o entendimento e não segundo a vontade, e apresentando-se eles próprios como um modelo de comportamento moral, de justiça e virtude. A antítese do bom juiz seria a seguinte:

> «Condenando bons, absolvendo maus, sentenciando justos, libertando pecadores. Cegando o entendimento por dádivas. Pervertendo o juízo por interesse. Acreditando os males sem prova. Não ouvindo as partes com razão. Não discernindo os merecimentos das causas nem a verdade dos processos»[166].

São diversas as dimensões relevantes desta *alma racional* dos funcionários para o presente estudo:

(i) A delimitação do tema probatório decorre das alegações das partes e da prova produzida.

(ii) Quanto à formação da decisão, a competência conjunta e a colegialidade, bem como a imposição de uma disciplina processual são igualmente imperativos da racionalidade jurídica.

(iii) No âmbito da decisão, a vinculação à lei e ao direito estabelecido, com expressa refutação do arbítrio decisório, são igualmente exigências da racionalidade jurídica.

Imparcialidade e proibição de acepção de pessoas

O conceito é bíblico e também greco-romano. Os reis, magistrados e funcionários comprometem-se a exercer as suas funções tratando de modo imparcial as partes, cujo estado, preeminência e condição são, entre outros, factores que o juiz não deve considerar como relevantes. A corrupção é

---

[165] D. Sancho de Noronha, *Tratado Moral de Louvores de Alguns Estados Seculares*, pub. na *Antologia do Pensamento Político Português. Século XVI*, 2.º, volume, período joanino, sep. de *Estudos de Ciências Políticas e Sociais*, 83.º, [= pp. 119 ss.].

[166] Idem [= pp. 133 ss.].

formulada como um delito gravíssimo, merecedor das mais severas punições e sempre implicando a nulidade absoluta da decisão. Como consequência desta exigência de imparcialidade, os juizes e funcionários devem declarar-se impedidos nas causas em que possam ter algum interesse, directo ou indirecto. Consequentemente, as decisões tomadas com violação destas proibições são nulas[167].

IV. SECULARIZAÇÃO, SOCIEDADE, ESTADO: MESMO QUE DEUS NÃO EXISTA

A secularização do poder político constitui uma referência usual nos manuais de história do direito público e de direito constitucional, atribuindo-se ao renascimento o início de um processo de secularização do poder político e do direito, que se vai tornar o lema do iluminismo. Outros apontam para o nascimento do espírito laico a partir do século XIII[168].

Esta interpretação dos factos históricos, porém, é discutível. Considerando o objecto do presente estudo, importa distinguir diversas vertentes neste percurso designado de *laicização* e de *secularização*. É necessário precisar que com o uso destes conceitos de secularização e de laicização podem designar-se realidades distintas, que decompomos analiticamente:

(i) A separação entre o poder temporal e o poder espiritual, fundamento da mensagem política do cristianismo.

(ii) A apropriação pelo Estado do simbolismo do poder espiritual, como corpo místico.

(iii) A construção de uma racionalidade própria do Estado (a razão de Estado).

(iv) A afirmação de um poder do Estado sobre as coisas sagradas e os assuntos espirituais. Nesta matéria destacamos as seguintes prerrogativas que foram exercidas pelos governantes temporais portugueses: o poder de apresentação dos bispos, que a doutrina regalista não confunde com o direito de padroado[169]; o poder de apresentação dos clérigos e bene-

---

[167] Cf. *Judex Perfectus*, §§ 64-65.

[168] Georges de Lagarde, *Le Naissance de l'esprit laique au declin du Moyen Age*, 5 vols., Paris-Louvaina, 1956-1970, em torno de Marsílio de Pádua (II).

[169] José Inácio da Rocha Peniz, "Breve história crítica, na qual se mostra quando, e como os Senhores Reis de Portugal adquirirão a prerrogativa de nomearem os Bispos nos seus reinos", in *Jornal de Coimbra*, 3 (1813).

ficiados que é conferido ao fundador de uma igreja, capela ou benefício[170]; o instituto da ajuda do braço secular, verdadeira revisão dos processos realizada na Casa da Suplicação. No limite, assistimos à sacralização do Estado, protegido pelo tipo de normas penais que antes puniam os delitos contra a fé e a religião.

A possibilidade de uma política desligada dos direitos divino e natural não ocorre aos escritores católicos portugueses ou, pelo menos, não o ousam publicar. Pelo contrário, o traço específico dos escritos publicados consiste na identificação de uma *política cristã*, em especial por parte dos teólogos, como Molina, Suárez, Baptista Fragoso ou Bento Pereira. O elemento de ligação entre metafísica e direito é assegurado pelo direito natural, cujo conteúdo vinculativo é reconhecido.

Com os defensores da monarquia pura ocorre uma transição teórica, assente em três pressupostos: (i) a fundamentação do direito na filosofia moral, já não na teologia; (ii) a separação entre a teoria e a prática, o que implica a impugnação da prudência; (iii) o formalismo do direito natural e da ciência.

As concepções absolutistas, ao sustentarem o formalismo do direito natural e a sua desvinculação da teologia, acabam por levar à perda de sentido moral do próprio direito positivo[171].

V. DA PRUDÊNCIA À CIÊNCIA DO ESTADO

Como temos verificado, os funcionários adquirem conhecimento das regras de funcionamento das instituições do Estado basicamente através da experiência. Nem mesmo na universidade esse conhecimento poderia ser obtido, já que estas questões práticas estavam excluídas do ensino universitário. Saber se a condução dos assuntos do Estado pode constituir o objecto de uma ciência ou é apenas uma prudência, para a qual são suficientes os conhecimentos adquiridos pela experiência, constitui um tema frequente nos escritores especializados. Problema distinto é o da compreensão científica das experiências obtidas através da observação histórica.

---

[170] V. o Catálogo das igrejas de padroado, em Paulo Dias de Niza, *Portugal Sacro...*, citado.

[171] V. *Judex Perfectus*, § 32, V ss.

90   *O Espírito das Instituições*

Nesta literatura política encontramos obras muito diversificadas, que, quanto à questão agora em estudo, podem ser divididas em dois grandes grupos:

(i) As preocupações com a sociedade dominam os tratados de filosofia política, jurídica e moral da Segunda Escolástica, seguindo o modelo definido com a *Política* de Aristóteles e o *Regimento de príncipes* de S. Tomás. Os longos debates sobre a origem da sociedade e a natureza do poder caracterizam a teologia política do período (Molina, Soto, Suárez, Baptista Fragoso, Bento Pereira).

(ii) Existe um abismo entre os estudos teóricos sobre a origem, natureza e fins da sociedade política e os trabalhos práticos e empíricos que propõem reformas parcelares do Estado. Aliás, não faltam autores que se dão conta desta situação e procuram superar este vazio existente entre teoria e prática[172]. Mesmo na Alemanha verificamos existir o mesmo tipo de diferenças entre o empirismo da construção do Estado e o nascimento de uma literatura científica[173].

Nos arquivos das nossas instituições superiores encontramos muitas propostas de reformas concretas para os problemas verificados pelos conselheiros e desembargadores e que demonstram este empirismo político. Alguns exemplos de épocas diferentes são ilustrativos desta relação entre as necessidades do Estado, as competências das instituições e a experiência dos conselheiros.

Um Parecer do desembargador Diogo Marchão Themudo sobre as circunstâncias do reino em 20 de Maio de 1698 identifica as doações de direitos e de bens da Coroa e de jurisdições como a mais influente causa de ruína de um Estado, ao enfraquecer e depauperar o *corpo místico do Estado*[174].

Um Parecer e Plano do Conselho Ultramarino propõe medidas para a cobrança do imposto dos quintos devidos pela mineração do ouro em Minas Gerais, de modo a restabelecer as entradas no Tesouro[175].

---

[172] Sobre os conceitos de teoria e prática para a época em estudo, v. *Judex Perfectus*, § 24 I e § 33 V.

[173] M. Stolleis, *Geschichte des offentlichen Rechts im Deutschland*, München, Beck, 1988 (tradução francesa de M. Senellart), pp. 381 ss. e 535 ss.

[174] BNL, Pombalina, Cod. 570, ff. 11 ss.

[175] BNL, FG, Cod. 6979.

Uma *Representação* ou exposição da Mesa do Real Erário, pedindo providências acerca dos embaraços em que se achava para acorrer às despesas do Estado, contém uma indicação precisa das despesas públicas em 1807 e a recomendação do funcionamento do Erário como banco público[176].

Observe-se a participação dos órgãos burocráticos no processo de decisão política, questão fundamental para caracterizar a institucionalização do Estado. Esta situação será resolvida pelo liberalismo através da afirmação da superioridade do poder legislativo sobre os restantes poderes do Estado – portanto, remetendo as instituições burocráticas judiciais e administrativas para funções de aplicação da lei, predominantemente técnicas, neutrais e não políticas[177]. Daí uma dúvida, que encontramos nos sistemas administrativos contemporâneos, de saber se o recrutamento dos funcionários deve atender a critérios políticos, nomeadamente às fidelidades partidárias, ou unicamente ater-se a critérios de competência e mérito técnico.

O racionalismo político da Europa pós-renascentista, como sublinha Michael Oakeshott, é inimigo da autoridade, seja das autoridades tradicionais, costumeiras ou habituais, pelo que muito da sua actividade política consiste em trazer as instituições da sociedade, sejam legais, políticas ou sociais, ao *tribunal do intelecto*[178].

No plano da metodologia jurídica, o discurso contra Acúrsio, Bártolo e a opinião comum dos doutores constitui uma peça central na estratégia do humanismo contra as autoridades no direito e de procura de instrumentos objectivos de certeza e de segurança do direito.

O conhecimento da realidade estadual pode também ser adquirido através da leitura da história. O binómio razão e história é fundamental para a caracterização do humanismo. Para Leo Strauss, é com Bacon e Bodin que se assiste à mudança da filosofia para a história como objecto de estudo dos pensadores renascentistas e o motivo desta mudança resulta da insuficiência da razão e do interesse crescente no homem. Insuficiência, não no sentido da justificação racional das normas, mas no da necessidade dos exemplos históricos para justificar a obediência[179].

---

[176] ANTT, Ministério do Reino, Maço 357, 1.

[177] Para maiores desenvolvimentos acerca da interpretação liberal da separação de poderes e dos seus fundamentos, v. *A Lei da Liberdade*, I, cap. 1, § 4.

[178] Michael Oakeshott, *Rationalism in Politics and Other Essays*, London, Methuen, 1962, p. 4.

[179] Leo Strauss, *The Political Philosophy of Hobbes. Its Basis and Its Genesis*, Oxford, Clarendon, 1936, pp. 93 ss.

A multiplicação de livros portugueses de história, em geral, e da história das instituições, em particular, foi acima referida. Assim, a organização e o funcionamento das instituições do Estado correspondem a uma prudência, que se aprende pela experiência e exercício dos cargos e, por esta razão, não pode constituir o objecto do conhecimento científico.

(iii) Nascimento de uma literatura científica no século XVIII.

Com diversas orientações metodológicas, multiplicam-se desde o início da segunda metade do século XVIII estudos dedicados à ciência da legislação, à ciência do governo e à ciência do Estado[180]. Estas evoluções teóricas, porém, têm consequências limitadas no plano da organização e funcionamento das instituições. Aliás, a intencionalidade iluminista das reformas pombalinas parece-nos um falso problema. Os textos do próprio Marquês de Pombal, como aliás de outros colaboradores, justificam de forma empírica as reformas: observar o funcionamento dos grandes Estados europeus, compreender as razões para a sua grandeza e prosperidade e adoptar as instituições adequadas ao país[181]. Em especial, é a França de Luís XIV que serve de modelo inspirador.

Pode recordar-se um trecho do Marquês de Pombal a propósito da criação do Erário Régio para ilustrar que não estamos perante uma reforma motivada por ideais iluministas, mas que as leituras do Secretário de Estado de D. José entroncam no espírito das teorias da razão de Estado na procura da conveniência e utilidade das instituições ou, como hoje se diria, na sua eficácia, mesmo quando esta implica repensar a racionalidade económica. Assim, como *banco público da fazenda real*, o Erário Régio utiliza o

> «...uso do estilo mercantil utilizado nas casas de grande comércio: isto é, desprezar todos os circuitos de mera formalidade para atender somente à verdade sabida e aos documentos necessários para que ela se possa mostrar a todo o tempo clara e manifesta.»[182]

No final deste período, enquanto alguns escritos da ciência do governo continuam a sublinhar a importância da experiência, isto é, continuam a remeter para a prudência, mesmo sem utilizar este conceito[183],

---

[180] V. o nosso *A «Ciência da Legislação»: conceptualização de um modelo jurídico no final do Ancien Régime*, citado.

[181] Em especial, é este o ponto de vista que encontramos a par e passo nas *Apologias*, BNL, pombalina, 695; ANTT, ms. Livraria 1653.

[182] BNL, pombalina, Cod. 695, f. 19.

A Instituição do Estado   93

outros, considerando que estes juízos formulados pela experiência não são científicos, não deixam de sublinhar a importância do conhecimento empírico[184].

§ 4.º
Estado, instituição e razão

I. CULTURA ESCRITA

O Estado não é um organismo natural. Os traços que distinguem cada Estado são culturais e próprios de tal sociedade. Nas páginas seguintes procuro caracterizar a cultura jurídica e política do Estado do renascimento e do barroco. Está nestas páginas a síntese do que entendo por espírito das instituições do Estado moderno.

A cultura escrita é uma das principais dimensões da racionalização das instituições e do seu funcionamento interno e externo, constituindo um dos principais legados que o ocidente trouxe à cultura jurídica.

As leis estabelecem as regras sobre o modo de escrever, de conservar os documentos, de os transportar e de os copiar, as quais são também objecto de publicações destinadas aos secretários perfeitos, tabeliães e notários.

No processo judicial ficam registados os elementos relevantes do procedimento, que é guardado de acordo com as técnicas arquivísticas de então. Logo no início da segunda dinastia, as petições endereçadas ao rei são assinadas por ementa, em matéria de Justiça, Câmara, Fazenda, com a indicação do dia e hora do despacho destes feitos[185]. Mais exigente é o Protocolo de Estado, minucioso nas formas de tratamento de chefes de Estado e dignitários estrangeiros.

---

[183] José da Silva, *Memoria dos Beneficios Politicos do Governo de El-Rey Nosso Senhor D. João VI*, Rio de Janeiro, 1818 (reprodução fac-similada, 1940), p. 7.

[184] Joaquim José Rodrigues de Brito, *Memorias Políticas sobre as Verdadeiras Bases da Grandeza das Nações, e principalmente de Portugal*, Lisboa, Impressão Régia, 1803, pp. 77 ss.

[185] *Livro dos Conselhos de El-Rei D. Duarte (Livro da Cartuxa)*, edição diplomática. Transcrição de João José Alves Dias, introdução de A.H. de Oliveira Marques e João José Alves Dias, Lisboa, Estampa, 1982, pp. 11 ss., memorial intitulado "ordenança dos tempos em que auja de despachar, e como". Sobre a prática da chancelaria de abreviar os diplomas, mantendo apenas os aspectos essenciais e os protocolos finais v. A.H. de Oliveira Marques, "ementa", in *Dicionário de História de Portugal*, II.

94   *O Espírito das Instituições*

A fundamentação das decisões judiciais constitui um tema controverso na cultura jurídica do ocidente, inclusivamente nos Estados de direito nascidos depois da segunda guerra mundial. Até aos nossos dias permanece o debate acerca, não apenas da fundamentação exigível às decisões, como também da publicidade dos processos deliberativos nas instituições. Nesta matéria Portugal segue um caminho distinto da generalidade dos Estados europeus, nos quais foi apenas o iluminismo e a sua pretensão de publicidade do direito a elevar o dever de fundamentação a princípio jurídico.

De uma disposição aprovada no reinado de D. Afonso III, inserida nas *Ordenações de D. Duarte*, parece resultar que a motivação das sentenças ocorre apenas em caso de interposição de recurso para o tribunal superior, exactamente porque a remessa do recurso para o tribunal superior supõe o conhecimento dos motivos que determinam a decisão recorrida[186]. Do mesmo modo, também os *sobrejuizes* que julgam na Cúria Régia devem motivar as suas decisões, nos casos em que as partes levam destas decisões recurso para o rei[187].

O corregedor levava consigo na correição um tabelião e escrivão, ao qual competia escrever as sentenças (OF.1.58.54). No laconismo do texto legislativo consta apenas a menção de que deve escrever o dia, mês e ano em que iniciou o despacho dos feitos, o nome das partes, qual o objecto da demanda e a favor de quem foi dada a sentença. Esta determinação deve ser completada com a obrigação de fundamentação das sentenças, que constitui igualmente obrigação legal (OF.3.66.7). A falta de fundamentação das sentenças constituía o magistrado em responsabilidade. Assim, o magistrado que não fundamenta as sentenças fica obrigado ao pagamento de multa de vinte cruzados, se o caso couber na sua alçada ou ao pagamento de multa de dez cruzados, havendo apelação ou agravo.

Portanto, exigência que vem do direito medieval, a obrigação de fundamentação das sentenças encontra-se expressa nas Ordenações:

> «E para as partes saberem se lhes convém apelar ou agravar das sentenças definitivas ou vir com embargos a elas e os juizes de maior alçada entenderem melhor os fundamentos, por que os juizes inferiores se movem a condenar, ou absolver, mandamos que todos nossos desembargadores, e quaisquer outros julgadores, ora sejam letrados, ora o não sejam, declarem especificamente em suas sentenças definitivas, assim na primeira instância, como no caso de apelação, ou agravo, ou revista, as causas em que se

---

[186] *ODD.*, pp. 155-156 (D. Afonso III).

[187] Idem, p. 157-158, "Capitollo .Rbj. que carta deuem dar os ssobreJuizes a este".

fundaram a condenar, ou absolver, ou a confirmar, ou revogar» (OF.3.66.7; OM.3.50.6).

É importante não perder de vista o direito comparado. Para Sousa de Macedo a prática do voto escrito é uma das *excelências* de Portugal em matéria de justiça, de modo a que a decisão se forme com dois ou três, nos casos mais graves, votos de conformidade[188].

O dever de fundamentação das decisões não pode ser dissociado dos elementos acima referidos acerca da racionalização do exercício do poder, não apenas como um limite ao arbítrio e à irracionalidade, mas igualmente como um dever de coerência. Os juizes têm o dever de seguir os precedentes dos tribunais superiores, como igualmente existe um vínculo moral de não contradição de um juiz consigo próprio. Idêntico dever incide sobre os tribunais superiores, os quais decidem em colégio. Identificamos o dever de uma instituição adoptar os mesmos critérios decisórios que a levaram a decidir em certo sentido (*ratio decidendi*). Os estilos traduzem precisamente esta obrigação. A recolha de decisões dos tribunais superiores constitui, assim, um precioso elemento que exprime esta continuidade, como se, para usar uma expressão de Dworkin para os nossos dias, cada decisão judicial não fosse mais do que uma frase que se acrescenta a um livro progressivamente mais extenso.

Já o júri não fundamenta a sua decisão, o que leva a questionar a racionalidade das suas decisões, precisamente porque tal não permite conhecer a sua razão de ser[189]. A fundamentação das decisões administrativas vai tornar-se tema essencial no século XX, mesmo nas situações em que a administração pode escolher de forma discricionária, assim concluindo um caminho de racionalização formal das estruturas do Estado iniciado muitos séculos atrás.

II. CULTURA DE LEGALIDADE

Da função do oficial exclui-se o poder legislativo. As máximas da sabedoria política do renascimento e do barroco vão noutro sentido: *as leis sem executores de nada servem*. Estes elementos ajudam a esclarecer o

---

[188] António de Sousa de Macedo, *Flores de España. Excelencias de Portugal*, pp. 127 ss.

[189] V. Max Weber, *Sociologie du Droit*, pp. 221 ss.

sentido da relação entre a lei e o magistrado. *Nas leis, nem uma sílaba se pode dizer supérflua*, escreveu João Tomás de Negreiros[190]. O vínculo dos juízes e demais funcionários às fontes de direito previstas no direito português, a começar pela lei régia, encontra-se claramente previsto e integra a ética dos ofícios públicos.

Da cultura de legalidade resultam outras consequências práticas importantes no plano da organização e funcionamento das instituições.

(i) A decisão ilegal é nula e o vício de ilegalidade constitui fundamento para recurso da parte prejudicada e implica sanções ao magistrado[191].

> «A sentença, que é por Direito nenhuma, nunca em tempo algum passa em coisa julgada, mas em todo o tempo se pode opor contra ela, que é nenhuma e de nenhum efeito... E é por Direito a sentença nenhuma... quando foi dada contra Direito expresso... que seja contra nossas Ordenações, ou contra Direito expresso» (OF. 3.75).

(ii) Nas instituições superiores, uma das mais relevantes funções dos chanceleres é a de procederem ao controlo da legalidade das decisões judiciais proferidas pelos desembargadores. O chanceler exerce uma função de controlo dos actos dos juízes dos tribunais superiores ao selar e registar os documentos, porque pode recusar o registo de sentenças e actos ilegais (glosa do chanceler). Faziam-no o chanceler mor do reino, em relação ao Desembargo do Paço, e o chanceler da Casa da Suplicação e de cada uma das relações, em relação a estas. O registo que é feito nos livros respectivos da chancelaria é uma condição de eficácia da decisão.

(iii) A ordem processual encontra-se legalmente prevista.

Um dos aspectos em que se manifesta esta cultura de legalidade respeita ao processo. Pascoal de Melo enumera entre os direitos reais o de estabelecer a ordem do juízo nas causas cíveis e criminais[192].

Para sublinhar a racionalidade do processo, fala-se em ordem do juízo. Ordem opõe-se a desordem. A domesticação das paixões dos juízes e funcionários passa pela vinculação a um procedimento previamente estabelecido, a que se submetem os homens, para usar argumentos desta

---

[190] João Tomás de Negreiros, *Introductiones ad Commentaria Legum Criminalium, quae in Libro Quinto Ordinationum Lusitaniae continentur*, I, Ulyssipone, Typ. Silvianus, 1754, cap. XIX, pp. 84 ss.

[191] V., para referências mais desenvolvidas, *A Lei da Liberdade*, II, § 11 ss.

[192] Pascoal de Melo, *Instituições...*, Liv. II, tit. II, § 1.

época, ou porque a ele se submete Deus, ou porque resulta da natureza das coisas. Assim, e como exemplo, reputa-se o princípio do contraditório e o direito ao recurso institutos de direito divino, porque Deus só condena depois de previamente ouvir o acusado. Nem o papa nem qualquer príncipe ou os seus juizes podem condenar qualquer réu sem o ouvir, porque até Deus ouviu Adão antes de o condenar[193].

Esta ordem processual assenta na apreciação do processo como um problema inerente ao estatuto dos juizes. No direito comum, as obras descritivas do direito processual tinham o nome característico de *Espelhos do Direito* e, seguindo o ensino de Bártolo, a exposição sistemática do direito processual entronca no estatuto dos juizes, nos deveres que lhes cabem em razão do cargo que desempenham (ofício). Por este motivo, a garantia dos direitos das partes depende do modo como o juiz exerce a sua função. O gozo dos direitos e das liberdades da comunidade e dos indivíduos repousava nestes mecanismos processuais atinentes ao estatuto dos juizes, designadamente a responsabilidade patrimonial pelos seus actos, a obrigação de prestarem caução no momento em que entram em funções como garantia de pagamento de eventuais indemnizações em que fossem condenados, ou a obrigação de se submeterem a inspecções findo o período do mandato para o qual eram nomeados (residências). Deste modo, a disciplina processual assume-se como matriz da tutela jurisdicional dos direitos e expectativas dos particulares.

A descrição da ordem e dos tempos do processo constitui uma preocupação da literatura jurídica medieval, nomeadamente peninsular (*Nove tempos do juízo*). A iconografia da justiça é, a este respeito, particularmente rica e sugestiva na identificação destes tempos da ordem do juízo: apresentação da pretensão (i); citação do réu (ii); defesa (iii); alegações (iv); julgamento (apresentação da prova) (v); sentença (vi); recurso (vii); execução (viii)[194].

---

[193] Por exemplo, Petrus Belluga, com as anotações de Camilo Borrello, *Speculum Principum annotatum*, Venetii, 1580, pp. 170 v. ss.

[194] Não conhecemos publicações portuguesas além das OM, mas são muito ricas e variadas as representações europeias do processo judicial. A intenção propedêutica destes elementos deve ser sublinhado, não apenas o seu valor artístico. Entre outras representações iconográficas da justiça, v. Iodoco Damhoderio, *Praxis Rerum Criminalium*, Antuerpiae, Ioannes Latius, 1556; Barthélemy Chasseneux (D. Bartholomei Cassanaei), *Catalogus Gloriae Mundi*, Venetiis, Vincendium Valgrisium, 1571; M. Fernández de Aulestia, *Prática y formulario de la Real Chancellaría de Valladolid*, Valladolid, 1667; A. Martinez Salazar, *Colección de Memorias y noticias del gobierno general y politico del Consejo*, Madrid, 1764; Vicente Vizcaíno Pérez, *Código y Práctica Criminal*, Madrid, 1797.

Tomé Vaz, no seu comentário à lei de Reformação da Justiça, aponta que aos desembargadores da Relação é lícito suprir irregularidades formais das decisões recorridas.

«E sendo estes casos tão provados, que pareça que convém a bem da justiça castigar os culpados, se não anulem os ditos feitos, e autos: e o Desembargador, que neles for juiz de conta ao Regedor, que em Mesa com os Desembargadores que lhe parecer, e informação do juiz da causa, se supram os defeitos, como for assentado pela maior parte dos Desembargadores, e se castiguem os delinquentes conforme as qualidades de suas culpas»[195].

Esta confirmação e revalidação de irregularidades processuais devia ter lugar antes da sentença final e não depois, segundo um assento da Casa da Suplicação[196].

Conhecida a desordem das paixões do homem, o remédio é, consequentemente, uma ordem vinculativa para juizes, advogados, funcionários e cidadãos. Ordem jurídica a que as partes devem obediência, mesmo quando a compreensão do formalismo do direito lhes escapa. Alguns provérbios jurídicos exprimem esta contradição entre formalismo e compreensão social. Sobre o caso julgado escreveu Agostinho do Bem Ferreira no seu comentário ao Digesto:

«A coisa julgada faz verdade jurídica: faz notório, do branco negro, que não toma outra cor, na censura do direito»[197].

Também os procedimentos internos dos tribunais, com as suas praxes, estilos e regras escritas ou consuetudinárias constituem regras racionais, muitas vezes não escritas. Assim, entrada e autuação dos processos, distribuição, registo nos livros respectivos, etc., impedem ou, pelo menos, dificultam a manipulação do processo pelos interessados ou pelos poderosos.

---

[195] Tomé Vaz, *Locupletissimae, et utilissimae Explanationis in Novam Iustitiae Reformationem*, Coimbra, Manoel Dias, 1677, proémio.

[196] Melchior Febo, *Decisiones...*, Arestos, 1ª parte, n.º 108, reproduzindo uma decisão da Casa da Suplicação de 22 de Março de 1606 [= p. 347]

[197] Agostinho do Bem Ferreira, *Commentario ao Tit. Digestis de Regulis Iuris*, p. 457; v. também, como exemplo, Gabriel Alvarez de Velasco, *Axiomata, et Loca Communia Iuris*, Matriti, Typ. Regni, 1631, f. 408: *res judicata pro veritate habetur, facit rem notoriam, & de albo nigrum.*

III. CULTURA DE RESPONSABILIDADE

Pode existir uma cultura burocrática de responsabilidade sem liberdade? Conexa com a organização colegial das instituições políticas e administrativas, deve colocar-se a questão da liberdade de decisão dos membros destas instituições e da formação da deliberação colegial. Para compreender o espírito das instituições é necessário verificar, não apenas as regras legais ou estatutárias acerca do modo como se delibera, mas conhecer igualmente as práticas institucionais, muitas vezes bem distantes daquelas regras.

Uma determinação régia de 28 de Junho de 1426 determina que todos os vogais na Casa da Suplicação assinem as sentenças, mesmo quando são em sentido contrário, sem declararem o sentido do seu voto:

> «As Sentenças sejam assinadas por todos os vogais, ainda os de contrário voto; não pondo declaração que o dê a entender: menos nas Sentenças lavradas por tenções, em que não assinam os vogais que são vencidos»[198].

Liberdade e responsabilidade devem sempre andar a par. Da ética dos funcionários consta o dever de relatar ao superior a ilegalidade ou inconveniência da medida que lhes foi ordenada. O instituto da respeitosa representação responde a esta preocupação. Assim, perante o conflito que se pode colocar ao magistrado de obedecer ao governante ou obedecer à sua consciência moral, Luís Marinho de Azevedo sustenta, cautelosamente, a obediência ao governante; primeiro representando ao príncipe as suas objecções

> «...propor o ministro do Príncipe com humildade, e modéstia as dificuldades, que sente» e, sendo intimado a prosseguir na execução, deve cumprir
> «...porque de sua parte tem cumprido com a obrigação de católico, e prudente»[199].

Só com o liberalismo e a aprovação de um novo regime de responsabilidade judicial, o instituto sofre alterações. Por Decreto de 19 de Dezem-

---

[198] "Fragmentos de Legislação escriptos no livro chamado antigo das posses da Casa da Suplicaçaõ" em José Corrêa da Serra, *Collecçaõ de Livros Ineditos de Historia Portugueza, dos Reinados de D. Joaõ I., D. Duarte, D. Affonso V., e D. Joaõ II.*, Lisboa, Academia Real das Sciencias de Lisboa, 1793, III, III, pp. 591-2, doc. n.º 41.

[199] Luís Marinho de Azevedo, *Exclamaciones Politicas, Iuridicas Y Morales*, ff. 60.

bro de 1821, permite-se a declaração de voto de vencido (Decreto n.º 150): não o fazendo, os juizes ficam responsáveis pelos julgados.

Uma das chaves para entender a cultura jurídica pré-liberal de responsabilidade reside no dever que têm os funcionários de prestarem contas do modo como exerceram funções à comunidade. É a comunidade politicamente organizada dos homens que tem o direito a exigir aos funcionários que expliquem os actos do seu governo, instituto filiado no direito divino. O declínio desta instituição, quando as instituições tomaram conta das inspecções (residências e devassas) e as tornaram uma mera formalidade interna, assinala o início do fim do antigo regime.

O direito do antigo regime criou mecanismos através dos quais qualquer pessoa pudesse transmitir, sem receio de ser punido por isso, factos relevantes para apreciar o carácter ou a natureza das funções dos funcionários, nomeadamente inquéritos abertos ao maior número de testemunhas, em especial, aos membros da comunidade considerados mais credíveis.

Previstos minuciosamente na lei e regulamentos, os institutos relevantes são os seguintes:

(i) Os funcionários prestam juramento antes de iniciar funções, sobre as Sagradas Escrituras. O juramento é a transposição normativa das virtudes que a literatura teológica e moral identificara como requisitos para o exercício de um cargo público:

– que não houve promessa de dinheiro para a concessão do cargo;
– que as funções serão desempenhadas bem, fielmente, com direito e justiça;
– que serão respeitadas as leis e ordenações;
– que o funcionário renuncia à corrupção;
– que as partes e requerentes serão tratados de modo imparcial;
– que será guardado segredo dos assuntos e das matérias.

(ii) Os funcionários iniciam funções fazendo um inquérito ao modo como os antecessores as exerceram. Esse inquérito ou devassa é um questionário aos homens principais da terra, em que se pergunta sobre o modo como foi desempenhado o ofício, sempre permitindo que qualquer interessado possa apresentar elementos tidos como relevantes.

(iii) Os funcionários são obrigados a apresentar declarações do seu património. Obrigação várias vezes reiterada, acabou por ser abandonada por não obter significado social nem eficácia prática.

(iv) Os funcionários responsáveis pela arrecadação das receitas prestam caução como garantia do bom e fiel desempenho de funções.

(v) No final dos mandatos, os juízes e altos funcionários do Estado, nomeadamente da administração ultramarina, submetem-se a inspecções do modo como desempenharam funções. É o instituto designado por *sindicato* no direito comum e por *residências* nas Ordenações[200].

Estes procedimentos anti-corrupção são o resultado necessário de uma mutação fundamental. Se é pressuposto dos sistemas administrativos modernos a percepção de remunerações periódicas, isto significa elevar o interesse individual do oficial a valor desse sistema. A transição da honra para o interesse implica a aprovação de regras que garantam que o interesse individual do oficial não põe em causa o bem comum. A este respeito, existe a convicção de que a punição severa das infracções praticadas pelos funcionários é uma condição fundamental para a coesão social do grupo e para a sua identidade simbólica, bem como para o respectivo prestígio social. Daí uma observação repetida, a de que os abusos devem ser imediatamente denunciados e punidos, porquanto tal é imprescindível ao prestígio e coesão desse grupo profissional.

Neste paradigma de responsabilidade insere-se também a obrigação de deslocação dos magistrados territoriais para outra localidade, findo o respectivo mandato, de modo a continuar a assegurar o formalismo de conduta e a isenção e a imparcialidade que devem caracterizar a prestação dos funcionários.

(vi) Responsabilidade[201].

A responsabilidade dos juízes e funcionários pelos danos provocados às partes em consequência de uma decisão injusta ou ilegal constitui um instituto que remonta ao direito medieval e desdobra-se em criminal, patrimonial e disciplinar. Quanto aos juízes, a responsabilidade pelas custas do processo era a medida típica da indemnização, solução ainda mais notável, como observou na época Pascoal de Melo, pelo facto de os salários dos juízes serem impenhoráveis.

---

[200] Cf. *Judex Perfectus*, §§ 54-57.
[201] Cf. *Judex Perfectus*, §§ 52-53.

IV. CULTURA DE SEGREDO

O princípio da publicidade das audiências e dos factos relativos aos direitos é apenas expresso com o liberalismo, assumindo então diversas vertentes: publicidade das sessões parlamentares, documentada pelas actas respectivas; publicidade das audiências judiciais; publicidade dos direitos sobre as coisas, em especial dos ónus e garantias reais, etc.

Pelo contrário, a cultura jurídica e política do renascimento e do barroco assenta no segredo. O segredo de Estado e os *arcanos do império* são identificados como acções imprescindíveis para a conservação da comunidade política. Ora, isto coloca problemas delicados, porquanto a circulação da informação exige funcionários especialmente qualificados e preparados e pessoalmente devotados ao governante. Assim, as consultas dos tribunais deviam ser remetidas aos secretários e não podiam ser mostradas às partes[202]. Também a doutrina considera que os pareceres devem permanecer em segredo, mesmo nas coisas de justiça e ordinárias[203]. No Santo Ofício da Inquisição existe uma *sala do secreto*.

É esta cultura de segredo que permite todo o tipo de manipulações das pessoas e a instrumentalização das instituições, colocadas ao serviço de fins que desconhecem. Os regimes de segredo aparecem associados à razão de Estado, como uma esfera última de fidelidades pessoais nas quais os governantes não podem ou não devem confiar nas estruturas administrativas. Por isso, seria dificilmente concretizável a criação de uma estrutura permanente e organizada segundo os mesmos princípios e regras dos tribunais e outras instituições do Estado. Os tratadistas bem frisam que nestas matérias do segredo de Estado os governantes não podem confiar em ninguém.

A racionalização desta cultura do segredo passou pela invenção de cifras e por técnicas de transmissão das comunicações para evitar que sejam interceptadas. Em termos institucionais, a rede de informadores dos reis é paralela à dos secretários de Estado.

A percepção de que estes regimes de segredo permitem todo o tipo de abusos justifica a seguinte nota de um dos processualistas da transição do final do absolutismo, Rocha Peniz:

«...as Legislações, em que obtiveram preponderância Juristas, conhe-

---

[202] Sobre esta determinação, v. as referências em Jerónimo da Silva Pereira, *Repertório...*, às OF.5.9.

[203] António Carvalho de Parada, *Arte de Reynar*, liv. V, disc. XI [= ff. 246 ss].

A Instituição do Estado 103

cedores dos homens, e das leis, fizeram o Auditório público, estabeleceram o Juiz acompanhado e aconselhado, quiseram sua boa fé vigiada, seu arbítrio responsável; e por uma prudente desconfiança sobre os Abusos do Foro, acertaram melhor na administração da Justiça»[204].

V. DELIBERAÇÃO COLEGIAL

A racionalidade política pode concretizar-se através de procedimentos decisórios distintos, através dos quais se exprime a vontade de um órgão do Estado. Fala-se, assim, em competência unipessoal, duunviral e colegial. Pode questionar-se a relação entre estes procedimentos e a natureza do regime. Na sua história do direito público romano, Mommsen atribuiu a introdução da deliberação colegial ao princípio republicano de governo, por oposição às magistraturas singulares, características da monarquia.

Em primeira instância, a regra é a da decisão singular. No entanto, como os juizes de primeira instância são os mais novos e, portanto, inexperientes e inseguros, existem propostas reformistas no sentido de estabelecer o princípio da colegialidade também em relação a estes tribunais[205].

> «Parece ditar a prudência, que os Ministros que vão servir os primeiros lugares, (nos quais ordinariamente se acham poucos anos) não determinassem, resolvessem ou sentenciassem as causas de maior importância por si sós; mas cada hum destes, junto com dois Ministros dos Lugares mais vizinhos; de sorte que a sentença, ou a resolução do negócio fosse aprovada ao menos por dois votos, depois de ponderada ou discutida por três».

Nos tribunais superiores e conselhos da monarquia são outras as praxes institucionais. O princípio da decisão duunviral aplica-se ao despacho de pretensões graciosas ou que não envolvem um litígio, nomeadamente a concessão de privilégios[206]. De acordo com o disposto no Regimento do Desembargo do Paço, as Cartas e Provisões assinadas por dois desembargadores gozavam da força normativa das disposições assinadas

---

[204] José Inácio da Rocha Peniz, *Da influencia do foro sobre a felicidade pública. Oração inaugural recitada a 12 de Outubro de 1807*, Coimbra, Real Imprensa da Universidade, 1808, p. 20.

[205] Carlos José Mourato, *Instrumento da Verdade Practica, Ethica, ou Philosophia Moral*, 4 tomos, Lisboa, Officina Louisiana, 1778, II, p. 145.

[206] Regimento do Desembargo do Paço, aprovado por Lei de 27 de Julho de 1582.

pelo rei[207]. Em 1713, o rei delega nos tribunais a competência para despachar diversos requerimentos particulares – nomeadamente, serventias de ofícios por mais de um ano, licença para o juiz de fora poder casar com mulher da sua jurisdição, licença para os clérigos advogarem nos tribunais seculares, etc. – mas esta competência seria exercida por, pelo menos, três ministros[208].

Já a decisão de controvérsias e litígios entre particulares deve resultar de uma deliberação colegial. O significado ético desta prática é enfatizado pelos moralistas[209].

Quando se procura uma explicação histórica para a natureza das instituições políticas pré-liberais, encontramos vários fundamentos. A influência, nestas matérias, não pode unicamente atribuir-se ao direito romano e, de novo, devem valorizar-se diversas contribuições, nomeadamente da teologia e do direito canónico. Assim, o probabilismo, tão relevante para a teologia e para o direito do antigo regime como criticado pelo iluminismo, tem aplicações na teoria do conhecimento e no domínio da moral. O primeiro impede a consagração do conceito de ciência e a separação metódica entre as ciências humanas e as ciências do espírito; o segundo, o probabilismo moral, impede a formulação de proposições universais sobre direitos e sobre obrigações. É importante salientar que foi a filosofia da linguagem de final do século XVIII que forneceu aos juristas os instrumentos linguísticos e os instrumentos lógicos que propiciaram a construção das regras do direito liberal, segundo juízos de generalidade e de abstracção. Para a lógica anterior, como os conceitos universais não eram mais do que o somatório dos conceitos particulares, era teoricamente dificultosa a construção de formulações linguísticas legislativas assentes em proposições como todos, ninguém, quem[210]. Friso a natureza moral da deliberação: para os teólogos e filósofos morais é necessário assegurar que a decisão colegial o é efectivamente e não constitui apenas um expediente formal em que três ou mais magistrados assinam sem reflexão e consciência as decisões dos seus pares.

---

[207] Idem, § 123.

[208] Alvará de 24 de Julho de 1713 (publicado, entre outros locais, em Cândido Mendes de Almeida, *Ordenações Filipinas*, II-III, pp. 723-725).

[209] Por exemplo, Bento Pereira, *Promptuarium Theologicum Morale, secundùm jus commune, & Lusitanum seu alio nomine explicativus, Summa ex Universa Theologia Morali*, Ulsyssipone, Joannis a Costa, 1671, I, pp. 529 ss.

[210] Cf. *A Ciência da Legislação, cit.*; acerca destas dificuldades, a opinião de Suárez, em Francisco Suárez, *De Legibus*, liv.1, cap. 4, 1 ("Actos necessários na mente do legislador para a elaboração de uma lei") [= *Corpus Hispanorum de Pace*, I, pp. 64 ss.]

A Instituição do Estado

Este problema é comum às diversas monarquias europeias.
A respeito das deliberações colegiais escreveu Montesquieu:

> «Os gregos e os romanos exigiam um voto a mais para condenar. As nossas leis francesas exigem dois. Os gregos pretendiam que o seu costume fora estabelecido pelos deuses. Mas o nosso é que foi.»[211]

Estas exigências são sobretudo relevantes naquelas decisões que envolvem efeitos irreversíveis. A cominação da pena de morte estava rodeada de especiais cuidados[212]. Recorde-se, nomeadamente, quando os magistrados de instância decretassem a pena de morte a alguma pessoa, deviam logo recorrer de ofício para que a decisão fosse confirmada pelo tribunal superior. A tradição do direito comum explica que aos magistrados municipais esteja vedado condenarem e executarem a pena de morte, já que, como defendia Bártolo, a estes magistrados estava reservada apenas a coerção ou castigos módicos[213]. Na decisão destes feitos crime em que *alguma pessoa seja acusada por caso que provado mereça morte natural* devia o pleito ser despachado por seis juizes, no mínimo, e de tal modo que a decisão tivesse o voto concordante de quatro desembargadores, pelo menos (OF.1.1.6). Escrevendo ainda na vigência das Ordenações Manuelinas, que apenas exigiam cinco votos embora a legislação extravagante já exigisse seis, Jorge de Cabedo conclui que se tratava do número necessário, mas que podiam participar mais desembargadores na deliberação; em caso de empate o Regedor gozava do direito de voto prevalecente[214].

Existem estilos acerca de saber *com quantos votos se vencem os feitos*[215] e o assento da Casa da Suplicação de 29 de Abril de 1659 determi-

---

[211] *O Espírito das Leis*, XII, cap. 3.

[212] Uma descrição minuciosa da aplicação da pena de morte encontra-se em Manoel Lopes Ferreira, *Pratica Criminal...*, IV, pp. 103 ss., autor que também apresenta as causas de comutação da pena de morte.

[213] Bartolus Saxoferrato, *In primam Digestis Veteris Partem*, Lugduni, 1581, "de iurisdictione omnium iudicum" [= f. 51].

[214] Jorge de Cabedo, *Practicarum Observationum...*, I, dec. 6 [= p. 11].

[215] Publicados em Cândido Mendes de Almeida, *Auxiliar Jurídico. Apêndice às Ordenações Filipinas*, I, "estilos das Casas da Suplicação e do Porto", VI, pp. 90-91. Como ilustração à sua obra de *Comentário às Ordenações*, Manuel Álvares Pegas reproduz os «Estilos da Relação do Porto que deixou apontados o Governador do Porto Henrique de Sousa, ano de 1612» e os assentos da mesma instituição sobre o modo de decidir nos feitos crime quando os votos dos juizes são divergentes (Pegas, *Commentaria ad Ordinationes Regni Portugalliae*, IV, pp. 16 ss., 26 ss. e 53 ss.).

106   *O Espírito das Instituições*

nou o modo pelo qual os feitos crimes devem ser julgados, por seis, três e dois juizes[216].

É importante recordar uma tese formulada por Strayer. A colegialidade da decisão foi um modo de os governantes europeus se rodearem de pessoas especialmente qualificadas, mas evitando dar importância excessiva a cada uma delas. Recorde-se como António Henriques Gomes questiona o tema *bodiniano* de saber se o príncipe deve semear discórdias entre os ministros para não ser a voz do governo uma só em face do rei, concluindo pela discordância, por não ser esta uma conduta da *política angélica*[217].

Duas regras estruturam o modo da votação. Em primeiro lugar, vota o relator; depois, a ordem da votação é a da antiguidade no cargo, começando-se pelo mais moderno, de modo a garantir-se a liberdade de voto dos mais novos. No final vota o presidente.

Nos tribunais superiores, a deliberação colegial podia ser formada através do mecanismo processual das tenções escritas em latim. Nestes casos, determina-se que os desembargadores assinem as tenções que escreverem, com a indicação da data em que o fizeram[218]. Como as tenções ou vistos motivados não são públicos, a manipulação da deliberação não está, em princípio, excluída. Se ficasse a existir o registo escrito no processo destes projectos de decisão logo resultaria a questão de saber se delas resulta uma expectativa jurídica para a parte a favor de quem seria dada a decisão. Porém, é o espírito da legislação liberal na sua aspiração de publicidade e transparência dos processos decisórios que justifica a extinção deste procedimento das tenções em latim, por Decreto das Cortes de 24 de Maio de 1821 e, por Decreto de 19 de Dezembro de 1821, vem a permitir-se a declaração de voto de vencido.

A circunstância de os tribunais superiores serem colegiais liga-se igualmente às exigências da prudência política, particularmente exigente quanto à idade e à experiência dos titulares dos cargos judiciais. O número de nomeações para os tribunais superiores é sempre reduzido, porque os juizes são apenas nomeados para as vagas que vão abrindo e com carácter vitalício. A sociologia judiciária já procurou justificar a natureza conser-

---

[216] Cândido Mendes de Almeida, *Auxiliar Jurídico. Apêndice às Ordenações Filipinas*, I, "assentos das Casas da Suplicação e do Porto", n. 182, pp. 171 ss.

[217] António Henriques Gomes, *Politica Angelica*, p. 26.

[218] V. OF.1.7.16 e Assento de 17 de Março de 1536 (publicado em Cândido Mendes de Almeida, *Auxiliar Jurídico. Apêndice às Ordenações Filipinas*, I, "assentos das Casas da Suplicação e do Porto", n. X, pp. 113-114).

A *Instituição do Estado*

107

vadora da jurisprudência dos tribunais superiores a partir desta realidade, a idade dos seus magistrados. Mas são estas mesmas circunstâncias ligadas à nomeação dos magistrados superiores que explicam a memória das instituições e a estabilidade dos julgados. Existe uma transmissão contínua das experiências entre os magistrados, dos mais antigos para os mais modernos, à imagem dos mecanismos de formação e aprendizagem nas guildas e corporações. Talvez por isso, na composição dos tribunais internacionais e constitucionais nascidos na Europa depois da segunda guerra mundial houve a preocupação de os dotar de mecanismos equilibrados quanto à renovação dos seus membros, nomeadamente impondo mandatos aos respectivos juizes e procurando que a sua composição demonstre um certo pluralismo – político, sem dúvida, mas também quanto à idade dos juizes, um equilíbrio entre homens e mulheres, etc. Preocupação ausente do direito do antigo regime, ainda assente nos tópicos greco-latinos da idade e experiência do conselheiro como requisitos para acesso às mais altas funções do Estado.

VI. CULTURA DE GARANTIA

Talvez pareça excessivo falar em cultura de garantia em relação a uma época que não conhece a teorização dos direitos e garantias fundamentais. Utilizo esta expressão para caracterizar a preocupação do ocidente com a criação de mecanismos institucionais que evitem a tirania e o despotismo. A garantia de recurso da decisão dos funcionários e juizes constitui um modo de assegurar a racionalidade do direito e de evitar que os juizes decidam motivados pelas emoções. Ensina João Pinto Ribeiro:

> «Não tem o Juiz neste Reino aquele poder livre, e absoluto, de maneira, que possa arbitrar o que a paixão lhe ensinar; mas procede regulado pela apelação, e agravo, em que não somente a parte se pode opor à causa: mas o mesmo Juiz superior; como não tocado do ar daquela paixão, temperar a do Juiz apelante»[219].

Os problemas para efectivar estas garantias dos particulares perante uma decisão injusta ou ilegal são enormes, como se pode verificar de uma

---

[219] João Pinto Ribeiro, *Relaçam Primeyra*, in João Pinto Ribeiro, *Obras Varias ...*, p. 47.

sumária descrição da apelação[220]. Dos autos do processo eram tirados traslados, que, depois de conferidos pelas partes, eram entregues na instituição recorrida. Em 1747 determinou-se que subissem os originais, ficando os traslados na instância, por «virem comummente de muito má letra e com muitos erros que embaraçam a percepção e retardam o despacho» (Alvará de 18 de Agosto de 1747). Inicialmente, cabia ao impulso processual do recorrente proceder a esta entrega; depois de 1799, esta tarefa passou a ser feita através dos correios[221]. Distribuído o processo a um juiz, que ficava o juiz da causa ou relator, era aberta vista às partes para alegarem. A inactividade do recorrente durante um prazo de seis meses determina a deserção da instância. Depois das alegações das partes, seguia-se a tenção ou opinião do juiz, sendo então o processo concluso aos vogais para proferirem as suas tenções. Em regra[222], quando o sentido da decisão é o de revogar a sentença recorrida, são necessários três votos; mas bastam dois votos concordes quando o voto dos juizes superiores vai no sentido de confirmarem a decisão recorrida. Muitas vezes a decisão do acórdão de recurso é sumária: *foi bem julgado* ou *foi mal julgado*.

A consagração do instituto do recurso obrigatório ou de ofício do juiz em relação à sua própria decisão integra esta cultura de garantia, quando estão em causa decisões que importam efeitos irreparáveis, como a aplicação da pena de morte ou de penas corporais ou a administração da tortura[223]. Mas não deve apenas chamar-se a atenção para o mecanismo dos recursos obrigatórios e para a sua finalidade. Tem igualmente que se reter a ligação entre este mecanismo processual e a especialização funcional das instituições superiores. Consoante as matérias, os recursos podiam dirigir-se ao Desembargo do Paço, ao Conselho da Fazenda, à Mesa da Consciência e Ordens, etc.[224]

---

[220] V. a literatura processualista encontra-se identificada mais abaixo. Quanto à legislação, interessa fundamentalmente a consulta do livro III das Ordenações. Para a tramitação do recurso nas matérias criminais, v. também António Luís de Sousa Henriques Secco, *Memorias do Tempo Passado e Presente para Lição dos Vindouros*, Coimbra, 1880, pp. 234 ss.

[221] Regulamento dos Correios de 1 de Abril de 1799, art. 16.º, e Aviso de 14 de Março de 1801.

[222] V. *infra* quanto aos processos de natureza criminal.

[223] V. *Judex Perfectus*, § 18 IV.

[224] Cf., por todos, António Joaquim de Gouveia Pinto, *Manual de Appelações e Aggravos*, 2.ª edição, Lisboa, Impressão Régia, 1820, pp. 54 ss.

VII. MEMÓRIA

Acima referimos duas das dimensões políticas da prudência, a memória e a inteligência, centrais para a definição do espírito das instituições. Os agentes das instituições são a memória colectiva viva da instituição, revivida através dos seus assentos e estilos. A recordação dos anteriores membros das instituições, enumerados na literatura institucionalista, reforça o espírito de corpo e o orgulho de pertença a uma instituição.

Como tradução prática desta prudência existem arquivos e programas de conservação dos papéis e documentos das instituições.

Os cronistas são os primeiros guardas e testemunhas da memória do Estado.

A guarda e salvaguarda dos processos e documentos arquivados exige respostas técnicas à necessidade de preservação de acordo com a sistematização dos percursos institucionais.

Da legislação moderna recordamos três práticas institucionais, relevantes numa época especialmente vulnerável à perda e extravio de papéis:

(i) Os documentos são enviados por várias vias dos e para os lugares distantes, especialmente ultramarinos, para prevenir o seu extravio.

(ii) Os documentos e processos são guardados em escritórios e arcas fechados à chave, em regra com duas fechaduras e chaves distintas, guardadas por pessoas diferentes. Os documentos mais importantes para o Estado são guardados na Torre do Tombo.

(iii) Os secretários e escrivães responsáveis pela guarda dos documentos devem elaborar um inventário anual de todos os papéis entrados e saídos.

A imagem dos arquivos das instituições superiores como um labirinto impenetrável é frequentemente falsa. Muitas vezes são os historiadores e arquivistas a lançar o caos e a criar essa natureza labiríntica nos arquivos ao não serem capazes de reconstituir a organização original, com os seus livros de portaria, de registo, de recebimento e de despesa, etc.

§ 5.°
O tempo e os homens. O tempo dos homens

I. PERMANÊNCIA DO ESTADO E PERPETUIDADE DA REPÚBLICA

As questões do sentido histórico e da interpretação histórica são cruciais numa época de aceleração do tempo político e jurídico, em que a urgência, a temporalidade do excepcional e o transitório se tornaram características de uma época em que *o direito se pôs a correr* (François Ost)[225]. Para a filosofia política e jurídica como para a filosofia da história, os acontecimentos mais recentes no ocidente, designadamente o colapso do comunismo, a irrupção do fundamentalismo religioso e as novas formas de terrorismo, justificam novas indagações sobre o fim da história e do sentido do processo histórico[226].

Ao estudar o efeito do tempo nas instituições que governam a sociedade, percebemos a contradição entre as preocupações da política antiga e as da política contemporânea. A política clássica associou a tipologia dos regimes à sua duração e estabilidade. Aristóteles enunciou na *Política* um dos critérios, depois sempre repetido, para permitir classificar qual o melhor regime – a sua duração. Desde então, a teoria política assumiu como um dos seus objectos reduzir a complexidade e a incerteza, através da identificação dos factores que permitem a estabilidade e a duração dos regimes e governos.

A perpetuidade do regime político é também uma projecção de conceitos próprios da teorização jusnaturalista. De facto, a permanência e estabilidade – imutabilidade no tempo e imutabilidade no espaço – são características definidoras do direito natural. Também a Coroa não morre e vive para sempre, de acordo com uma das máximas da literatura juspublicista.

Na visão medieva da política, o tempo não está na disponibilidade dos homens. Ora, como sublinhou Federico Chabod, o nascimento da ideia de historicidade com Maquiavel e Guicciardini propõe um novo modo de olhar para a relação entre o homem e a história – o homem como autor do

---

[225] François Ost, *Le Temps du droit*, Paris, Odile Jacob, 1999, p. 281 (existe tradução portuguesa, Instituto Piaget, 2001).

[226] Em Portugal, v. as lúcidas observações de Fernando Catroga, "Caminhos do Fim da História", *Revista de História das Ideias*, 23 (2002), pp. 131 ss.

A Instituição do Estado   111

Estado e como autor da história de Itália[227]. Compreende-se, assim, outra dimensão de ruptura introduzida por Hobbes com a sua teorização de um Deus mortal, ruptura que não podia ser aceite no ambiente da contra-reforma católica.

Os escritores católicos tiveram que explicar que a condução do Estado não implica a predestinação em relação a acontecimentos futuros, mesmo quando assenta na previsão ou antevisão do futuro. Ao contrário do pretendido pelo calvinismo, a liberdade humana e a responsabilidade pela acção não seriam diminuídas perante a acção divina, tal como a graça não podia ser separada da justiça.

Estas observações são relevantes para o objecto do presente ensaio, quando deparamos com a temática renascentista e barroca da presença de Deus nas instituições humanas. Constitui uma metáfora poderosa a do homem fundador da cidade. A ela se refere a literatura política medieval, questionando os lugares onde devem ser localizadas as cidades, a racionalidade económica perante o meio considerado, nomeadamente o clima, a disponibilidade de água, a agricultura, etc. Alguns dos clássicos literários do renascimento e do barroco voltam a esta temática, designadamente a *Utopia*, de Mórus, ou o *Robinson Crusoe*, de Defoe. Mas, uma vez fundada a cidade e dotada de leis e de regulamentos, pode a estabilidade que é essencial à sua conservação ser objecto de uma refundação?

Para Damião António de Lemos Faria e Castro evitar as novidades é uma das razões da conservação dos Estados[228], exposição que encontramos noutro dos escritores do barroco, Diogo Guerreiro Camacho de Aboim:

> «...os bons Legisladores são aqueles, que persistem nas leis geralmente lançadas, e não aquele, que particularmente atende a todos os crimes; e que o bom Príncipe não deve ter cuidado de fazer muitas leis, mas boas e saudáveis à República; porque aonde há bom Príncipe, e bons Ministros, bastam poucas [...] entre os muitos achaques, de que adoecem os Reinos, é muito pestilento o das novidades; e por este respeito deve o Príncipe fugir muito de fazer novas leis, e pôr todo o cuidado em fazer observar, e guardar as antigas, segundo Platão...»[229].

---

[227] Federico Chabod, *Scritti su Machiavelli*, Einaudi, Einaudi reprints, 1980, pp. 369-389; e *Lezioni di Metodo Storico*, 9ª ed. , a cura di Luigi Firpo, Editori Laterza, 1988, pp. 16 ss.

[228] Damião António de Lemos Faria e Castro, *Política moral, e civil, aula de nobreza lusitana*, V, pp. 267 ss.

[229] Diogo Guerreiro Camacho de Aboim, *Escola moral...*, pp. 183-184.

Também presente na Declaração de Independência dos Estados Unidos da América, de 1776[230], o critério do mal menor é uma máxima universal da sabedoria política, como aconselha António Carvalho de Parada:

«Em casos duvidosos é mais prudente padecer males toleráveis que buscar o remédio deles com risco de dar em outros maiores»[231].

II. O TEMPO DA JUSTIÇA

A invenção da justiça implicou a mediação do tempo, porquanto a realização do justo não pode ser instantânea ou imediata, mas implica prazos, ritmos, ponderação. Deve igualmente acrescentar-se que a invenção da justiça implica o espaço, porquanto a sua realização pressupõe um tempo e um lugar.

Para os escritores medievais e modernos, retardar uma decisão legislativa e judicial constituía um modo muito preciso de evitar que ela fosse tomada por paixões transitórias, já que estas emoções podem implicar um dano para o próprio e para terceiros – e sem dúvida que constituía um pecado decidir por paixão.

Nas palavras de um dos mestres do barroco português, o relógio da cidade interroga:

«Pois que direi, se a justiça se fizer à sua hora e a mercê à sua hora? A justiça parecerá bem, e a mercê melhor. Mas se a justiça se faz ante tempo e fora de horas, e a mercê fora de tempo a desoras, nem a justiça escarmenta como justiça, nem a mercê obriga como mercê, parecendo a primeira que é efeito da paixão e não do zelo, e a segunda, fruto do negócio e não da magnificência»[232].

A racionalidade do direito exclui, em regra, a urgência e a precipitação.

---

[230] O trecho a que nos referimos é o seguinte: «Claro está que a prudência aconselha a que se não mude por motivos leves e transitórios governos de há muito estabelecidos. E, com efeito, a experiência tem demonstrado que a humanidade está mais disposta a padecer de males toleráveis do que fazer justiça abolindo as formas a que está habituada.»

[231] António Carvalho de Parada, *Arte de Reinar*, f. 196.

[232] D. Francisco Manuel de Melo, *Apólogos Dialogais. I. Relógios Falantes*, prefácio e notas de Rodrigues Lapa, Lisboa, 1939, pp. 64-65.

Esta exigência é particularmente relevante em relação às decisões que comportem efeitos irreversíveis ou irreparáveis, como é o caso da condenação à morte ou a uma pena corporal ou a sujeição de um suspeito à tortura[233]. Compreende-se, assim, que seja preocupação da literatura política não ser o rei juiz, mas apenas e excepcionalmente supremo juiz. E não é carrasco – como, para dar um mau exemplo, recordava o cronista de D. Pedro I.

Os remédios inventados pelos juristas assentam no critério simples de que a execução da decisão só poderia ter lugar após um período de reflexão, excepto quando estas decisões surgem na sequência de um processo racional.

Entre as decisões que não podiam ser imediatamente executadas, recordamos a pena de morte, a tortura e a penhora. A legislação de 1211 sobre a ira régia demonstra a perenidade desta preocupação, que a introdução do estoicismo e senequismo vem continuamente reforçar. Os moralistas não se cansam de insistir no tema da responsabilidade moral. É tão grave a decisão judicial dada com mora ou atraso como aquela que é proferida com precipitação e sem ponderação.

A racionalidade jurídica exige o cumprimento de processos e o controlo do tempo. Assim, os procedimentos de urgência podem ser uma ameaça para a liberdade, ainda mais quando são mascarados pelo segredo e se tornam verdadeiras *estátuas dos deuses* (Montesquieu)[234].

III. O TEMPO DA POLÍTICA

O tempo da política não é o da justiça.

Frei António de Beja recorda os preceitos da prudência política em torno do tempo que rege as acções dos homens:

> «...à perfeição desta prudência pertencem três coisas que são três partes principais que os filósofos põem nela, segundo o que escreve Túlio [Cícero], no segundo livro da sua Retórica, a saber memória das coisas passadas, conhecimento das coisas presentes e providência das coisas futuras e por vir.»[235]

---

[233] Sobre a ira régia e outros institutos medievais, v. *A Lei da Liberdade*, I, § 2.

[234] Montesquieu, *O Espírito das Leis*, XII, 19.

[235] Frei António de Beja, *Breve Doutrina e Ensinança de Príncipes*, p. 153.

114 *O Espírito das Instituições*

A previsão, no sentido de antecipação racional das consequências de uma decisão, pode ser documentada para o final da Idade Média como uma especial exigência daqueles que detêm responsabilidades políticas. Em especial, esta mensagem é válida quando se trata de iniciar grandes empresas, como recorda D. João I aos seus filhos:

> «É próprio de príncipe prudente, antes de empreender algum feito, prever duas coisas: primeiro se o que empreender o pode fazer com justiça; depois se tem força para o fazer de modo a obter êxito; é evidente que podemos empreender a guerra contra os africanos de modo justo, mas se o podemos conseguir, numerosas razões o dificultam. A principal é a falta do dinheiro necessário para realizar empresa de tal magnitude, que, se eu o for tirar ao povo, não sei de que modo, com as lágrimas e gemidos dos pobres, possa servir a Deus.»[236]

Previsão e política andam a par, de tal modo que a história se torna o *laboratório da política*. Acreditava-se que o estudo da história dos povos e das instituições constituía uma disciplina indispensável à formação dos governantes.

João de Barros tem uma passagem célebre acerca dos povos que se governam pelo passado, pelo presente e pelo futuro, recordada por Ramírez de Prado:

> «Os italianos apreendem a parte da experiência especulativa com a contínua lição da história, resolvendo por conferir os sucessos. De onde João de Barros, insigne historiador dos portugueses, disse que os italianos se governam pelo passado, os espanhóis pelo presente, e os franceses pelo futuro.»[237]

Assim, os temas da estabilidade e da paz são apreciados em conjugação com o da contingência – da fortuna no sentido maquiavélico –, isto é, de acordo com a advertência da literatura política segundo a qual os príncipes devem estar preparados para triunfar sobre as adversidades que podem ocorrer durante o período de governo. Homem de Estado é aquele que tem capacidade para triunfar perante estas circunstâncias adversas.

---

[236] Fala de D. João I, antes da tomada de Ceuta, segundo Mateus de Pisano, *Livro da Guerra de Ceuta*, Coimbra, Imprensa da Universidade, 1915. Edição de Roberto Correia Pinto.

[237] Lorenzo Ramírez de Prado, *Consejo y consejero de príncipes*, Madrid, Luiz Sanchez, 1617, introdução.

A Instituição do Estado

Dominar o tempo é essencial para a política. A questão, relacionada com a ideia de movimento introduzida por Copérnico, não está em saber por que razão os objectos se conservam em movimento, mas o que os faz alterar a sua direcção e movimento; deveria assumir-se que os objectos continuariam em movimento até que uma força os pare ou altere o movimento. Hobbes recorda este princípio no *Leviatão* (87), como um dos fundamentos do seu materialismo. É evidente a contradição entre movimento das coisas e o conceito de *Estado* como qualidade daquilo que permanece por ser duradouro.

Um dos célebres aforismos de Bacon enuncia a pretensão de dominar o tempo e o saber – *saber para prever; prever para prover* – fundamento de uma nova atitude política. No *Testamento político* atribuído a Richelieu invoca-se expressamente a razão como regra de condução do Estado para sustentar uma conclusão essencial para a política: nada é mais necessário ao governo de um Estado do que a previsão[238]. *Prever para prevenir* é uma máxima política ou, como gostavam de classificar os escritores do barroco, um mistério ou máxima de Estado – um critério abstracto de actuação do Estado que pode ser condensado numa fórmula breve. À previsão segue-se o cálculo das vantagens e desvantagens que podem resultar das diversas soluções possíveis, de acordo com os recursos e instrumentos disponíveis – e é desta ponderação que se pode chegar à solução possível, viável e conveniente[239]. Previsão, atente-se, não planificação. Na política pré-liberal são desconhecidas as ideias de programa e de plano.

Numa época dominada pela discussão estéril dos políticos acerca da atribuição da culpa pela situação do presente, também não deve ser ignorada uma lição de Nietzsche. Os povos que não têm história e os povos que têm história a mais não se sustêm: os primeiros porque nada os liga; os segundos porque tudo os divide. «Demasiada história mata o homem» é a conclusão conhecida[240]. De outro lado, o cepticismo e o realismo são atitudes imprescindíveis quando se trata de interpretar o progresso na política. Nem todas as mudanças correspondem a um avanço civilizacional.

---

[238] *Testament Politique d'Armand du Plessis, Cardinal Duc de Richelieu*, Dam, Henri Desbordes, 1696, II, cap. 2, p. 7.

[239] V., por exemplo, Graciela Soriano, *La Praxis Politica del Absolutismo en el Testamento Político de Richelieu*, Madrid, CEC, 1979, pp. 245 ss.

[240] Nietzsche, *Seconde Considération intempestive* (1872), tradução francesa, Paris, Gallimard, 1990 [p. 99]; *Da Utilidade e Inconveniente da História para a Vida*, trad., Lisboa, Livrolândia, s.d.

IV. A HISTORICIDADE DAS INSTITUIÇÕES DO ESTADO

As grandes sínteses históricas são muitas vezes enganadoras. Um olhar rápido a uma tábua cronológica pode levar-nos a pensar que a história se move do modo unilateral no sentido do progresso e que devemos partir do fim, de tal modo que é este fim, a actualidade, que nos esclarece sobre o movimento da história.

Se fosse assim, a leitura de uma cronologia da história institucional apenas nos evidenciaria o nascimento das instituições, as grandes datas em que podem encontrar-se transformações nas suas atribuições e competências. Mas uma tal leitura linear do processo histórico não nos esclarece a razão de ser das alterações nem as suas consequências. O significado histórico não se identifica com o significado intrínseco das coisas, para usar terminologia de Raymond Aron[241].

Uma cronologia sumária da história institucional do *ancien régime* é a seguinte:

> Lembre-se que do final da primeira dinastia vinham já as instituições seguintes: Casa da Suplicação e Casa do Cível; Mesa do Desembargo do Paço; Casa dos Contos.
>
> 1521. Edição definitiva das Ordenações Manuelinas.
>
> 1532. Mesa da Consciência (em 1551 foram acrescentados os mestrados das Ordens Militares).
>
> 1544. Relação de Goa.
>
> 1582-3. Relação do Porto.
>
> 1591. Criação do Conselho da Fazenda.
>
> 1603. Entrada em vigor das Ordenações Filipinas.
>
> 1604 (a 1614). Conselho da Índia.
>
> 1609 (a 1626) Relação da Baía.
>
> 1640. Criação do Conselho de Guerra.
>
> 1642. Reforma do Conselho da Fazenda e do Conselho Ultramarino.
>
> 1643. Criação da Junta dos Três Estados; Reforma das Secretarias.
>
> 1652. Recriação da Relação da Baía.
>
> 1654. Criação da Casa do Infantado.
>
> 1663. Regimento da Junta do Comércio.
>
> 1736. Reforma das Secretarias de Estado.
>
> 1751. Relação do Rio de Janeiro.

---

[241] Raymond Aron, *Introdution à la philosophie de l'histoire. Essai sur les limites de l'objectivité historique*, Paris, Gallimard, 1938, em especial, pp. 130 ss.

1755. Junta do Comércio; Fundação da Companhia Geral do Grão--Pará e Maranhão.

1760. Criação do Intendente-Geral da Polícia.

1761. Criação do Erário Régio; Conselho da Fazenda com jurisdição contenciosa.

1768. Criação da Real Mesa Censória.

1774. Reforma da Inquisição.

Extinção da Relação de Goa. Recriada em 1778.

1787. Criação da Mesa da Comissão Geral sobre o Exame e Censura de Livros

1788. Junta do Comércio elevada a tribunal superior.

1790. Conselho da Fazenda integrado no Erário Régio.

1790. Extinção das jurisdições senhoriais.

1808. Casa da Suplicação do Brasil.

1812. Relação do Maranhão; Relação de Pernambuco.

1813. Extinção da Junta dos Três Estados.

Estes elementos devem ser observados de forma analítica, procurando encontrar os ritmos da história institucional portuguesa[242].

Como interpretá-los? Vistos por um olhar distanciado, o do tempo longo da história, não nos esclarecem acerca da dinâmica interna do Estado. Porém, quando nos lançamos nos arquivos à procura de documentos que nos permitam interpretações gerais, acerca da história de Portugal, e particulares, relativamente à história de cada instituição, nessa altura é-se submergido por torrentes de documentos que tornam difícil encontrar um fio condutor. A habitual dúvida metódica do cientista faz mesmo duvidar da existência de um fio condutor. Quais são as constantes deste tempo longo da história das instituições e do direito público?

De modo breve, podem adiantar-se algumas observações genéricas:

(i) Nos seus aspectos essenciais, a organização territorial do Estado está concluída com as Ordenações Manuelinas, obra, por sua vez, baseada na herança medieval recolhida nas Ordenações Afonsinas. A construção de uma técnica racional do poder manifesta-se nas ordenações do reino

---

[242] Para além dos estudos acima referidos, para uma visão geral, v. José Subtil, "Os poderes do centro – governo e administração", em J. Mattoso / António Hespanha, *História de Portugal*, IV, *O Antigo Regime*, Estampa, Lisboa, e Maria Paula Marçal Lourenço, "Estado e Poderes", em Joel Serrão / A. H. de Oliveira Marques / Avelino de Freitas de Menezes, *Nova História de Portugal*, VII, *Da Paz da Restauração ao Ouro do Brasil*, Lisboa, Presença, 2001, pp. 17 ss.

com a uniformização legislativa e a unificação das estruturas administrativas. Esta racionalização mostra-se mais evidente nas matérias económicas e a técnica utilizada merece a Vitorino Magalhães Godinho a denominação de *Estado-Fazenda*. O modelo de organização institucional que se vinha forjando desde o período medieval, completa-se, na sua matriz democrática, com as Cortes; daí o ditado «El Rei aonde pode, e não aonde quer»[243].

(ii) Durante os séculos seguintes assistimos ao aperfeiçoamento destas estruturas territoriais, em especial quanto às justiças locais:

– aumento progressivo, mas lento, do número de juizes de fora e corregedores; determinação do seu pagamento pelo erário régio, não pelas comunidades; fixação dos períodos de estudo na universidade (reformas joanina e pombalina);

– progressiva restrição das jurisdições privilegiadas territoriais, até à extinção de muitas das suas prerrogativas de autoridade, com D. Maria I;

– aperfeiçoamento do sistema dos pelouros e dos mecanismos de controlo das eleições municipais, através da confirmação pelo Desembargo do Paço, bem como da fiscalização dos eleitos.

(iii) A abertura ao governo polisinodal ou através de conselhos e tribunais superiores especializados (Mesa da Consciência, Conselho de Estado, Conselho da Fazenda, Conselho da Guerra, Junta dos Três Estados) constitui um processo iniciado com D. João III e reafirmado com a dinastia filipina. Com D. José procede-se à definição da nova organização financeira do Estado (Erário Régio, novo regimento do Conselho da Fazenda e Junta do Comércio, etc.).

(iv) Com a dinastia filipina inicia-se o processo de autonomia, primeiro, depois de especialização e diferenciação dos secretários do príncipe, chamados a desempenhar progressivamente tarefas mais relevantes, em nome do príncipe e, posteriormente, também em nome e por iniciativa própria.

---

[243] V. Ângela Barreto Xavier, *El Rei aonde pode e não aonde quer*, Lisboa, Colibri, 1998, pp. 155 ss. V. igualmente Isabel Graes, *Contributo para um Estudo Histórico-Jurídico das Cortes Portuguesas entre 1481-1641*, Coimbra, Almedina, 2005, pp. 73 ss.

CAPÍTULO 2
INSTITUIÇÃO E PRIVILÉGIO

Problemas gerais e razão de ordem

Uma das principais heranças da escola histórica foi a publicação crítica dos monumentos jurídicos medievais, nomeadamente peninsulares e germânicos. Já a publicação dos fundos arquivísticos relativos à Idade Moderna concentrou a atenção dos investigadores apenas em relação a assuntos concretos, nomeadamente os descobrimentos e a Inquisição. Apenas nas últimas dezenas de anos se tem vindo a assistir à multiplicação de estudos dedicados às Idades Moderna e Contemporânea, consideradas, mesmo no plano académico, como áreas nobres de investigação. Neste momento, pode confiar-se que a digitalização das fontes da história do direito vá tornar possíveis novas linhas de investigação[244].

Do século XIX ficaram alguns paradigmas para a historiografia do Estado, em especial, o tema da centralização do poder e o dualismo entre rei e cortes. A centralização absolutista fornecia uma justificação para certos projectos liberais de retorno ao municipalismo, pretensamente destruído com o advento das monarquias absolutistas – conceito então formulado para designar de modo pejorativo as monarquias puras do antigo regime. De outro modo, a centralização política foi apresentada pela sociologia do Estado (Durkheim, por exemplo) como associada ao processo de civilização, portanto como uma característica das sociedades avançadas. Já o dualismo entre rei e cortes surgia como a manifestação institucional de um outro dualismo entre sociedade e Estado. A temática hegeliana do Estado como manifestação histórica do espírito e do direito público como criação cultural demonstrativa da sua superioridade tiveram especial pro-

---

[244] V. em síntese, Jean-Philippe Genet, "La genèse de l'État Moderne. Les enjeux d'un programme de recherche", *Actes de la Recheche en Sciences Sociales*, 118 (1997), pp. 3-18; e os estudos recolhidos por Maria Helena da Cruz Coelho e Armando Luís de Carvalho Homem (coordenação) em *A Génese do Estado Moderno no Portugal Tardo--Medieval (séculos XIII-XV)*, Lisboa, Universidade Autónoma, 1999; Armando Luís de Carvalho Homem, "Poder e poderes no Portugal de finais da Idade Média", em *Economia, Sociedade e Poderes. Estudos em Homenagem a Salvador Dias Arnaut*, Coimbra, 2002, pp. 73 ss.

jecção na historiografia marxista. Nesta senda, uma das conclusões ainda reiteradas pela sociologia contemporânea tende a qualificar as sociedades actuais como complexas, marcadas pela contingência e pela dificuldade em determinar com rigor as normas aplicáveis a um acto ou transacção[245]. Esta qualificação assenta na perspectiva *evolucionista* que tende a qualificar as sociedades anteriores à nossa como «não complexas», algo que se revela como completamente desajustado das realidades e incapaz de fornecer os instrumentos teóricos que nos permitam – não apenas compreender as sociedades do passado – como entender o porquê da sua evolução.

Do mesmo modo, já não pode ser aceite a explicação linear mas redutora que associa a herança germânica às tradições democráticas e a herança romana ao espírito autoritário do direito moderno. Efectivamente, a natureza e o funcionamento do Estado são bem mais complexos e a mais recente historiografia não tem cessado de chamar a atenção para a importância da teologia e do direito canónico (Legendre e Prodi, para falar apenas dos autores mais actuais). Os trabalhos de história do pensamento político desde há algumas décadas que têm sublinhado a importância da teologia. A leitura dos clássicos peninsulares da segunda escolástica é fundamental para este e outros domínios de investigação e, seguindo Hans Thieme, só pode ser refutada a opinião daqueles que desprezam estes autores falando de uma *jurisprudência de confessionário*[246]. Também em Portugal foi esta a orientação das investigações de Paulo Merêa e de Martim de Albuquerque, nas obras acima referidas, e, mais recentemente, de António Manuel Hespanha.

Assim, a criação do Estado moderno pode ser apreciada segundo vários enfoques metodológicos, nomeadamente de história das ideias políticas, de história do direito público, de história institucional, etc., mas não deve ignorar os seus fundamentos culturais.

Kantorowicz, em especial em *Os dois corpos do rei*, como Ullmann, Gaines Post, Onory e outros vieram renovar a história do pensamento político precisamente ao delimitarem o objecto do político – muito para

---

[245] Luhmann, *Das Recht der Gesellschaft*, Frankfurt, Suhrkamp, 1995. V. num sentido igualmente crítico das ideias deste autor sobre a evolução do direito, Uwe Wesel, *Geschichte des Rechts. Von den Frühformen bis zur Gegenwart*, 2.ª, München, Beck, 2001, pp. 584 ss.

[246] Hans Thieme, "Qu'est ce que nous, les juristes, devons à la seconde scolastique espagnole", em *Per la Storia del Pensiero Giuridico Moderno*, I, *La seconda Scolastica nella Formazione del Diritto Privato Moderno*, Milano, Giuffrè, 1973.

Instituição e Privilégio 123

além dos textos intencionalmente políticos, esta abarca nomeadamente os seus símbolos. De outro lado, a historiografia jurídica enriqueceu a nossa compreensão destas épocas com estudos sobre a tipologia das normas (Cortese) e a metodologia dos juristas (Luigi Lombardi). Diversos trabalhos acerca das escolas jurídicas medievais, nomeadamente incidindo sobre os conceitos de jurisdição e de império, vieram destacar o seu lugar central na teoria política e institucional. Deve-se a Pietro Costa um estudo fundamental para esta percepção da importância da jurisdição nas concepções políticas medievais[247]. Frequentemente ignorados pelos historiadores sem formação jurídica, os elementos jurídicos retirados do direito canónico, do direito romano ou resultantes da inventividade dos juristas exercem uma função normativa ou *performativa* na linguagem política e no exercício do poder.

Os estudos mais recentes da Fundação Europeia da Ciência sobre as origens do Estado moderno na Europa, estudos pluridisciplinares e transnacionais sobre problemas concretos da história do Estado, abrem caminho para uma compreensão renovada da dimensão comparada deste fenómeno e das suas vertentes: as instituições militares e a guerra; o papel do indivíduo na teoria e na prática política; a legislação e justiça; a iconografia, propaganda e legitimação; as elites; as resistências e a comunidade[248].

O *legado político do ocidente* inclui esta preocupação desde o renascimento do direito romano – que o exercício do poder político se faça segundo e de acordo com categorias jurídicas. É importante não perder de vista, o que fazemos no presente capítulo, que este exercício não respeita unicamente à jurisdição e competência das instituições – o que estas fazem – mas também às regras escritas ou não escritas que formalizam os procedimentos – *o modo como fazem*.

Compreender a interligação entre a história do pensamento político e a história institucional, no sentido aberto por Paulo Merêa e Martim de Albuquerque, constitui, portanto, a perspectiva metodológica em que se insere este estudo.

---

[247] Pietro Costa, *Iurisdictio. Semantica del potere politico nella pubblicistica medievale (1100-1433)*, Milano, Giuffrè, 1969.

[248] Janet Coleman (edição), *The Individual in Political Theory and Practice*; Antonio Padoa-Shioppa (edição), *Legislation and Justice*; Allan Ellenius (edição), *Iconography, Propaganda and Legitimation*; Wolfgang Reinhart (edição), *Power Elites and State Building*; Peter Blickle (edição), *Resistance, Representation and Community*; Philippe Contamine (edição), *War and Competition between States*.

O nosso conhecimento das instituições do Estado moderno é hoje relativamente preciso. Para o final da Idade Média, Armando Luís de Carvalho Homem procedeu à fixação de organogramas que permitem conhecer os ofícios do governo central existentes e o número de oficiais em exercício simultâneo nos finais da Idade Média[249]. A Marcelo Caetano devem-se sínteses interpretativas e investigações acerca de instituições em particular[250]. António Manuel Hespanha publicou importantes investigações sobre as instituições centrais e locais durante o século XVII[251]. Diversas monografias vieram completar os nossos conhecimentos acerca de algumas das grandes organizações do Estado, designadamente, a Mesa do Desembargo do Paço[252], a Relação da Baía[253], a Casa do Infantado[254], bem como do estatuto e da função dos juizes[255].

É a partir destes trabalhos que procuro explicar e interpretar o espírito da construção institucional do Estado moderno, ao longo do presente capítulo. Como conciliar a racionalidade do funcionamento do Estado com o privilégio e a dispensa da lei, que são a regra da sociedade do antigo regime? Face aos elementos referidos no capítulo anterior, devemos interrogar-nos acerca do modo como se conciliaram no antigo regime a racionalização do funcionamento das instituições políticas com as características próprias de uma sociedade de ordens, que vinha dos tempos medievais. A contradição entre estes dois modelos de organização do Estado e da sociedade apenas será resolvida com o constitucionalismo oitocentista.

---

[249] Cf. sobretudo os estudos de Armando Luís de Carvalho Homem, *Portugal nos Finais da Idade Média: Estado, Instituições, Sociedade Política*, Lisboa, Livros Horizonte, 1990, *O Desembargo Régio (1320-1433)*, Porto, INIC, 1990, "Ofícios do governo central e titulares respectivos (1380-1390)" e, com Luís Miguel Duarte e Eugénia Pereira da Mota, "Percursos na burocracia régia (séculos XIII-XV)", *A Memória da Nação*, edição Francisco Bethencourt e Diogo Ramada Curto, Lisboa, Sá da Costa, 1991; v. também Judite Gonçalves de Freitas, *"Teemos por bem e mandamos": A burocracia régia e os seus oficiais em meados de Quatrocentos (1439-1460)*, Cascais, Patrimonia, 2001.

[250] Marcelo Caetano, *O Conselho Ultramarino. Esboço da sua História*, Lisboa, 1967; "O Governo e a Administração Central após a Restauração", *História da Expansão Portuguesa no Mundo*, III, Lisboa, Ática, 1940, pp. 189 ss.

[251] V. a bibliografia citada mais acima [nota 11].

[252] José Subtil, *O Desembargo do Paço (1750-1833)*, Lisboa, 1994.

[253] Stuart Schwarz, *Sovereignty and Society in Colonial Brazil. The High Court of Bahia and Its Judges, 1609-1751*, Berkeley-London, University of California, 1973.

[254] Maria Paula Marçal Lourenço, *A Casa e o Estado do Infantado*, Lisboa, 1995.

[255] O nosso trabalho já citado, *Judex Perfectus: Função Jurisdicional e Estatuto Judicial em Portugal, 1640-1820.*

§ 6.º
A construção institucional do Estado

I. O ESPÍRITO DO ESTADO E O DIREITO MODERNO

O Estado é a estrutura que surge no renascimento para organizar o poder, monopolizando o seu exercício, até então partilhado por inúmeras entidades autónomas ou independentes. Cumprindo o dito maquiavélico de que o Estado se caracteriza pelas leis e pelas suas instituições, ao longo da Idade Moderna assistimos ao processo de formação do Estado moderno em torno de instituições em concreto. O binómio soberania – legalidade constitui o traço característico da modernidade, já não o binómio jurisdição – império. Estes conceitos são utilizados, mas não para caracterizar a natureza do Estado e da soberania.

Na teoria política, a sustentação da monarquia conheceu diversas fases e orientações variadas. Contudo, esta teorização não afecta directamente os factores de construção institucional do Estado, tal como encontramos desde o final da Idade Média: administração centralizada e hierarquizada; sistema burocrático; diplomacia estável.

O problema essencial do Estado moderno é o de criar as condições para a satisfação das necessidades colectivas pelas quais o Estado é responsável, assegurando a eficácia das organizações e evitando o abuso de poder. Ora, a formação do Estado como pessoa colectiva implica a autonomia de patrimónios e o aperfeiçoamento da teoria de representação, já que o príncipe é citado para as acções nos seus procuradores; contudo, a questão extravasa o âmbito do presente trabalho e podemos apenas enunciá-lo, naquilo que tem de relevante para a instituição do Estado[256].

De outro lado, já tive ocasião de impugnar duas conclusões muito divulgadas na historiografia do Estado – de que a instituição militar constituiu o modelo de construção do Estado moderno e de que foi o recurso à figura da comissão que explicou a construção do Estado moderno. Nem o exército é um modelo de rigor, de disciplina e de patriotismo, nem a figura do comissário é característica da organização do Estado em Portugal[257].

A construção do Estado como pessoa jurídica pode ser caracterizada pelos seguintes aspectos institucionais:

---

[256] V. sobre a citação das *universitates* e a sua representação em juízo e fora dele, Silvestre Gomes de Morais, *Tractatus de Executionibus Instrumentorum & Sententiarum*, II, Ulyssipone, Petrus Ferreyra, 1730, liv. V, cap. 13.

[257] V. *Judex Perfectus*, em especial, §§ 37 ss.

126   *O Espírito das Instituições*

(i) Assentar em instituições especializadas e na diferenciação entre o órgão e o seu agente.
(ii) Exigir uma cultura jurídica profissional.
(iii) Tornar possível a centralização do poder.

II. ESPECIALIZAÇÃO

A sociologia do Estado refere-se a diferenciação de estruturas como um dos traços caracterizadores do racionalismo estadual contemporâneo. Trata-se de aplicar ao funcionamento do Estado o princípio da especialização do trabalho, que é um dos fundamentos das sociedades industriais. No entanto, esta observação pouco tem de actual e, se tomada a sério, ter-se-ia de concluir estar realizada desde as grandes reformas do Estado realizadas pelos príncipes europeus desde o renascimento.

A especialização é a marca das instituições superiores da monarquia do antigo regime, por contraposição à indistinção de funções que era característica das instituições medievais e das magistraturas locais. Especialização no governo ou administração de um sector de actividade que é afecto a essa instituição e que justifica igualmente a sua actuação como tribunal superior que julga os litígios emergentes das matérias que administra. E também especialização no que concerne ao processo legislativo, uma vez que era a partir da sua experiência como órgão de governo e de justiça que estas instituições propunham ao rei a adopção de medidas legislativas.

Mais ainda. Especialização dentro de uma mesma instituição, tornando o processo interno sensível ao mesmo tipo de argumentos que justificam a autonomia da instituição perante outras – especialização da competência do funcionário perante os outros. Esta competência encontra-se prevista em norma expressa anterior (o regimento).

Pode agora compreender-se como a conjugação destes elementos foi crucial para a construção das instituições modernas. Cabe à lei, expressão da soberania, definir o poder jurisdicional de cada uma das novas instituições. Daí a consequência. A jurisdição dos magistrados deve ser exercida dentro de limites precisos – *segundo o poder que a cada um temos dado*, de acordo com uma expressão legal (OF.3.85.2)[258]. A falta de jurisdição do magistrado determina a nulidade máxima, isto é, constitui o mais grave dos vícios de que podem enfermar os actos dos funcionários. Contudo, não

---

[258] Fundamental, no domínio penal, a teorização de João Tomás de Negreiros, *Introductiones ad Commentaria Legum Criminalium*, cap. XX ss., pp. 104 ss.

Instituição e Privilégio 127

pode perder-se de vista que estas regras foram criadas também para protecção do magistrado e oficial, delimitando a sua área de actuação e competência, nomeadamente nas situações que geram a sua responsabilidade, e não têm unicamente a intenção de tutelar a legalidade dos procedimentos.

Em termos esquemáticos destacamos as seguintes instituições, tribunais e conselhos superiores da monarquia:

1.º Governo e contencioso económico.

O Conselho da Fazenda, a Casa dos Contos e, mais tarde, também o Erário Régio e a Junta do Comércio são as instituições responsáveis pela cobrança de impostos e respectivo contencioso, administração do património do príncipe e administração dos monopólios e contratos da Coroa.

2.º Governo e contencioso ultramarino.

Ao Conselho Ultramarino compete a nomeação ou proposta de nomeação dos responsáveis (vice-reis, governadores, capitães, etc.), a definição das orientações, fiscalização e inspecção dos funcionários do Ultramar.

3.º Governo e contencioso educativo.

A Mesa da Consciência e Ordens, depois substituída por instituições específicas no tempo do Marquês de Pombal, em especial a Real Mesa Censória, é a instituição que tutela a Universidade de Coimbra e a censura de livros, e administra os bens das ordens militares.

4.º Governo e contencioso militar.

Ao Conselho de Guerra pertence a organização das forças armadas, disciplina e contencioso disciplinar, armamento e fortalezas. O comando militar tem os seus próprios responsáveis e hierarquia. A Junta dos Três Estados encarrega-se da cobrança dos impostos necessários à defesa do país.

5.º Instituições Judiciais.

A Casa da Suplicação e as Relações e, ao lado e acima de todas estas instituições, a Mesa do Desembargo do Paço, chamada a desempenhar funções de coordenação e de selecção, eram as instituições superiores da justiça.

Podem, assim, distinguir-se diversas funções materiais, de acordo com a gramática jurídica contemporânea: governo, jurisdição e participação no exercício da função legislativa. Vejamos, de modo breve, em que consistem estas actividades:

(i) Governo ou administração.

As instituições são responsáveis por matérias específicas delegadas pelo rei. Nas atribuições das organizações superiores inclui-se a escolha dos funcionários ou a proposta do respectivo provimento para decisão régia.

(ii) Jurisdição.

As instituições em estudo exercem, em regra, jurisdição contenciosa em relação aos litígios que diziam respeito à sua actividade, em primeira instância. Acima referimos o conteúdo destes poderes jurisdicionais e de império.

(iii) Participação no exercício da função legislativa.

Os conselhos e tribunais superiores apresentam ao rei, em consulta, propostas de lei e preparam a respectiva sequência legislativa. Nos arquivos destas repartições superiores da monarquia podem encontrar-se estudos da situação e propostas de reforma que resultam do conhecimento que estas instituições adquirem através da sua acção e do contacto com os particulares.

A importância sempre crescente dos secretários de Estado não fez perder autonomia a estas instituições superiores, embora as tenha privado do despacho pessoal com o rei. Apresentavam para decisão superior dois tipos de consultas: em serviço de partes, quer dizer, por impulso de particulares que requeriam alguma providência, a instituição apresentava ao rei a sua informação; e em serviço real. Nestes casos, por iniciativa própria ou por solicitação do rei ou dos secretários, a instituição superior aconselhava o rei a tomar uma decisão sobre algum ponto e apresentava logo uma proposta escrita. As decisões que o rei toma sobre as consultas tomam o nome de resoluções. A execução das resoluções pode implicar a aprovação de um lei ou outro diploma (Carta de lei, alvará). Muitas vezes a consulta dos conselhos e dos secretários não é reduzida a escrito (consulta verbal).

Este processo não é isento de contradições e de conflitos. Em grande parte, a cultura do conflito e da concorrência é, como estudado por Hinzte, um elemento característico da mentalidade burocrática.

No domínio legislativo, os mais importantes destes conflitos dizem respeito à manipulação das consultas pelos Secretários. É frequente os Secretários nomearem comissões (juntas) de pessoas por si escolhidas e a quem atribuem os mais variados objectos que, de outro modo, seriam da responsabilidade e competência dos tribunais e instituições superiores.

São igualmente frequentes os conflitos de jurisdição entre instituições, em regra arbitrados pelos secretários, mais raramente pelo próprio monarca. Como também são frequentes os conflitos entre os membros das próprias instituições, conselheiros, desembargadores e magistrados, normalmente dirimidos, ou pelo presidente, regedor ou governador, ou através da aprovação de assentos.

CARACTERIZAÇÃO DAS INSTITUIÇÕES SUPERIORES

	ATRIBUIÇÕES	**NATUREZA E ORGANIZAÇÃO**
CONSELHO DE ESTADO	*Assuntos de Estado*: assuntos internacionais (guerra, relações diplomáticas) e alta política (nomeação dos titulares dos altos dignitários do clero e nobreza)	Órgão consultivo, sem número fixo de membros. O seu funcionamento foi intermitente
DESEMBARGO DO PAÇO	Matérias de graça real: concessão de privilégios e mercês Matérias de justiça: conflitos de jurisdição Governo da magistratura: propõe a nomeação de juizes de todas as instâncias e promove a sua inspecção (residências)	Órgão consultivo e deliberativo, consoante as matérias Desembargadores, sem número fixo (normalmente, entre 5 a 10) Secretarias e repartições: Corte, Estremadura e Ilhas; Alentejo e Algarve; Minho e Trás-os-Montes; Beira
CONSELHO ULTRAMARINO	Matérias e negócios relativos aos territórios ultramarinos A fazenda que vinha para o reino competia ao Conselho da Fazenda Aconselhava sobre o provimento dos funcionários de justiça, guerra e fazenda no ultramar, como vice-reis, governadores e capitães-generais	Órgão consultivo e deliberativo, consoante as matérias Presidente, dois conselheiros de capa e espada, um conselheiro letrado Quatro repartições: negócios do reino; Índia, Mina, Guiné, Brasil, S. Tomé e Cabo Verde; mestrados das Ordens militares, e ilhas dos Açores e Madeira; restantes lugares de África
CONSELHO DA FAZENDA	Matérias do Erário e do Fisco. Superintende na Casa dos Contos A partir de 1761 goza de jurisdição contenciosa	Órgão consultivo e deliberativo, consoante as matérias
MESA DA CONSCIÊNCIA E ORDENS MILITARES	Assuntos relativos às ordens militares (inclusivamente no Ultramar), resgate dos cativos, Universidade de Coimbra (até 1772) Consulta o rei nos casos que entendia *tocarem à consciência* Cabia-lhe a nomeação dos ofícios da fazenda dos defuntos, ausentes e cativos.	Órgão consultivo e deliberativo, consoante as matérias. Um presidente, cinco deputados, um escrivão da Mesa e um para cada uma das três Ordens Militares Os deputados eram teólogos ou juristas ou cavaleiros das Ordens Militares

JUNTA DOS TRÊS ESTADOS	Arrecadar o imposto da décima decidido pelas Cortes para subsidiar a Guerra da Restauração e proceder ao pagamento dos soldos, fardamentos dos soldados, bem como à conservação das fortificações e aquisição das munições	Sete deputados, dois por cada estado, e o presidente, nomeados pelo Rei Um oficial e um secretário
CONSELHO DE GUERRA	Governo militar e guerra Tribunal supremo dos delitos militares	Não tem número fixo de elementos
ERÁRIO RÉGIO	Controlo das receitas e despesas públicas, substituindo a Casa dos Contos	Presidida pelo Inspector-Geral do Tesouro Quatro contadorias Três tesourarias: ordenados, tenças e juros
JUNTA DO COMÉRCIO	Cabia-lhe decidir sobre os assuntos do comércio interno e navegação Tinha ainda poderes de fiscalização sobre o processamento das cargas e descargas, preços dos fretes, etc. Superintendia sobre a Mesa do Bem Comum dos Mercadores Desde 1788 tem igualmente funções judiciais.	Compõe-se de um provedor, um procurador, um procurador fiscal, um secretário, um juiz conservador e seis deputados (quatro de Lisboa e dois do Porto), recrutados de entre os homens de negócios Desde 1788, para além dos cargos referidos, dispõe de um juiz dos falidos e um superintendente geral dos contrabandos
REAL MESA CENSÓRIA	Tinha jurisdição exclusiva sobre a impressão, comercialização e venda de livros e a inspecção das escolas menores, a administração e direcção do Colégio dos Nobres, bem como a direcção de todas as escolas e professores	Compõe-se de um presidente e sete deputados ordinários

PRINCIPAIS MAGISTRATURAS E OFÍCIOS SINGULARES[259]

	ATRIBUIÇÕES	NATUREZA E ACTUAÇÃO
Escrivão da puridade	Principal cargo de confiança do rei Despacha com o rei todos os assuntos e comunica essas resoluções do rei aos conselhos e tribunais por *aviso* Propõe a nomeação de todos os principais cargos	Nomeação *ad beneplacitum* Por delegação do rei pode despachar os assuntos. Emite avisos ou ordens em nome do rei, mas debaixo de sinal próprio
Secretário e secretário de Estado	Cargo da confiança do rei, despacha com o rei todos os assuntos e comunica essas resoluções do rei aos conselhos e tribunais por *aviso*	Nomeação *ad beneplacitum* Não tem competência própria, nem consultiva nem deliberativa Emite avisos ou ordens em nome do rei. Desde o final do século XVIII, atribui-se força normativa aos avisos
Chanceler mor	Publicação das leis Verificação da legalidade e registo de todos os documentos que passam pela chancelaria	Normalmente é designado o mais antigo dos desembargadores do Paço
Mordomo mor	Governo da Casa Real Despacho dos *filhamentos* e foros de fidalgo	Nomeação *ad beneplacitum* Altos dignitários da nobreza
Meirinho mor	Segurança no lugar onde a Corte se encontra. Nomeia o meirinho da Corte Cabe-lhe prender os nobres, homens de Estado e outros que gozem de privilégios perante os juizes municipais	Nobre e *homem muito principal*
Almotacé mor	Garante o abastecimento de géneros, a economia e a salubridade na Corte	
Intendente-Geral de Polícia	Pelo Alvará de 25 de Junho de 1760 competia-lhe a inspecção de locais (estalagens, casas de pasto, etc.) e a averiguação de diversos crimes (armas, insultos, ferimentos, etc.) Tinha jurisdição nacional Em 1801 é criada a Guarda Real da Polícia	A sua jurisdição exerce-se em relação a corregedores e juizes de fora nas matérias da sua competência O Intendente-Geral tem os privilégios dos desembargadores do Paço e é auxiliado por dois ajudantes, um oficial maior, quatro oficiais menores e vários empregados

---

[259] Não se consideram os cargos militares.

III. CENTRALIZAÇÃO

Para descrever o processo de centralização do direito durante a Idade Moderna pode utilizar-se a ideia medieval da comunidade política como um corpo. Só existe um corpo, o Estado, que é comandado por uma só cabeça, o príncipe. Deste modo, não pode existir contradição dentro do corpo, submetido a uma só cabeça soberana. O conceito de personalidade jurídica colectiva, precisado no século XIX por Savigny, vem completar este processo. As instituições independentes integram-se no corpo do Estado e têm a sua autonomia severamente restringida ou mesmo suprimida como meros órgãos desse ente maior. A filosofia, a sociologia e a historiografia do Estado do século XIX consideram a centralização um fenómeno inerente e necessário à dialéctica histórica do Estado, porém, esquecendo a complexidade das estruturas estaduais, nomeadamente os Estados federais e os Estados centralizados. Deste modo, mais do que formular leis gerais, interessa estudar a natureza deste processo em Portugal.

Podemos identificar três instrumentos jurídicos da centralização, enquanto técnicas de coordenação do funcionamento do Estado.

(i) Sede.

A organização do espaço foi decisiva para a construção do Estado territorial. Lisboa é a sede das instituições superiores e do próprio Paço. O facto de estas instituições reunirem no Paço e serem ou poderem ser presididas pelo rei, ainda mais contribuiu para esta centralização efectiva e simbólica do país. Também em Espanha, no caso, em Madrid, as instituições superiores reúnem-se todas no mesmo palácio, no velho Alcázar dos Áustria, o que aí atrai diariamente uma multidão de interessados (Feliciano Barrios).

A esta multidão de pessoas se refere o formulário de publicação das leis, feita pelo chanceler mor:

«Foi publicada [a lei] na Chancelaria de El Rei nosso senhor atrás escrita perante os oficiais da dita Chancelaria e outra muita gente que vinha requerer seu despacho»[260].

(ii) Confirmação dos magistrados locais.

Tem sido questionada a natureza deste processo de centralização que a historiografia tradicional atribui ao período em análise. Argumenta-se, em especial, com o número muito elevado de comunidades locais (conce-

---

[260] Cf. *A Lei da Liberdade*, II, § 6 IV.

Instituição e Privilégio 133

lhos, senhorios, terras dos reis) que não são abrangidos pela rede de magistrados, juizes de fora e corregedores, e a importância das estruturas não eruditas. No entanto, tem de se alertar para a pré-compreensão que via na existência de magistrados nomeados pelo rei uma ameaça à autonomia local. Efectivamente, a situação é mais complexa quando se verifica, primeiro, a frequência com que as comunidades locais pedem ao rei a nomeação de juizes de fora, segundo, que a eleição dos magistrados locais sobe ao Desembargo do Paço para confirmação e, finalmente, ser admitida a impugnação destas eleições locais. A minuta do pedido de carta de confirmação, tal como consta do formulário de Gregório Martins Caminha, é a seguinte:

> «Dizem os juizes e vereadores de tal vila, que no pelouro que se ora tirou dos oficiais do ano vindouro de mil e seiscentos e tantos anos, saíram por juizes ordinários F. e F., moradores em tal parte. Pelo que pedem a V. M. lhe passe carta de confirmação para poderem servir na forma costumada, no que receberão mercê.»[261]

A primeira situação demonstra-nos que a *centralização* é muitas vezes percebida pelas populações locais como um instrumento de defesa contra os abusos dos poderosos locais.

A segunda, que a teia tecida pelas instituições do Estado é mais extensa do que poderia pensar-se quando unicamente se observa a rede de magistrados nomeados para o exercício de funções a nível local, como é o caso de juizes de fora, corregedores e provedores. Efectivamente, os instrumentos de controlo da legalidade, da justiça e da conveniência das decisões tomadas pelas autoridades locais eleitas são muito extensos e iniciam-se, desde logo, com a confirmação da sua eleição – e, como resulta do sistema dos pelouros e constitui uma prática institucional verificada pelo Desembargo do Paço, mesmo pela selecção daqueles que a nível local podem ser eleitos. Nestes casos, a eleição local faz-se apenas de entre candidatos aprovados no centro, muito longe da visão de uma autonomia democrática assente nos direitos de candidatura e de sufrágios dos cidadãos locais.

A extinção das jurisdições senhoriais no reinado de D. Maria tem por isso um significado tanto real como simbólico. Paradoxalmente, o triunfo e o apogeu do absolutismo anunciam o seu fim próximo[262].

---

[261] Gregório Martins Caminha, *Tratado da Forma dos Libellos*, p. 134.

[262] Quanto à relação entre a jurisdição senhorial, os poderes das comunidades locais

134 *O Espírito das Instituições*

(iii) Recursos.

O fortalecimento das instituições centrais e especializadas da monarquia só foi possível devido à garantia do recurso das decisões tomadas pelos juizes em primeira instância para as instituições superiores. Em certos casos, os juizes deviam eles próprios recorrer de ofício das decisões que tomavam. Esta obrigação existe em especial quanto às decisões condenatórias em matéria penal.

O apelo e a delegação de jurisdição foram os instrumentos utilizados na Igreja para a centralização do poder decisório na Cúria. O recurso obrigatório ou de ofício é um instituto típico do direito canónico que tende a realizar alguns dos desideratos acima descritos: hierarquia das instituições; hierarquia das normas jurídicas ou fontes de direito; uniformidade do direito e dos procedimentos. A possibilidade de recorrer de uma decisão tomada por um juiz inferior para um tribunal superior é descrita pelos escritores portugueses como um instituto de direito natural.

IV. LEGALIDADE E INSTITUIÇÃO

É importante recordar algumas características das instituições superiores, que parcialmente explicam os seus processos decisórios. Desde logo, não existe um edifício autónomo que sirva de sede. Em regra, os conselheiros e desembargadores reúnem numa sala no Paço – a sede natural de todas as instituições superiores. Nessa sala ficam arquivados os documentos indispensáveis ao funcionamento da instituição: processos, requerimentos, livros de portaria e outros, selos, etc. Estes elementos são guardados em armários e arcas, cuja tipologia e segurança é legalmente estabelecida. Para consulta de conselheiros e oficiais, existiria uma colecção da legislação do reino[263].

Esta breve descrição dá conta das dificuldades práticas do funcionamento das instituições. Usualmente os magistrados apenas se deslocam à sede da instituição para as reuniões, despacho dos processos e audiências. A respectiva preparação é feita em casa. Por esta razão, a jurisprudência aceita que as partes deduzam o incidente de recusa dos juizes

---

e dos reis nesta legislação, v. António Manuel Hespanha, *Guiando a Mão Invisível. Direitos, Estado e Lei no Liberalismo Monárquico Português*, Coimbra, Almedina, 2004, pp. 334-335.

[263] Cf. *Judex Perfectus*, § 13 XII.

Institução e Privilégio   135

suspeitos nas suas habitações[264]. Já os corregedores, provedores e juizes de fora tinham a obrigação de estar presentes no tribunal em dias e horas determinados, para a realização de audiências. Era nestas audiências públicas que os interessados apresentavam as suas pretensões.

Infelizmente, não chegaram até nós os inventários de bibliotecas particulares de juizes, elementos que nos permitiriam melhor compreender a sua preparação científica. Porém, a literatura especializada é muito parcimoniosa nas leituras recomendadas, em que apenas avultam obras práticas[265].

Se os magistrados preparam os processos no domicílio, a legislação proíbe taxativamente a assinatura dos acórdãos em casa. Duas preocupações justificam esta proibição. A protecção do segredo das deliberações, que poderia ser violado, por um lado, e, por outro, a de evitar a constituição de expectativas para os particulares, eventualmente beneficiados por algum dos votos[266].

Os regimentos acautelam igualmente as situações em que os funcionários e magistrados têm, por motivos de serviço, de transportar consigo os processos de um lado para outro.

Estes elementos são importantes para explicar os limites postos ao funcionamento de instituições, a que se não aplicam os paradigmas da civilização técnica dos nossos dias.

É certo, como temos vindo a verificar, que a lei estruturou o funcionamento das instituições de justiça, nomeadamente através da publicação de leis, ainda que com diversa forma: Ordenações, regimentos, leis e decretos. Mas também é não menos certo que as instituições criam a sua própria legalidade, expressa nos seus assentos e estilos, bem como nos costumes e praxes que a doutrina vai aceitar como fonte de direito. Costumes escritos, mas também estilos longamente praticados sobre o modo de

---

[264] Cf. *Judex Perfectus*, § 65 IV.

[265] V. o seguinte excerto da *Arte de Bachareis ou perfeito Juiz, na qual se descrevem os requisitos, e virtudes necessarias a hum Ministro, dirigida somente aos que occupaõ primeiros bancos, e aos estudantes Conimbricenses*, Lisboa, João Batista Lerzo, 1743, pp. 103-104, atribuído a Jerónimo da Cunha (pseudónimo), e para o qual já em obra anterior chamei a atenção: «textos, com aqueles Autores, cuja opinião se deve seguir na falta de Lei. Os Pegas são muito necessários. Caldas, Barbosa, Fragoso, Pinheiro, Castilhos, Fachineus, Menochios, Farinacios, Carleval, Cyriaco, Portugal, Phaebo, Cabedo, Macedo, Mantica, Salgado, e finalmente, se puder, todos os Reinícolas; e tenha também as Leis de Castela, por ser subsidiário o Direito do Reino vizinho. No particular de livros de pratica, como Caminha, Vanguerve, Paiva e Pona, e outros».

136   *O Espírito das Instituições*

reunir, de decidir, de publicar e publicitar as decisões. O exemplo vem da Casa da Suplicação:

> «Ao Regedor pertence prover e conservar os estilos e bons costumes acerca da ordem dos feitos, que sempre se costumaram e guardaram na dita Casa» (OF.1.1.37).

A passagem dos estilos a escrito, como recorda Jorge de Cabedo, constitui um modo de assegurar a vinculatividade de regras oriundas da experiência:

> «...isto achei eu em um processo no Juízo da Coroa. E posto que assim se use pareceu-me pô-lo aqui, porque o tempo varia os estilos, e os faz esque-cer»[267]; de outro modo, como acrescenta nostálgico noutra ocasião, esque-cem-se estas práticas: «...e foi-se perdendo este bom estilo como muitos»[268].

Temas do passado? Talvez não, se atentarmos como Paulo Otero num trabalho recente considera como a administração contemporânea cria a sua própria legalidade[269]. Os teorizadores do institucionalismo também já o tinham compreendido, em especial, Hauriou e Santi-Romano. Regresso a uma exigência metodológica exposta no início do presente trabalho, a necessidade de conhecer as instituições por dentro, de acordo com as suas regras de funcionamento interno e o grau de conhecimento das coisas que têm os respectivos funcionários.

De outro lado, como se coloca em qualquer época, verificamos que mudanças nas circunstâncias a que se referem as leis obrigam as institui-ções a reinventar as disposições existentes. Os exemplos desta inventi-vidade lusitana são muitos, mesmo quando aparecem como absolutamente contraditórios com a racionalidade burocrática no funcionamento das instituições. Um exemplo. De acordo com o Regimento para as galés, os condenados para as galés prestariam trabalho forçado nos armazéns de fundição, «visto não haver galés»[270].

---

[266] Pela Carta Régia de 1 de Março de 1808 declarou-se a ilicitude de se votarem ou assinarem os acórdãos nas casas dos desembargadores, justificando-se com a publici-dade que podia ser dada aos votos dos magistrados (António Delgado da Silva, *Collecção da Legislação Portugueza. Supplemento*, legislação de 1791 a 1820, p. 390).

[267] Cândido Mendes de Almeida, *Auxiliar Jurídico. Apêndice às Ordenações Fili-pinas*, I, "Estylos da Casa da Suplicação compilados pelo Dr. Jorge de Cabedo", p. 103.

[268] Idem, ibidem.

[269] Paulo Otero, *Legalidade e Administração*, citado.

[270] Manescal, *Sistema dos Regimentos*, II, pp. 108 ss.

FUNCIONAMENTO DAS INSTITUIÇÕES SUPERIORES

FUNCIONAMENTO

Assuntos de governo

Os conselhos, em plenário (mesa grande) ou em reuniões restritas (mesas), apreciam os assuntos e propõem ao rei em consulta escrita as medidas que entendem:
– as consultas em serviço real são produzidas a pedido do rei ou de um secretário
– as consultas em serviço de partes resultam de um pedido particular

Execução

O rei exara a sua decisão sobre a consulta: é a *resolução régia*
Em regra, nas matérias consideradas como não políticas, o rei despacha sobre a ementa ou rol *como se propõe*, sem apreciar os fundamentos da proposta.
A execução da resolução pode dar origem
– a uma lei (Carta de Lei, decreto, etc.) cujo texto é preparado pela instituição ou não
– a um privilégio ou outra decisão
– ao arquivamento da consulta

Justiça

Os conselhos e tribunais decidem por si próprios
As decisões são tomadas em conferência; em certos casos, cada desembargador emite o seu parecer por escrito (*tenções*), aberto depois de todos votarem
Salvo situações em que é admissível o recurso ao rei, decidem em última instância

§ 7.º
O Chefe de Estado e as instituições auxiliares

I. O CHEFE DE ESTADO

Quando se ensaia o estudo da organização política do Estado, o primeiro dever do investigador seria o de começar pelo respectivo chefe e cabeça. Porém, raramente tal sucede. É difícil interpretar o abismo que separa os textos legais e doutrinários acerca dos príncipes absolutos – concebidos como fonte do direito, fonte da justiça, titular de poder absoluto e de certa ciência – e os elementos que existem nos arquivos públicos provindos dos fundos das instituições.

A pergunta é esta: o que faz exactamente um rei da monarquia do antigo regime, quais os seus poderes e em que circunstâncias os exerce efectivamente? Não sabemos com rigor, é a resposta decepcionante. Faltam biografias dos nossos reis, nomeadamente de D. João IV, D. Afonso VI, D. Pedro II e D. João V. Mesmo a biografia de D. José continua por escrever, apesar do número de publicações *pombalinas*. Já o reinado de D. Maria é mais conhecido, nomeadamente pela publicação de algum do seu epistolário.

O conceito de direitos reais descreve os poderes dos reis, mas não nos elucida acerca do seu efectivo exercício, quer pessoalmente quer por delegação[271]. A sua tipificação legal era considerada exemplificativa (OF.2.26). Expressamente as Ordenações consideravam direitos reais:

- a nomeação de funcionários, nomeadamente capitães na terra e no mar, funcionários de justiça, como corregedores, ouvidores, juizes, meirinhos, alcaides, tabeliães, escrivães e quaisquer outros oficiais deputados para administrar justiça;
- o poder de cunhar moeda e lançar pedidos;
- os direitos exercidos sobre as estradas, as ruas públicas e os portos, os paços do concelho de qualquer cidade ou vila afectos à justiça, os veeiros e as minas, os bens vagos, bem como os bens confiscados aos oficiais públicos por violação da norma que interditava a compra de imóveis nas circunscrições em que exercessem funções – bens que, por influência francesa, se dirão nacionais ou do domínio público no século XIX – e os bens do procurador régio que prevaricasse em funções.

---

[271] V. *Judex Perfectus*, § 8 II.

Instituição e Privilégio

A doutrina acrescenta a esta enumeração outros direitos de maior relevância para a organização do Estado e para a caracterização da soberania. Em especial, são direitos reais:

– o poder de fazer leis;
– o poder de declarar a guerra e fazer a paz;
– o poder de negociar e concluir tratados e de nomear e acreditar embaixadores e legados;
– o poder de convocar cortes.

Não pode esquecer-se, como já acima ficou dito, que não existe o conceito de programa de governo, propriamente dito. De outro lado, são inúmeras e sensíveis as diferenças durante os reinados. Importa superar a visão das monarquias absolutas como alicerçadas em reinados monolíticos, sem contestação interna, sem debate prévio à aprovação de medidas, como se os reis fossem únicos responsáveis por leis e decisões políticas. Um exemplo, muito discutido pelos publicistas europeus põe em causa o dogma da continuidade régia em torno da vinculatividade para o sucessor dos testamentos dos reis. Apesar do relevo que lhes era atribuído, os testamentos dos reis não foram ainda objecto de estudo desenvolvido. A literatura europeia dos séculos XVII e XVIII questiona a natureza jus-publicista dos testamentos régios, em especial as cláusulas nas quais se contêm verdadeiras instruções aos sucessores[272].

No actual estado das investigações, não é possível uma resposta definitiva acerca do exercício do poderes régios por parte de cada rei, sendo apenas possível ensaiar o modo como o rei se relaciona com as instituições políticas, questão a que dedicamos o presente parágrafo.

Uma das recomendações dos tratadistas políticos é a de os reis presidirem pessoalmente aos grandes conselhos – Estado, guerra, suplicação – pelo menos ocasionalmente[273]. A prática de alguns monarcas em Espanha, seguindo uma orientação de Filipe II, é a de assistirem ocultos e em segredo a algumas reuniões destes órgãos.

Outra directiva política vai no sentido de os reis delegarem competências em instituições e pessoas, sem uma excessiva concentração de poderes. Um dos tratadistas do barroco político escreve:

«O rei é o coração do reino e deve agir como tal, não fazendo tudo por si só (que isso é impossível e em vez de aproveitar prejudicaria) senão

---

[272] V. *Judex Perfectus*, § 13 II.
[273] António de Freitas Africano, *Primores Políticos...*, X.

estando no seu posto, sem abandonar o que lhe toca, e outro por ele não pode executar»[274].

Os tratadistas da razão de Estado católica recomendam a *conveniência* de o príncipe delegar o exercício da justiça em magistrados e de não a realizar pessoalmente[275].

Na fórmula de António de Sousa de Macedo, o rei não é ministro, mas *presidente dos Ministros*[276].

O rei dispunha de instrumentos para comunicar directamente com a sociedade. Para este efeito, os reis concediam audiências abertas, para as quais qualquer pessoa se podia habilitar, transmitindo ao rei factos considerados relevantes, mesmo para denunciar abusos dos responsáveis da administração e tribunais. Uma caixa colocada no Paço recebia igualmente queixas escritas dirigidas ao rei. De outro lado, os reis tinham a sua rede de informadores e de espiões, diversa daquela que era dirigida pelos secretários de Estado, e orientavam pessoalmente a prisão de Estado. O declínio popular da monarquia terá começado quando os reis deixam sistematicamente de receber as pessoas e as instituições superiores, concentrando no despacho com os secretários as decisões relativas ao Estado.

Para o discurso oficial da monarquia pura, este comportamento foi uma opção deliberada dos reis para fortalecer o poder, como está expresso na *Dedução Cronológica e Analítica*:

> «...concentrando o dito Senhor na sua real pessoa e fechando dentro do seu recatado gabinete o governo da monarquia, a respeito de todos os negócios que são inerentes à jurisdição suprema. Reduzindo os da jurisdição voluntária aos tribunais a que estão cometidos, nas suas diversas repartições. Deixando os da jurisdição contenciosa aos meios ordinários e à decisão das duas Relações ou Casas denominadas da Suplicação.»[277]

A responsabilidade dos secretários constitui um elemento essencial para a formação da monarquia pura, assumindo a responsabilidade dos actos dos reis. Se é verdade que o príncipe não pode ser responsabilizado pelos seus actos – de acordo com o aforismo britânico «the king can do no

---

[274] Frei Juan de Santa Maria, *Tratado da República*..., f. 20.

[275] Botero, *Razon Destado, Con Tres Libros de la Grandeza de las Ciudades, de Iuan Botero: traduzido de Italiano en castellano por Antonio de Herrera*, Burgos, Sebastian de Cañas, 1603 [= ff. 16 v. ss.].

[276] António de Sousa de Macedo, *Armonia Politica*..., p. 66.

[277] *Dedução Cronológica e Analítica*, divisão XV, p. 504.

wrong» – já os seus colaboradores directos podem e devem responder pelos actos do rei. É elucidativa a importância dedicada a esta matéria na *Dedução Cronológica e Analítica*, texto atribuído ao próprio Marquês de Pombal e o principal guia destas concepções absolutistas em Portugal.

Os julgamentos e responsabilização dos secretários de Estado e escrivães da puridade pelos crimes e erros praticados em funções constituíram um destes modos precisos através dos quais se exprimia a omnipotência régia[278].

Interpretando estes factos utilizando a metodologia e conceitos da ciência política weberiana, verifica-se a justaposição de elementos de distintos modelos sociológicos de autoridade do Estado até ao final do antigo regime, especialmente dos tipos burocrático e tradicional. Efectivamente, os elementos definidores do sistema burocrático estão presentes na organização dos funcionários da Idade Moderna em Portugal. São eles a divisão do trabalho, a hierarquia da autoridade, a separação entre administração e propriedade, o salário pago pelo Estado e a progressão de acordo com a competência técnica.

Como acima referido, a recusa dos reis em relacionarem-se com a *opinião pública* teve consequências, tanto na coesão social, como na construção dos carismas. Terá sido a perda de legitimidade carismática dos últimos reinados da monarquia que tornou impossível a justificação, com fundamentos espirituais, da obediência aos reis. Nesse momento, a burocracia apropriou-se do sistema político.

A tipologia que apresentamos de seguida, porém, sempre deve ser lida como uma aproximação a um tema complexo e nunca como uma lei de causalidade científica.

---

[278] V., nomeadamente, em relação a Diogo de Lucena, BNL, Cod. 1551, fl. 231; em relação a António de Cavide, BNL, Cod. 675; em relação ao Marquês de Pombal, BNL, Pombalina 695.

TIPOLOGIA DE AUTORIDADE SEGUINDO MAX WEBER

	AUTORIDADE RACIONAL	**AUTORIDADE TRADICIONAL**	**AUTORIDADE CARISMÁTICA**
FONTE	Lei Regulamentos Delegação Pessoal	Costume Tradição	Pessoal
ADMINISTRAÇÃO	Organização burocrática Características: hierarquia; continuidade; distinção entre propriedade e ofício; cultura escrita	1.º Pessoal devotado pessoalmente ao chefe 2.º Situação resulta de uma qualidade pessoal	Profetas e demagogos Pessoas devotadas pessoalmente, escolhidas pelo chefe
AUTORIDADES	Funcionário de carreira, escolhido, ou corpo colegial	Legitimidade tradicional	Legitimidade carismática Dever de obediência às ordens do chefe
LEGITIMIDADE	1.º Crença na correcção formal do sistema de regras, porque resulta de um acordo dos interessados (i) ou porque foi aprovada pela autoridade legítima (ii) 2.º (ou) Crença na validade racional do sistema legal	Crença na necessidade da ordem social	Crença emocional nas qualidades extraordinárias do chefe carismático e dos valores ou princípios por ele cultivados
TIPO DE SISTEMA JURÍDICO	Sistema formal e racional de leis, aprovadas de acordo com princípios positivos	Sistema tradicional; Julgamentos de acordo ou com princípios materiais ou estritamente formais	Leis são aprovadas discricionariamente pelo chefe carismático
TIPO DE CONDUTA SOCIAL	Condutas sociais racionais	Condutas sociais tradicionais	Condutas sociais resultam das emoções suscitadas pelo chefe ou resultam racionalmente destas

II. OS OFÍCIOS DA CASA REAL

No *Regimento dos Officios da Casa Real delRey D. João o IV*[279], sem data, referem-se, por contraposição aos oficiais de vara (os juizes), os *oficiais da cana*, o mordomo mor, o porteiro mor, o vedor e o mestre-sala. Nestes ofícios incluem-se os principais cargos da Casa Real – condestável, mordomo mor[280], estribeiro mor, copeiro mor, vedor da casa real, camareiro mor, guarda mor, mestre-sala, reposteiro mor, porteiro mor, capitão de guarda, trinchante, escrivão da puridade, copeiro mor, aposentador mor, provedor das obras do paço, caçador mor, armeiro mor, almotacé mor, alferes mor, almirante, fronteiro mor, monteiro mor, coudel mor, marechal, meirinho mor, capitão mor do reino e mar, capitão ou general das galés, capelão mor da armada real, capitão mor dos ginetes, adail mor, anadel mor[281]. São centenas de ofícios, cada um com uma função específica, com competência legalmente definida.

É também o *Regimento dos Officios da Casa Real delRey D. João o IV* que organiza o horário do príncipe, destinando o tempo dedicado ao despacho dos assuntos públicos. O despacho com os Secretários era feito de manhã. Às terças e quintas-feiras, após o despacho com os Secretários, era concedida a audiência geral, em que a todos era permitido apresentarem-se perante o rei, de acordo com uma bem marcante escala social. Primeiro os religiosos e *pessoas autorizadas e limpas*, até aos pobres e miseráveis. As mulheres eram recebidas antes de acabar a audiência (XLIII-XLVI). Aos sábados dava-se audiência particular para os fidalgos e *ministros maiores* (XLIX). Os tribunais deslocavam-se para despachar com o rei e, uma vez começada a audiência, era vedada a entrada a todas as pessoas, com excepção do corregedor da Corte e dos secretários (LXXIII). O Secretário do Expediente reunia com o rei todas as manhãs em que os tribunais não despacham com o monarca (LXXIV).

---

[279] "Regimento dos Officios da Casa Real delRey D. João o IV.", sem data (publicado nas *Provas da História Genealógica*, tomo IV, IIª parte, pp. 389 e ss.).

[280] V. o Regimento do Mordomo-mor em Manuel Álvares Pegas, *Commentaria ad Ordinationes Regni Portugalliae*, XIII, à *OF*. 3.5 e *SRR*, V, pp. 474 ss.

[281] V. uma descrição dos ofícios da Casa Real em Damião António de Lemos Faria e Castro, *Política Moral* ..., IV, pp. 477 ss.

III. ESCRIVÃO DA PURIDADE

O cargo de escrivão da puridade não se encontra previsto nas Ordenações.

A literatura peninsular, francesa e italiana discute vivamente as vantagens, inconvenientes e consequências da nomeação pelos reis de um valido ou privado[282], no caso português, sobretudo desde a época filipina[283]. Compreendem-se as implicações na teoria política porquanto o valido subverte os princípios estruturadores da monarquia pura.

Dom Francisco Manuel de Melo imputa ao governo filipino o princípio da existência de primeiros-ministros:

> «...demitiram de tal sorte o real exercício, que bem podemos afirmar, não tinham de Reis, mais da vazia dignidade; & só por aquela vez o poder, que foi bastante para entregarem a seus validos o Regimento da República. Destes dependia a comum direcção dos negócios, com nome de primeiros ministros; os quais réus do mesmo engano, que seus senhores, renunciavam também em outros a pesada parte de sua valia, ficando-se com a útil»[284].

Efectivamente, as amplas competências do escrivão no domínio político faziam deste lugar a primeira dos ofícios públicos.

O Regimento do Escrivão da Puridade, datado de 12 de Março de 1663, concretiza as atribuições do cargo e os requisitos para o seu provimento[285].

Competências

Entre as funções que pertenciam ao escrivão contava-se a de assegurar o provimento – hoje dir-se-ia, propor a nomeação – de todos os «ofi-

---

[282] Francisco Tomás y Valiente, *Los validos en la monarquia española del siglo XVII. Estudio Institucional*, Madrid, Siglo XXI, 1982, em especial, sobre a literatura acerca do valido, pp. 122-155; Luís Reis Torgal, *Ideologia Política e Teoria do Estado na Restauração*, Biblioteca Geral da Universidade de Coimbra, 1981, II, pp. 126 ss. sobre o valido e a literatura sobre o valido.

[283] António de Sousa de Macedo, *Armonia Politica dos Documentos Divinos com as Conveniencias de Estado...*, pp. 64 ss., se os príncipes devem ter privado.

[284] *Alteraçoens de Evora. Anno 1637*, em Dom Francisco Manuel de Melo, *Epanáforas de Vária História Portuguesa*, introdução e apêndice documental por Joel Serrão, Lisboa, Imprensa Nacional-Casa da Moeda, 1977, p. 6.

[285] V. "Regimento do officio do Escrivão da Puridade", em Lopes Praça, *Collecção de Leis e Subsídios...*, I, pp. 276-279.

ciais grandes de paz e guerra», designadamente os presidentes dos tribunais, desembargadores e outros de igual poder e jurisdição.

No capítulo do funcionamento central do Estado, competia-lhe ver todas as consultas dos tribunais e conselhos antes de decisão, devendo estar presente em todas os despachos régios, quer de petições de graças e mercês como das consultas dos tribunais e conselhos superiores.

O escrivão da puridade emitia ordens, em nome do rei, mas debaixo de sinal pessoal, ordens às quais era atribuído o valor normativo das ordens régias.

Requisitos

Na descrição dos requisitos do ofício, insiste-se na exigência de confiança, de *maior confiança* e *que mais próximo anda ao nosso lado*, dispõe-se no Regimento do Escrivão da Puridade, de 12 de Março de 1663. A enumeração dos requisitos para a nomeação não faz alusão à formação letrada: fidalgo de limpo sangue e de sã consciência, prudente e de muita autoridade, que deve temperar com afabilidade e mansidão. Os conhecimentos exigidos ao escrivão da puridade abarcam a história de Portugal e a dos reinos vizinhos «e dos mais, que connosco tem comércio, e amizade; sendo sobretudo verdadeiro e secreto». Na descrição destes requisitos expõem-se temas fundamentais das ideias políticas modernas. A obrigação de segredo e o conhecimento da história, comércio e economia das nações europeias são tópicos que correspondiam da razão de Estado católica.

O escrivão da puridade tem direito a um vencimento, igual ao dos vedores da fazenda, e também a *propinas* pelos papéis que despacha, isto é, a emolumentos pelos actos das partes. Este aspecto demonstra a imprecisão jus-publicística da figura. Recorde-se, no entanto, que noutros países, como se passa em França, se denuncia que a cobrança de emolumentos é apenas uma máscara para a corrupção dos secretários, que amealham grandes fortunas durante o exercício de funções.

A recomendação dos partidários da monarquia pura é a de que o rei não delegue demasiado poder num dos seus ministros, de modo a não diminuir nem a autoridade nem o poder real[286]. A doutrina publicista da

---

[286] Luís Torres de Lima, *Avizos do Ceo, successos de Portugal*, I, s.l., Of. de Manuel António Monteiro de Campos, 1761, (é a 2ª edição), I, cap. 1, pp 1 ss., como os príncipes hão de governar por si e não pelos seus ministros e cap. 3, pp. 11 ss., do valido.

época interpreta a delegação de poderes nos secretários como medida da fraqueza dos reis. Depois do episódio da demissão do Marquês de Castelo Melhor e do afastamento de D. Afonso VI a literatura jurídica e política é ainda mais clara nesta conclusão[287].

Em obra publicada quando já se anunciava a monarquia pura, seguindo a lição de Justo Lípsio, Damião António de Lemos aconselhava os príncipes a terem um *supremo ministro*, mas não um valido, aditando uma máxima à sua pesada prosa moralista – «a autoridade de um só homem é injustiça feita ao público»[288].

Uma das acusações dirigidas ao Marquês de Pombal com a Viradeira foi precisamente a de ter pretendido ser nomeado escrivão da puridade, acusação, aliás, sempre refutada pelo próprio.

IV. SECRETÁRIO E SECRETÁRIO DE ESTADO

Especialização

A importância do cargo de secretário de Estado foi-se alicerçando desde o século XVII, fenómeno do maior relevo em termos institucionais. Assim, explica a emergência de um novo paradigma na direcção do Estado. O ocaso de prestigiados e antigos cargos, como o de mordomo mor, sempre seleccionado de entre a principal nobreza do reino exprime uma nova forma de governar.

Tal como o escrivão da puridade, o cargo de secretário também não aparece nas Ordenações[289]. Uma das suas funções primitivas terá sido a de assessorar o escrivão da puridade[290].

---

[287] V. Frei Francisco do Santíssimo Sacramento, *Epitome único da dignidade do grande; e mayor Ministro da Puridade, e da sua muita antiguidade, e excellencia*, Lisboa, João da Costa, 1666.

[288] Damião António de Lemos de Faria e Castro, *Politica Moral...*, cit., I, p. 137 ss.

[289] V. Francisco Manuel Trigoso de Aragão Mourato, "Observações sobre a verdadeira significação da palavra «Privado»", in *Memórias da Academia*, XII/1; Idem, "Memoria sobre os Escrivães da puridade do reino de Portugal, e do que a este officio pertence", in *Memórias da Academia*, XII/1; Idem, "Memoria sobre os Chancelleres-móres do reino de Portugal, considerados como primeiros ministros do despacho e expediente dos nossos soberanos", in *Memórias da Academia*, XII/2; Idem, "Memoria sobre os Secretarios dos Reis e regentes de Portugal desde os antigos tempos da monarquia até à acclamação d'el-rei D. João IV", in *Memórias da Academia*, 2ª série, I/1; António Joaquim de

Os secretários tomavam posse perante a Mesa da Consciência e Ordens[291] e serviam de joelhos à frente do príncipe[292].

Os secretários de Estado vão privando os magistrados e altos funcionários do Estado do acesso à pessoa do Rei. O mordomo mor queixa-se no reinado de D. Afonso VI de já não apresentar verbalmente ao Rei as consultas, sendo, antes, despachadas por escrito pelos Secretários, sem a sua intervenção[293]. Contudo, aquando da segunda demissão de José de Seabra da Silva de Secretário de Estado do Reino, em 1799, as suas funções foram ocupadas interinamente pelo mordomo mor, até 1801[294].

O maior relevo que foi adquirido progressivamente pelo secretário de Estado resulta da competência para despachar as nomeações de todos os altos cargos públicos, não apenas de vice-reis e governadores, mas também de presidentes dos tribunais superiores, conselheiros, secretários, desembargadores, pelos quais, lê-se no Regimento do Secretário de Estado de D. João IV, *se administra o governo público*. Também o Escrivão da puridade exerceu, no período em que este cargo existiu, funções idênticas[295].

Ao lado de instituições como o Conselho de Estado ou de institutos como o segredo de Estado, os secretários de Estado exprimem o modo de funcionamento da monarquia pura.

Foi durante o período filipino que a designação de secretário de Estado se afirmou, embora de modo impreciso, quer para designar os Secre-

---

Gouveia Pinto, *Memoria historica, ou Cathologo chronologico dos Escrivães da Puridade, e Secretarios de Rei, ou Estados, que consta terem servido nos differentes e legitimos reinados da Monarchia Portugueza*, Lisboa, Typ. Academia, 1833; Conde de Tovar, "O Escrivão da Puridade", in *Estudos Históricos*, III, Lisboa, 1961, pp. 161-164; Paulo Merêa, "Da minha gaveta: os Secretários de Estado do antigo regímen", cit.

[290] Cf. A. M. Salgado e A. J. Salgado, *Álvaro Lopes de Chaves. Livro de Apontamentos (1438-1489). Códice 443 da Colecção Pombalina da Biblioteca Nacional*, Lisboa, 1983.

[291] ANTT, Mesa da Consciência e Ordens Militares, maço 35, despachos de 1756 a 1831.

[292] *Alteraçoens de Evora. Anno 1637*, Dom Francisco Manuel de Melo, *Epanáforas de Vária História Portuguesa*, p. 21.

[293] António de Sousa de Macedo, *D. Afonso VI*, apresentado por Eduardo Brasão, Porto, Livraria Civilização, 1940, pp. 87-88.

[294] Despacho de 5 de Agosto de 1799, em ANTT, Mesa da Consciência e Ordens Militares, maço 35.

[295] V. "Regimento do officio do Escrivão da Puridade", em Lopes Praça, *Collecção de Leis e Subsídios...*, I, pp. 276-279.

148   *O Espírito das Instituições*

tários do Conselho de Portugal em Madrid quer para designar os Secretários do Governo residentes em Lisboa. As Ordenações Filipinas não se referem a este cargo.

Em 1601 existiam quatro secretários de despacho, correspondentes às áreas dos negócios de Estado e da Justiça, Consciência e Ordens, Fazenda, e Petições e Mercês.

Nos primeiros anos do reinado de D. João IV existiu apenas um Secretário de Estado, conquanto o monarca se fizesse auxiliar por vários conselheiros, como ministros assistentes ao despacho. Em 1643 as atribuições que ao cargo cabiam foram divididas entre o Secretário de Estado e o Secretário das Mercês e Expediente[296].

O Secretário de Estado é responsável *pelas matérias que tocarem a Estado*, isto é, as matérias relativas aos negócios estrangeiros, aos assuntos ultramarinos, aos assuntos militares e ao provimento dos ofícios superiores, como os de Vice-Rei, generais e presidentes e juizes dos tribunais superiores. E, numa fórmula que condensa toda uma filosofia acerca da política, dizia-se que as matérias do Estado eram as do governo e direcção das coisas públicas e provimento dos referidos lugares superiores.

Nas suas vastas atribuições encontramos as seguintes tarefas: correspondência com as cortes estrangeiras; instruções e avisos, públicos ou secretos, para embaixadores, comissários, residentes, agentes; avisos feitos em nome do rei; regimentos e cartas para vice-reis e governadores no Ultramar; mandar armadas e fazer exércitos; desempenhar nos actos públicos as funções do escrivão da puridade, nomeadamente tomando os preitos e homenagens; despachar o provimento dos vice-reis e governadores, presidentes dos tribunais superiores, seus conselheiros, secretários, desembargadores; criação de títulos, nomeação de bispados e de prelados, reitor e lentes das cadeiras grandes da universidade.

Pertencia ao Secretário das Mercês e Expediente o despacho das mercês que não fossem da competência do Secretário de Estado, bem como as consultas e despachos respectivos.

Desde 1643 que os publicistas denunciam a falta de clareza na repartição de funções dos dois secretários. Ao reconstruirmos as atribuições do Secretário das Mercês e Expediente verificamos um estatuto de inferioridade face ao Secretário de Estado. Se a este cabia assegurar o provimento dos altos lugares do governo e justiça, ao secretário das Mercês competia-

---

[296] Alvará de 29 de Novembro de 1643, em *CCLP*, pp. 226-227; Lopes Praça, *Collecção de Leis e Subsídios...*, I, pp. 267-269.

Instituição e Privilégio

lhe o provimento dos juízes de fora, dos ofícios municipais, nomeadamente escrivães – das câmaras, judiciais, das notas, dos órfãos, sisas –, almoxarifes, e ainda das patentes militares mais baixas. Também era a ele que subiam os pedidos de dispensa das leis e a outorga de mercês – hábito das Ordens Militares, tenças e capelas, entre outros.

No reinado de D. Afonso VI foi efemeramente restaurado o ofício de escrivão da puridade, por cujas mãos e direcção corriam os *maiores negócios do reino*, como se contém na carta de escrivão da puridade passada em favor de Castelo-Melhor.

No final do século XVII surge uma outra secretaria, acrescentada à Secretaria de Estado e à Secretaria das Mercês e Expediente, intitulada *da Assinatura*. Cabia-lhe levar ao despacho do rei os alvarás, provisões e cartas preparados nos conselhos e tribunais para assinatura régia.

Em 1713, D. João V disciplina os tipos de documentos que deveriam subir à assinatura régia através dos secretários e aquelas que deveriam ser resolvidas pelos próprios tribunais e repartições superiores, sem necessidade de despacho régio (Alvará de 24 de Julho de 1713).

Uma posterior reforma joanina leva à criação de três secretários de Estado, com atribuições e competências bem definidas (Alvará de 28 de Julho de 1736): Negócios do Reino; Negócios Estrangeiros e da Guerra; Marinha e Ultramar.

Ao Secretário de Estado dos Negócios do Reino cabia o despacho das mercês e homenagens, o provimento dos lugares nos tribunais e conselhos superiores e tratar dos assuntos das ordens militares e da universidade. Por ele subiam ao despacho as petições dos particulares em matérias de fazenda, justiça e polícia. Embora se encontre por vezes a expressão primeiro ministro referido ao Secretário de Estado dos Negócios do Reino, a organização institucional da monarquia não permite falar nem de um poder de tutela nem superintendência ou superioridade de um dos secretários sobre outro[297].

Ao Secretário de Estado da Marinha e do Ultramar pertencia o despacho das frotas e armadas, o provimento dos lugares na marinha e os ofícios nos domínios ultramarinos, bem como a resolução dos assuntos de justiça, fazenda e comércio do ultramar.

Ao Secretário de Estado dos Negócios Estrangeiros e da Guerra cabia preparar a nomeação, a instrução e a correspondência com os minis-

---

[297] João Peres de Macedo e Sousa Tavares, *Primeiro Ministro, exemplar de Ministros, o Ill.mo e Exc. Senhor Conde de Oeiras*, Lisboa, 1764.

tros de Portugal nomeados nas potências estrangeiras e as relações com essas nações. Em tempo de paz pertencia ainda a este cargo a competência para prover os ofícios militares e administrar as dependências das forças armadas. Em 1788 foi criada a Secretaria de Estado dos Negócios da Fazenda. No reinado de D. Maria I institucionaliza-se o cargo de Ministro assistente ao despacho do Gabinete e Presidente do Erário Régio, nomeação que recaiu em D. Pedro José de Noronha e Camões de Albuquerque Moniz e Sousa, 4.° Conde de Vila Verde e 3.° Marquês de Angeja. Também nas circunstâncias peculiares do reinado de D. Maria I, o confessor da Rainha (Frei Inácio de S. Caetano), assistia ao despacho do gabinete.

Selecção

A selecção dos secretários de Estado constituía poder discricionário dos monarcas, podendo dizer-se que o único factor condicionante da nomeação dos secretários de Estado era a confiança régia. No entanto, não se conhecem os processos de escolha dos secretários.

A experiência era igualmente valorizada. Como Secretários de Estado do Estrangeiro e Guerras eram normalmente providos diplomatas, como no cargo de Secretário de Estado da Marinha e Ultramar eram normalmente providas pessoas com experiência ultramarina. Temos de observar que os Secretários de Estado dos Negócios Estrangeiros do século XVIII haviam sido diplomatas ou oriundos de famílias de diplomatas, como acontece com Marco António de Azevedo Coutinho, Sebastião José de Carvalho e Melo, D. Luís da Cunha Manuel, Visconde de Vila Nova de Cerveira e Visconde de Balsemão.

Pelo seu lado, o Secretário de Estado dos Negócios da Fazenda é por inerência presidente do Erário Régio.

Um traço a salientar na instituição dos secretários de Estado durante o século XVIII e início do século XIX consiste na longa permanência dos titulares nestas funções.

A repartição de cada uma das secretarias de Estado ocupava um número reduzido de funcionários e colaboradores e não dispunha de pessoal político ao seu serviço. Ao serviço dos secretários encontramos pessoal letrado – oficiais de 1.ª, 2.ª, 3.ª, segundo os assuntos – e pessoal subalterno. Contudo, os principais colaboradores directos dos secretários eram os procuradores da Coroa e Fazenda junto das instituições superiores.

Instituição e Privilégio

SECRETÁRIOS DE ESTADO

ACTUAÇÃO

Assuntos de governo

Apreciam os assuntos e propõem ao rei em consulta escrita ou verbal as medidas que entendem

Levam ao despacho do rei as consultas das instituições, os requerimentos dos particulares e a correspondência

Execução

O rei exara a sua decisão sobre a consulta: *resolução régia*

A execução da resolução pode dar origem

– a uma lei (Carta de Lei, decreto, etc.) cujo texto é preparado pelo secretário, por uma junta ou por um conselho

– a um privilégio ou outra decisão

– ao arquivamento da consulta ou requerimento

Os secretários dirigem aos conselhos e outras instituições *avisos* em seu nome contendo as *resoluções régias*

Justiça

Secretários não têm competência legal

V. O CONSELHO DE ESTADO

Competências legais e intervenção

À realidade institucional do Estado se referem os regimentos aprovados para o Conselho de Estado.

O núcleo essencial das atribuições do Conselho de Estado é a paz e a guerra, isto é, os assuntos relativos às relações entre Estados:

> «O conselho de estado é (como diz Platão) a âncora de que pode perder-se ou salvar-se toda a república, e é ele que olha por toda ela (como diz Isócrates) é a alma da república e é como a prudência no homem que olha para o proveito de todo o corpo. Com o que neste conselho se determina devem conformar-se todos os outros conselhos cada um por si e todos juntos. Chama-se ao conselho de estado conselho da paz porque sua principal intenção é procurar que toda a república viva em paz, que este é o fim para que se institui o conselho de estado, que não se fazem as guerras (como diz Platão) senão para viver em paz».[298]

Pelo regimento de 8 de Setembro de 1569, de D. Sebastião, pertem ao Conselho de Estado as *coisas que o rei particularmente determinar*, as que se prendem com o serviço real e bem do reino, e as *coisas de maior importância e qualidade* que pertencerem à fazenda régia[299].

A imprecisão com que as atribuições do Conselho de Estado estão descritas resulta da natureza e evolução de uma instituição assente no antigo conselho régio. Os assuntos económicos seriam posteriormente atribuídos a instituições específicas, tal como os assuntos militares ficariam debaixo da responsabilidade de um outro organismo, o conselho da guerra, num processo de diferenciação e de especialização de estruturas que é típico das monarquias europeias de seiscentos e de setecentos.

O Conselho de Estado vai conhecer novos regimentos nas épocas filipina (1624) e joanina (1645)[300]. Este regimento de 1645 refere como matérias da competência do Conselho de Estado as relativas ao

---

[298] Bartolomeu Filipe, *Tratado del Consejo y delos consejeros*, f. 100.

[299] V. "Cópia autêntica do alvará, que El-Rei D. Sebastião passou pertencente ao Conselho de Estado", em Lopes Praça, *Collecção de Leis e Subsídios...*, I, pp. 145-146.

[300] Regimento do Conselho de Estado de 31 de Março de 1645, in Monteiro de Campos, *Sistema dos regimentos...*, VI, pp. 472-473 e Lopes Praça, *Collecção de Leis e Subsídios ...*, I, pp. 270-271; e Manuel Álvares Pegas, *Commentaria ad Ordinationes Regni Portugalliae*, glosa à OF.1.2.13.

Instituição e Privilégio 153

«...bom governo de seus Reinos, assim na paz como na guerra, conservação e autoridade do Estado real».

O conteúdo do Estado vem referido nestes textos aos conceitos de governo e de autoridade real, ao lado da guerra. De acordo com a descrição que encontramos na *Geografia Histórica* de Luís Caetano de Lima (de 1734-1736), no Conselho de Estado consultam-se

> «...todas as dignidades, assim eclesiásticas como seculares, todos os governos, cargos, lugares e postos que não dependam imediatamente de outro tribunal; e os que são de outra repartição se tornam novamente a consultar pelo conselho. Especialmente se provêm pelo Conselho de Estado os arcebispados e bispados do reino e ilhas adjacentes e os postos de vice-reis, capitães generais e governadores de província e quaisquer outras terras sujeitas aos reis de Portugal. Aqui se tomam as deliberações sobre a paz e sobre a guerra; se regulam as negociações e se resolvem as embaixadas e *enviaturas* e as pessoas a quem se devem confiar estes empregos. Finalmente a este Conselho pertencem as alianças dos reis e pessoas reais.»[301]

Colocado de modo dramático o problema do governo do reino durante a menoridade dos reis no início da dinastia de Bragança, a Lei sobre a regência e tutoria na menoridade dos reis de 23 de Novembro de 1674 determinou que a tutela e regência do reino caberia aos cinco conselheiros de Estado mais antigos, nos casos de morte do rei sem deixar filho maior, não sendo vivos a mulher nem validamente designado outro tutor[302].

No Regimento joanino do Conselho de Estado, a ficção antropomórfica sustenta o estatuto dos conselheiros de Estado e a responsabilidade que lhes é atribuída de aconselharem o rei, conjugando a liberdade do conselheiro com a natureza do poder real. Estão aqui presentes os paradigmas de liberdade e responsabilidade da cultura jurídica e política que temos vindo a identificar[303]:

---

[301] Luís Caetano de Lima, *Geografia Histórica*..., p. 252. Sobre esta instituição v. também a *Dedução Cronológica*, divisão XIV, pp. 477 ss.; Visconde de Santarém, *Quadro Elementar*, VI; Edgar Prestage, *O Conselho de Estado de D. João IV e D. Luísa de Gusmão*, Lisboa, 1919.

[302] J. J. Lopes Praça, *Collecção de Leis e Subsidios*, I, pp. 285-289. Trata-se de uma lei estabelecida em Cortes.

[303] V. Regimento do Conselho de Estado de 31 de Março de 1645, em Lopes Praça, *Collecção de Leis e Subsídios* ..., I, pp. 270-271 (cit. na p. 271).

154   *O Espírito das Instituições*

«E porque os Conselheiros de Estado, que o Direito chama a mesma cousa com os reis, e verdadeiras partes de seu corpo, tem mais precisa obrigação, que todos os outros Ministros meus, de me ajudar, servir, e aconselhar, com tal cuidado, zelo e amor, que o governo seja muito o que convem ao serviço de Deus, conservação dos meus reinos, e benneficio commum e particular de meus Vassallos, lhes encommendo, o mais apertadamente que posso, me advirtam com toda a liberdade tudo quanto lhes parecer necessario para se conseguir este fim...»

Podemos sistematizar três tipos de intervenções emblemáticas do Conselho de Estado em matérias de Estado e soberania.

(i) Nos assuntos internacionais[304]. Os documentos dos séculos XVII e XVIII referem-se à consulta do Conselho de Estado nas negociações diplomáticas e em textos normativos relativos às relações internacionais.

(ii) Na renúncia ao exercício do poder. Com D. Afonso VI invoca-se a audição do Conselho de Estado[305].

(iii) Nos impedimentos dos reis. O Conselho de Estado, ao tempo unicamente composto pelos secretários de Estado, deu parecer acerca do *notório impedimento e moléstia* da rainha D. Maria I e da sua substituição por D. João[306].

Funcionamento

O Conselho deveria reunir *sempre que necessário*, pelo menos três vezes por semana. O rei não assiste às reuniões. Recorde-se um lugar paralelo. Nas reuniões do Conselho de Estado espanhol, em Madrid, assegura-se que o rei possa chegar às galerias e assistir às sessões sem ser visto, prática habitual desde Filipe II[307].

A presidência do Conselho de Estado é assegurada rotativamente por cada conselheiro, por semana. Nas reuniões está presente um secretário, que redige o texto da resolução tomada, com os respectivos fundamentos.

---

[304] Cf., por exemplo, Visconde de Santarém, *Quadro Elementar*, I, pp. 119 ss.

[305] "Renuncia que fez D. Affonso VI em o Infante D. Pedro seu irmão", de 22 de Novembro de 1667, em J. J. Lopes Praça, *Collecção de Leis e Subsidios*, I, p. 280.

[306] ANTT, Mesa da Consciência e Ordens Militares, maço 35, macete 17, parecer de 10 de Fevereiro de 1792.

[307] Feliciano Barrios, *El Consejo de Estado*, pp. 224-225.

Instituição e Privilégio 155

Dessa resolução constará a indicação dos conselheiros presentes, assinando apenas aqueles que foram concordantes com a deliberação. A este respeito escreve um dos nossos tratadistas que «...é tão supremo a que ele vão as Majestades quando ocorrem negócios que assim o pedem».

Os secretários deveriam ter um livro próprio das deliberações do conselho, após aprovação régia, cabendo-lhes preparar os diplomas de execução (alvarás e avisos).

Não sabemos muito acerca do funcionamento desta instituição, falta de referências que resulta do segredo de Estado e da sua projecção institucional, como do extravio dos arquivos. A interiorização de um código de conduta assente no segredo cria a convicção de que o segredo morre com o estadista. Deste modo, as indicações de livros de memórias devem ser lidas com a cautela pela qual sempre devem ser apreciadas as obras da *literatura de justificação,* tantas vezes elaboradas pelos protagonistas para reescrever a história. O debate em torno das memórias (ou supostas memórias) do Cardeal Richelieu, de Sully, de Alberoni, ou dos nossos D. Luís da Cunha e Marquês de Pombal explicam esta advertência.

Era aos secretários que competia levar o assento das resoluções do Conselho de Estado ao rei, colocando o monarca a sua resolução de concordância ou de não aprovação à margem do assento.

Com o regimento joanino admite-se a existência de declarações de voto (advertências), o que resulta do elogio da liberdade do conselheiro. De facto, uma das imputações feitas pela literatura da restauração à prática institucional filipina era a manipulação das consultas por parte dos conselheiros e secretários.

O Conselho reunia todas as semanas, às segundas-feiras pelas três horas da tarde, podendo ainda prolongar as suas reuniões pelos dias que entendesse necessários.

Durante o longo reinado de D. João V o Conselho de Estado terá deixado de reunir. Os documentos são escassos, mas os testemunhos vão neste sentido. O Conde de Povolide escreve que em 1725 não se reúne o Conselho de Estado, embora se reúnam juntas, em que são ouvidos alguns dos conselheiros[308].

_____

[308] *Portugal, Lisboa e a Corte nos Reinados de D. Pedro II e D. João V. Memórias Históricas de Tristão da Cunha de Ataíde, 1.º Conde de Povolide*, introdução de António Vasconcelos de Saldanha e Carmen M. Radulet, Chaves Ferreira Publicações, s.l., s.d., p. 406. Testemunha no mesmo sentido a correspondência entre o Duque Manuel Teles da Silva e Sebastião de Carvalho e Melo, em 1750, publicada por Carlos da Silva Tarouca (*Anais*, APH, 2.ª série, VI (1955), pp. 313 ss.).

156   *O Espírito das Instituições*

De entre os secretários, apenas o Secretário de Estado tem assento por inerência no Conselho de Estado. Mesmo após a reforma de D. João V das secretarias não lhes foi reconhecida qualificação de conselheiros ou ministros de Estados[309].

Um novo período na vida desta instituição é aberto com a aprovação de um novo regimento, em 1760. A partir desta data, o Conselho é presidido pelo próprio rei, facto que merece chamada de atenção. Integravam-na ainda os quatro secretários de Estado e cinco conselheiros. A presença dos secretários nas reuniões do Conselho por direito próprio merece ser assinalada também por outro motivo. Se a prática adoptada até este momento assentava na designação como conselheiros de Estado de titulares da alta nobreza, o critério adoptado depois de 1760 passa a ser fundamentalmente institucional ou por inerência. Esta reforma vem reforçar o peso dos secretários na condução dos assuntos políticos e no aconselhamento mais directo ao príncipe. Noutros países, dá-se o nome de *governo de gabinete* a este tipo de organização. Talvez pela importância e para reforçar a legitimidade da medida, por não incidir directamente nas matérias da sua competência, o Conselho de Estado aprovou por assento o fim da distinção entre cristãos-novos e cristãos-velhos[310].

Em 1792, o Conselho de Estado estava reduzido aos secretários de Estado, tendo havido nova nomeação de conselheiros em 1796 e funcionado com intervalos até às invasões francesas. Discute-se se a fuga da família real para o Brasil terá sido preparada no Conselho de Estado[311].

VI. CONSELHO DE GUERRA

Criado por D. João IV em 1640, embora o regimento respectivo apenas seja de 1643, exercia simultaneamente funções consultivas do rei nas matérias relativas à defesa do reino e judiciais, como tribunal superior de justiça militar[312].

---

[309] D. Luís da Cunha, *Testamento Político*, Lisboa, Iniciativas Editoriais, 1978, p. 15.

[310] BNL, pombalina, Cod. 649, ff. 1-20 e 153.

[311] V. Eneas Martins Filho, *O conselho de Estado português e a transmigração da família real em 1807*, Rio de Janeiro, 1968.

[312] Decreto de 11 de Dezembro de 1640. O Regimento data de 22 de Dezembro de 1643 (*SRR*, V, pp. 221 ss.).

Instituição e Privilégio 157

Era constituído por conselheiros, sem número fixo, e um secretário, que reuniam debaixo da presidência do rei. Contudo, não parece que esta faculdade tenha sido frequentemente exercida.

Os conselheiros de guerra deveriam ter nobreza de sangue e experiência militar, sendo nomeados vitaliciamente.

Como instância judicial, era a jurisdição de primeira instância em relação aos crimes militares praticados pelas tropas da Corte e de recurso para as restantes. Para estes casos, inclui um promotor de Justiça e um juiz assessor, recrutado de entre os desembargadores do Paço, os quais julgavam em reuniões restritas de três conselheiros – excepto quando estivesse em causa a aplicação da pena de morte, caso em que o processo era julgado por mais dois desembargadores do Paço.

Como instância do governo militar, as suas competências são muito diversas. Propõe ao rei em consulta a nomeação dos altos postos militares e procede à nomeação, por maioria, dos restantes. Procede também à inspecção das instalações destinadas a fins militares, nomeadamente fortalezas e fortificações, verifica o aprovisionamento de munições e concede licenças aos militares de patente para se ausentarem de serviço

O conselho reunia numa sala, no Paço ou no local em que se encontrasse a corte. Como aspecto distintivo desta sala perante aquelas onde se reuniam as restantes instituições superiores, determinava-se no respectivo Regimento que nas suas paredes estivessem pendurados os mapas do reino e das conquistas.

Como em Espanha, o Conselho de Guerra está anexo ao Conselho de Estado. Os conselheiros de Estado têm assento e precedência no Conselho de Guerra, sempre que pretendam participar nas suas reuniões[313].

O Conselho de Guerra relaciona-se com o Secretário de Estado dos Negócios da Guerra e Estrangeiros, cargo que foi criado em 1736 e que vem retirar importância ao Conselho.

VII. OS CONSELHEIROS

O estatuto de conselheiro não se confunde com o de conselheiro de Estado. Nos livros de Chancelaria dos nossos monarcas são inúmeras as referências à emissão da carta de conselheiro (_do conselho_), mas este

---

[313] D. António Caetano de Sousa, _Provas da História Genealógica da Casa Real Portuguesa_, 4/2, pp. 412 ss.

estatuto não se confunde com a participação no Conselho de Estado. Conselheiros do Rei são, por inerência, os seus familiares, os mais elevados dignitários do clero e da nobreza e os desembargadores do Paço. Assim, são conselheiros os arcebispos, bispos e os priores das ordens, bem como os duques, marqueses e condes, e os presidentes e conselheiros dos tribunais, vedores da fazenda, desembargadores do Paço e inquisidores[314].

Luís de Camões escreve eloquentemente acerca da relação entre os deveres dos reis e as responsabilidades dos conselheiros:

> Oh, quanto deve o Rei que bem governa
> De olhar que os conselheiros ou privados
> De consciência e de virtude interna
> E de sincero amor sejam dotados!
> Porque, como *estê* posto na superna
> Cadeira, pode mal dos apartados
> Negócios ter noticia mais inteira
> Do que lhe der a língua conselheira.
> (*Lusíadas*, VIII, 54)

No reinado de D. João IV os documentos da chancelaria referem a emissão de 45 cartas de conselheiro[315]. Entre os conselheiros de Estado nomeados de novo na sequência do movimento da Restauração anota-se o de João Pinto Ribeiro, autor de uma memória em que se sustentava que o título de conselheiro era inerente ao cargo de desembargador do Paço.

O cuidado que devia ser posto pelo príncipe na escolha dos conselheiros e as qualidades que estes deviam possuir constitui tópico da literatura jurídico-política nacional. Os conselheiros devem ser fiéis, nobres, ricos, rejeitar a adulação e apreciar a verdade, dar o conselho com liberdade[316].

Apesar de não constar das Ordenações o estatuto dos conselheiros, este texto legal, como recordava Pegas, fazia-lhe indirecta referência ao cometer ao chanceler mor dar juramento às pessoas que o príncipe fizesse *do conselho* (OF.1.2.13; também 1.82.12 e 2.58 e 3.3). A atribuição do privilégio de conselheiro não implicava, porém, o acesso ao Conselho de Estado.

---

[314] Manuel Álvares Pegas, *Commentaria ad Ordinationes Regni Portugalliae* [= I, p. 140] e João Pinto Ribeiro, *Lustre ao Dezembargo do Paço*, in João Pinto Ribeiro, *Obras Varias...*, *passim*.

[315] ANTT, Chancelaria de D. João IV, Índices, "Comuns".

[316] Jorge de Cabedo, *Practicarum Obervationum...*, II, dec. 74 [= pp. 108-110].

A reflexão doutrinária sobre a importância dos conselheiros e a necessidade do conselho, se ainda constitui um tópico habitual nos tratadistas portugueses do período da restauração, é progressivamente abandonado com o avanço das doutrinas da monarquia pura.

Já findava o século XVII e Manuel Álvares Pegas ainda apontava a importância do conselho para a criação das leis, fazendo o elogio do conselheiro do príncipe e da república que tem bons conselheiros, tópico aliás bem pouco original[317]. O mesmo autor aponta que os nossos reis sempre decidiram precedendo conselho, designados como os olhos e os ouvidos do príncipe, recordando que a rainha é o primeiro conselheiro (OF.1.1.45).

João Pinto Ribeiro refere que durante a ocupação filipina o procurador da Coroa e Fazenda terá pretendido demandar o conselheiro régio que deu um conselho (alvitre) muito danoso para a fazenda real – *com que se perdeu grande cópia de mil cruzados*, escreve este autor –, mas o rei não o consentiu, justificando não querer desanimar outras pessoas que o pretendessem aconselhar[318].

Mais tarde, a *Dedução Cronológica e Analítica* responsabiliza o Conselho de Estado pelo conselho dado a D. Sebastião para ir a Marrocos (*Provas*, pp. 30-32). Reencontramos neste texto o instituto acima referido da responsabilidade dos secretários e dos conselheiros como pressuposto necessário para garantir a irresponsabilidade dos reis pelas suas decisões.

§ 8.º
As instituições judiciais

I. A MESA DO DESEMBARGO DO PAÇO

A Mesa do Desembargo do Paço, escreve Pascoal de Melo, é o primeiro tribunal do país e os seus desembargadores os mais ilustres de todos os magistrados[319]. Porém e apesar desta afirmação, não é essencialmente um tribunal. A sua natureza política é sublinhada por todos os tratadistas

---

[317] Manuel Álvares Pegas, *Commentaria ad Ordinationes Regni Portugalliae*, glosa 101 ao prólogo das Ordenações.

[318] João Pinto Ribeiro, *Uzurpaçaõ, Retençaõ, e Restauraçaõ de Portugal*, em *Obras Varias*, pp. 16-17.

[319] Pascoal José de Melo, *Institutiones Iuris Civilis*, Livro I, II, § 3 e *História do Direito Civil Português*, § LXXII.

portugueses. O mais exuberante é, possivelmente, João Pinto Ribeiro, ele próprio conselheiro:

> «Este é o próprio e verdadeiro conselho dos senhores Reis deste Reino; porque nele e com os Ministros dele se aconselharam sempre: com ele resolviam e resolvem as matérias, que só lhes tocam como a Reis e em que consiste a essência e substância da soberania Real e o ser de Rei. De modo, que o mesmo é Tribunal do Paço, que conselho de sua Majestade enquanto Rei e senhor soberano. O mesmo é Desembargador do Paço que conselheiro. Estes são os Senadores de que propriamente se diz serem parte do corpo do Príncipe»[320].

As atribuições e competências da Mesa do Desembargo do Paço são tão extensas quanto relevantes para a organização e funcionamento do Estado. Em termos analíticos, podem dividir-se em três grandes áreas de actuação, políticas, judiciais e de governo.

(i) Em matérias políticas, o Desembargo do Paço:

– consulta o rei quanto à reforma e revogação das leis e aprovação de novas medidas legislativas;
– aconselha o rei ou o regente quanto este o solicita;
– aprecia e propõe a aprovação de bulas e breves papais para introdução no reino, depois de exame do Procurador da Coroa (beneplácito régio);
– autoriza a concessão de mercês e a instituição de morgado e capelas.

(ii) Em matérias judiciais, cabe ao Desembargo do Paço:

– decidir os conflitos de jurisdição, nomeadamente entre as jurisdições temporais e as eclesiásticas;
– conceder a revista das sentenças;
– aconselhar o rei em matéria de perdão nas causas crime;
– decidir legitimações, adopções e cartas de doação;
– conceder dispensas de idade e de nobreza;
– conceder alvarás de fiança;
– conceder o perdão dos delitos em certos crime.

---

[320] João Pinto Ribeiro, *Lustre ao Dezembargo do Paço*, in João Pinto Ribeiro, *Obras Varias* ..., p. 7.

Instituição e Privilégio　161

(iii) Como órgão de governo, a sua competência inclui:

– a preparação do provimento de todos os ofícios judiciais (*lugares de letras*), nomeadamente, desembargadores, juizes da Coroa e Fazenda, ouvidores do crime, corregedores e juizes de fora;
– o provimento de todos os ofícios de justiça, nomeadamente, escrivão, porteiro e outros;
– a confirmação da eleição dos vereadores e de outros titulares de órgãos do poder local.

Composição

Na composição da Mesa do Desembargo do Paço assinala-se uma diferença estrutural entre o presidente, escolhido na principal nobreza, e desembargadores de carreira, sem número fixo – em regra, em número reduzido, cinco a dez, ocasionalmente, mais. Os desembargadores do Paço são magistrados de carreira, que chegam ao topo do seu curso honorário com idade, experiência e prestígio social inquestionável. A sua nomeação é o coroar de uma longa carreira judicial como juiz de fora, corregedor, desembargador numa Relação ou logo na Casa da Suplicação antecedendo, finalmente, a nomeação para a Mesa do Desembargo do Paço[321].

Pessoal burocrático e organização

Internamente, a Mesa do Desembargo do Paço divide-se em quatro repartições, que atendem aos assuntos de acordo com a divisão geográfica do país, chefiadas por cinco escrivães, um para cada repartição, e um escrivão do despacho da mesa. Para além destes, a Mesa tem ainda um tesoureiro, um distribuidor e outros oficiais.

A convicção dos publicistas portugueses, ao contrário do que poderia resultar de uma primeira leitura das Ordenações, é a de que a Chancelaria da Corte se encontra anexa e subordinada ao Desembargo do Paço. O chanceler mor do reino foi autonomizado do chanceler da Casa da Suplicação com D. João III (*Leis extravagantes*, I/1).

---

[321] V. A. P. Barbas Homem, *Iluminismo e Direito*, cit., e José Subtil, *A Mesa do Desembargo...*, com a indicação das carreiras dos desembargadores do Paço de 1750 a 1820

Entre nós, existe a tradição de nomear para chanceler mor o mais antigo dos desembargadores do Paço. Assim, enquanto em França o Chanceler mor se torna um verdadeiro primeiro-ministro, com poderes para recusar o registo das leis e com autoridade política própria perante os secretários, em Portugal a primazia política e institucional cabe a esta instituição de funcionamento colegial, a Mesa do Desembargo do Paço[322].

II. A CASA DA SUPLICAÇÃO

Como referem as Ordenações, a Casa da Suplicação é o mais alto tribunal de justiça do reino, tanto em matérias criminais como cíveis. A Casa da Suplicação funciona em casas próprias, ao contrário dos conselhos e tribunais superiores especializados que, em regra, reúnem em salas do Paço real. Como tribunal de recurso, não apenas pode revogar as decisões recorridas como substituir essas sentenças e acórdãos por outros[323].

Jurisdição e competência

A sua jurisdição abrange a Corte e o sul do país, sendo a instância de recurso do corregedor da Corte, juiz da Índia e Mina, juiz conservador da Universidade, corregedores e provedores das ilhas, do Algarve e das províncias de Entre Tejo e Guadiana e Estremadura. Mas também conhece, em recurso, das decisões tomadas na Relação do Porto, quando excedem a respectiva alçada.

Organização

Nos tribunais superiores europeus é comum o vocábulo sala ou equivalente para designar as repartições internas dos tribunais superiores. Em Portugal, *mesa* é utilizado com a mesma finalidade de explicar o modo de funcionamento dos tribunais superiores. Socorremo-nos da *Geografia Histórica* de Luís Caetano de Lima para compreender esta dinâmica institucional:

---

[322] Cf. *Judex Perfectus*, § 40 I.

[323] Cf. OF.1.2 ss. A principal legislação aplicável, incluindo o seu regimento, por ser consultada em *SRR*, V, 1-16.

Instituição e Privilégio 163

«Ajuntam-se estes ministros na grande sala da Relação, onde se repartem por sete mesas, na forma seguinte. No meio da parede, fronteiro à porta, está a Mesa *grande*, em que preside o Regedor de Justiça, assentado em cadeira de espaldas, debaixo de um dossel; e pelas ilhargas se vem, em bancos estofados e de encosto os dez desembargadores de agravos. À mão direita desta mesa grande fica uma mesa, que é a dos corregedores do crime da Corte. Segue-se outra mesa do mesmo lado, que é dos dois juízes da Coroa e Fazenda, em que também assistem os dois procuradores Régios, e em que despacha também o juiz das capelas. Segue-se ainda outra mesa da mesma parte, que é dos desembargadores extravagantes, onde têm o seu lugar enquanto os não distribuem pelas outras mesas para juízes adjuntos. Da parte esquerda da mesa grande fica a mesa dos desembargadores dos agravos, para onde descem, quando acabam o despacho das petições de agravos na dita mesa grande, a passar os feitos e recebê-los uns dos outros e assinar os acórdãos das sentenças, que trazem lançados de casa os últimos juízes. A esta mesa se segue a dos ouvidores do crime, em que também despacha o juiz da chancelaria. Finalmente é seguida esta mesa de outra, que chamam dos hóspedes, em que despacha o juiz dos contos, o juiz do fisco, e despachava o juiz conservador da Junta do Comércio, antes da extinção da sobredita Junta. Nesta mesa têm também assento os dois corregedores do cível da Corte, quando vão à Relação.»[324]

Esta tipologia de organização e funcionamento do tribunal supremo é comum a outros países e inclusivamente a podemos ver retratada nas gravuras que acompanham diversos livros de processo civil e criminal.

A Casa da Suplicação era composta por quarenta desembargadores, especializados funcionalmente, de acordo com o que dispunham as Ordenações (OF.1.4 ss.): o chanceler, dez desembargadores dos agravos e apelações da Casa da Suplicação (OF.1.6), dois corregedores da Corte dos feitos crime (OF.1.7), dois corregedores da Corte dos feitos cíveis (OF.1.8), juiz dos feitos da Coroa (OF.1.9), juiz dos feitos da fazenda (OF.1.10), quatro ouvidores do crime da Casa da Suplicação (OF.1.11), procurador dos feitos da Coroa (OF.1.12), procurador dos feitos da Fazenda (OF.1.13), juiz da Chancelaria da Casa da Suplicação (OF.1.14), promotor da justiça da Casa da Suplicação (OF.1.15), juiz dos feitos da Misericórdia e Hospital de Todos os Santos da cidade de Lisboa (OF.1.16), quinze

---

[324] Obra citada, pp. 272-273. Pode confrontar-se este trecho com António Carvalho da Costa, *Corografia Portugueza*, III, pp. 569 ss.

164   *O Espírito das Instituições*

desembargadores extravagantes. Contudo, o número exacto destes magistrados foi variando com o tempo.

Deixamos seguidamente uma breve nota sobre a função destes magistrados, organização que vem a ser reproduzida na organização das relações fundadas subsequentemente.

A função do chanceler é peculiar. Verifica que nada emane da Casa da Suplicação que seja contrário às leis. Aos corregedores cabe conhecer das causas cíveis e crime que pertençam aos magistrados superiores. Os ouvidores do crime conhecem em recurso de apelação dos delitos de outros cidadãos. O juiz da Real Coroa e da Real Fazenda despacha os feitos dos direitos reais, direitos da Coroa e Fazenda do rei, enquanto os procuradores respectivos defendem e promovem a defesa destes direitos. A função do juiz da chancelaria releva da disciplina dos oficiais: cabe-lhe julgar dos erros dos escrivães, tabeliães e outros funcionários. O promotor de justiça tem a competência de formar a acusação (libelo) contra os criminosos.

Sublinhe-se que estamos perante uma carreira interna – os magistrados vão seguindo dentro das instituições o seu *cursus honorum*, que tem como posto mais alto o de chanceler.

III. A RELAÇÃO DO PORTO

Constituía pretensão antiga levada a Cortes a existência de um tribunal superior no Norte do país. Já no reinado de D. Afonso V, nas Cortes celebradas em Coimbra em 1473 (?), em resposta a um capítulo do Povo que solicitava a instalação de um tribunal superior no norte do país, respondeu o rei que

> «…nestes reinos não houve mais que duas casas, uma que continuadamente estava em Lisboa e a da Suplicação que andava com ele e que estas bastam quanto mais que ele espera de pôr tais corregedores nas comarcas que darão tais ordens ao despacho das coisas da justiça»[325].

Em 1582, a extinção da Casa do Cível e a sua transferência para o Porto dá origem à Relação do Porto[326].

---

[325] ANTT, Cortes, maço 3, n.º 5, actualizámos a grafia.

[326] V. em geral sobre esta instituição e, em particular, sobre o problema de saber se estamos perante uma transferência da sede da instituição ou da criação *ex novo* da Relação

Competência

A Relação do Porto goza de competências jurisdicionais similares à Casa da Suplicação e a sua jurisdição abrange as províncias de Entre-Douro e Minho, de Trás-os-Montes e Beiras (com excepção da comarca de Castelo Branco). Em matéria crime julga em última instância. Em matéria cível, inicialmente a Relação julgava sem recurso os processos até oitenta mil réis nos bens de raiz e de cem nos bens móveis, mas esta alçada foi aumentada para duzentos e cinquenta e trezentos mil réis por lei de 26 de Junho de 1696 e de novo aumentados por Alvará de 13 de Maio de 1813. Das suas decisões podia ainda caber recurso, de agravo, para a Casa da Suplicação.

Organização

A Relação do Porto era composta por um chanceler, oito desembargadores dos agravos, um corregedor dos feitos crime, um corregedor dos feitos cíveis, um juiz dos feitos da Coroa, três ouvidores do crime, um juiz da Chancelaria, um promotor de justiça, seis desembargadores extravagantes, para além do procurador da Coroa (OF.1.35).

Tal como na Casa da Suplicação, também o número destes magistrados foi variando com o tempo. Por lei, a colocação na Relação do Porto constituía condição para o provimento posterior na Casa da Suplicação.

---

do Porto, Pascoal de Melo Freire, *Instituições do Direito Civil...*, liv. 1, t. 2, § 6 [=BMJ 161, p. 108]; Francisco Coelho de Sousa e Sampaio, *Prelecções de Direito Patrio Publico e Particular*, pp. 194-195; José Anastácio de Figueiredo, *Synopsis...*, I, p. 174, e II, pp. 198 ss.; João Pedro Ribeiro, *Aditamentos e Retoques...*, p. 265; J. Duarte Nazareth, *Elementos de Processo Civil*, I, p. 83; José Câmara, *Subsídios para a História do Direito...*, pp. 125--126; Paulo Merêa, *Resumo das Lições...*, p. 146; Mário Júlio de Almeida Costa, *História do Direito*, pp. 296-299; Guilherme Braga da Cruz, "O direito subsidiário...", cit.; Martim de Albuquerque, "Para a história da legislação e jurisprudência em Portugal. Os livros de registo de leis e assentos dos antigos tribunais portugueses", cit. V. ainda os manuscritos, José Luiz Ferreira Nobre, "Compendio da antiguidade e estabelecimento das Relações de Lisboa e Porto, BPMP, m. 1114; "Historia Abbreviada da Relação do Porto e Casa da Suplicação", Academia das Ciências, Ms. Azul 185. Os regimentos dos tribunais encontram--se publicados, entre outros locais, no *Auxiliar Jurídico*, de Cândido Mendes de Almeida.

IV. AS RELAÇÕES ULTRAMARINAS

Numa anotação necessariamente breve sobre a organização da justiça superior do vasto império português, recorde-se um critério empírico de divisão nas matérias judiciais: o Índico, subordinado à Índia; o Atlântico, ao Brasil[327].

Os desembargadores das relações ultramarinas eram designados por períodos de seis anos, usualmente com a mercê de colocação numa instituição superior em Portugal após o desempenho destas funções.

O Brasil

Correspondendo à importância crescente do Brasil e à dificuldade e onerosidade que a interposição de um recurso para a Casa da Suplicação em Lisboa sempre implicava, foi criada a Relação da Baía em 7 de Março de 1609, tendo funcionado até 15 de Abril de 1626 e de 12 de Setembro de 1652 em diante[328].

Uma segunda Relação, a do Rio de Janeiro, apenas viria a ser criada em 1751, pelo Alvará de 13 de Outubro[329]. Em consequência da deslocação da Corte para o Brasil, a Relação do Rio de Janeiro veio a ser erigida em Casa da Suplicação, em 1808, pelo Alvará de 10 de Maio, nomeadamente conhecendo em recurso das decisões tomadas na Relação da Baía[330].

Também na sequência da ida da Corte para o Brasil, foram criadas em 1812 uma Relação no Maranhão[331] e outra em Pernambuco[332].

---

[327] Por todos, v. as obras citadas de Martim de Albuquerque, "Para a história...", e Guilherme Braga da Cruz, "O direito Subsidiário...".

[328] Regimento de 12 de Setembro de 1652 em *SRR*, V, pp. 290 ss.

[329] V. Pascoal de Melo Freire, *Instituições do Direito Civil...*, liv. 1, t. 2, § 6 [= BMJ 161, p. 83].

[330] Alvará de 10 de Maio de 1808.

[331] Regimento de 13 de Maio de 1812.

[332] Alvará de 6 de Fevereiro de 1812.

Índia

Não existe certeza sobre a data exacta da fundação da Relação de Goa[333], mas constituiu o primeiro tribunal superior erigido fora de Lisboa e do núcleo da Corte. O Regimento de 16 de Fevereiro de 1587, recolhido por José Anastácio de Figueiredo, refere-se à Relação a que tinham dado em diversos tempos diversos regimentos[334].

Um primeiro período na história da Relação de Goa decorre entre 1544 (?) e 1628. O tribunal era presidido pelo Vice-Rei e composto por 10 desembargadores, segundo o modelo organizativo da Casa da Suplicação, mas os desembargadores também acumulavam funções que em Portugal pertenciam à Mesa do Desembargo do Paço. Com a reforma filipina de 1628 foram reduzidos a quatro desembargadores, para além do chanceler.

A Relação de Goa conhecia em recurso das decisões tomadas em primeira instância pelos juízes locais, eleitos pelos habitantes (juízes ordinários), depois gradualmente substituídos por juízes de fora. Em 1774 foi extinta e a justiça organizada do seguinte modo: em primeira instância foram criados juízes de fora em Goa, Bardes e Salsete. Em segunda instância, foi criado um ouvidor, para se constituir o governador igualmente em regedor das justiças do Estado da Índia[335].

Contudo, logo em 1778 foi restaurada a Relação de Goa[336].

V. A ORGANIZAÇÃO DAS MAGISTRATURAS TERRITORIAIS

A organização da justiça ao nível local assenta em três tipos distintos de magistrados, os juízes de fora, os corregedores e os provedores, os quais exercem funções em áreas territoriais distintas.

---

[333] Carlos Renato Gonçalves Pereira indica como data de fundação o ano de 1544, com base num Regimento encontrado no mesmo Tribunal, embora Pereira e Sousa e Afonso Costa apontem 1548 (v. Carlos Renato Gonçalves Pereira, *História da administração da justiça no Estado da Índia*, 2 vols., Lisboa, Agência Geral do Ultramar, 1964; Carlos Renato Gonçalves Pereira, *Tribunal da Relação de Goa*, Lisboa, 1964; Carlos Zeferino Pinto Coelho, *Apontamentos para o Estudo da História da Relação de Goa*, Coimbra, 1900).

[334] José Anastácio de Figueiredo, *Synopsis...*, II, p. 236.

[335] Lei de 15 de Janeiro de 1774.

[336] Decreto de 2 de Abril de 1778.

A divisão territorial do país assenta nas províncias naturais, divisão relevante, desde logo, por delimitar a jurisdição dos dois tribunais superiores do reino, a Casa da Suplicação e a Relação do Porto. Algarve (como reino), Entre Tejo e Guadiana, Estremadura, Beiras, Trás-os-Montes e Entre-Douro e Minho são então as seis províncias do território continental[337].

O território continental divide-se em comarcas, cujo número não cessa de aumentar desde as Ordenações Manuelinas, de 27 comarcas existentes no início da dinastia filipina, para 38 no final do século XVIII, até 48, no final do Antigo Regime.

No final do século XVI as comarcas eram as seguintes: Porto; Viana de Foz do Lima; Ponte de Lima; Guimarães; Miranda; Moncorvo; Vila Real; Coimbra; Viseu; Lamego; Guarda; Aveiro; Pinhel; Castelo Branco; Évora; Estremoz; Elvas; Portalegre; Beja; Santarém; Leiria; Tomar; Alenquer; Setúbal; Lisboa; Tavira; Lagos[338].

Em meados do século XVIII, a organização judiciária e administrativa local com o respectivo quadro de magistrados de nomeação régia era a seguinte:

Comarca de Santarém: corregedor, provedor, juiz de fora e juiz de fora da Golegã.

Comarca de Torres Vedras: corregedor, provedor, juiz de fora e juiz de fora de Vila Franca.

Comarca de Tomar: corregedor, provedor, juiz de fora e juiz de fora de Pedrógão Grande.

Comarca de Leiria: corregedor, provedor, juiz de fora e juízes de fora de Pombal e Soure.

Comarca de Évora: corregedor, provedor, juiz de fora e juízes de fora de Cabeço de Vide, Estremoz, Redondo, Viana, Montemor.

Comarca de Elvas: corregedor, provedor, juiz de fora e juízes de fora de Campo Maior, Mourão e Olivença.

Comarca de Portalegre: corregedor, provedor, juiz de fora e juízes de fora de Arronches, Castelo de Vide, Niza e Marvão.

---

[337] Sobre estas questões, v. as obras de geografia histórica de Duarte Nunes de Leão, António Carvalho da Costa, Luís Caetano de Lima e António de Oliveira Freire. Sobre a matéria, cf. Ana Cristina Nogueira da Silva, *O Modelo Espacial do Estado Moderno. Reorganização Territorial em Portugal nos Finais do Antigo Regime*, citado, João Pedro Ferro, *A População Portuguesa no Final do Antigo Regime (1750-1815)*, Lisboa, 1995 e António Manuel Hespanha, "L'Espace Politique dans l'Ancien Regime", sep. de BFDC (1983).

[338] Por exemplo, v. Duarte Nunes de Leão, *Descripção do Reino de Portugal*, 2ª edição, Lisboa, Off. de Simão Thaddeo Ferreira, 1785.

Comarca de Aviz: ouvidor e juiz de fora e juizes de fora de Benavente, Alandroal e Coruche.

Comarca de Beja: provedor, ouvidor da Ordem de Cristo e juiz de fora de Odemira.

Comarca de Ourique: provedor e juiz de fora e juizes de fora de Almodôvar, Aljustrel e Mértola.

Comarca de Setúbal: ouvidor, provedor, juiz de fora e juizes de fora de Palmela, Aldeia Galega e Alcácer do Sal.

Comarca de Almada: ouvidor de Setúbal e juiz de fora.

Comarca de Azeitão: ouvidor.

Comarca do Porto: corregedor e juiz de fora.

Comarca de Viana: corregedor, provedor, juiz de fora e juizes de fora de Ponte de Lima, Monção e Vilanova de Cerveira.

Comarca de Guimarães: corregedor, provedor, juiz de fora e juizes de fora de Amarante e Basto.

Comarca de Castelo Branco: corregedor, provedor, juiz de fora e juizes de fora de Alpedrinha, Penamacor e S. Vicente da Beira.

Comarca de Coimbra: juiz conservador da Universidade, corregedor, provedor e juiz de fora.

Comarca da Guarda: corregedor, provedor, juiz de fora e juizes de fora de Covilhã e Seia.

Comarca de Pinhel: corregedor, juiz de fora e juizes de fora de Castelo Rodrigo, Freixo de Nemão e Trancoso.

Comarca de Viseu: corregedor, provedor, juiz de fora e juiz de fora de Azurara.

Comarca de Lamego: corregedor, provedor, juiz de fora.

Comarca de Montemor-o-Velho: corregedor, juiz de fora e juizes de fora de Torres Novas e Penela.

Comarca de Esgueira: provedor e juiz de fora de Aveiro.

Comarca de Miranda: corregedor, provedor, juiz de fora e juiz de fora de Algoz.

Comarca de Moncorvo: corregedor, provedor, juiz de fora e juiz de fora de Freixo de Espada à Cinta.

Comarca de Lagos: corregedor, juiz de fora e juizes de fora de Portimão e Albufeira. Provedor do Algarve.

Comarca de Tavira: corregedor, juiz de fora e juiz de fora de Loulé.

Na cidade de Lisboa anotam-se regras específicas. Em primeira instância, as causas são apreciadas pelos corregedores do cível e do crime de Lisboa, cujo número foi aumentando com o tempo (OF.1.49). Em recurso, conheciam destas questões os desembargadores dos agravos. Mais tarde são criados os juizes de bairro. Do mesmo modo e segundo regras que vinham da primeira dinastia, competia aos corregedores do cível ou do crime da

170 O Espírito das Instituições

Corte conhecer em primeira instância das causas intentadas no local onde se encontrasse sediada a Corte e nas cinco léguas em redor, bem como daquelas em que fossem autores ou réus moradores da casa real ou prelados isentos de outra jurisdição (cf. OF. 1.6 e 1.7). O Senado de Lisboa constitui um tribunal superior, com dignidade e estatuto similar ao dos tribunais de Relação. Ainda na cidade de Lisboa constituíam lugares letrados os de ouvidor da Alfândega, Provedor das Capelas, Provedor dos Resíduos e Juiz da Índia e Mina.

As dificuldades de delimitação exacta das comarcas persistem até ao final deste período e as sucessivas tentativas de reforma das comarcas, que se iniciaram na dinastia filipina, não vão lograr resultados úteis. João Baptista de Castro refere que já no reinado de Filipe IV, em 1638, se havia pensado na reforma das comarcas, indicando-se aos corregedores que procedessem a medições, dados que estariam, à data em que escreve, no Convento Agostiniano de N. Sr. da Graça[339]. Não pode pensar-se a comarca como uma divisão unitária do país. A descontinuidade geográfica entre as comarcas resulta da existência de terras com imunidade jurisdicional e estatuto judicial próprio. Também na área de cada comarca podemos encontrar diferentes situações judiciais e administrativas, já que as comarcas não coincidem nem com as freguesias da organização eclesiástica, nem com os concelhos.

Cada comarca tem o seu corregedor, magistrado de nomeação régia e o mais importante elo de ligação entre as comunidades locais e as instituições centrais. Exerce funções diversificadas em relação aos juizes de fora e às justiças municipais da área da comarca, que lhe asseguram um papel preeminente e de superioridade na respectiva circunscrição.

Tenho vindo a sublinhar que a formação do Estado passou por três tipos de medidas que estruturam o território e a sua organização administrativa e judicial: a multiplicação dos magistrados locais de nomeação régia; o seu pagamento pelo erário régio; e a extinção das magistraturas privilegiadas.

---

[339] João Baptista de Castro, *Roteiro Terrestre de Portugal*, 5ª ed., Lisboa, Off. de Joaquim Rodrigues d'Andrade, 1814.

Funções e competência do corregedor

As funções dos corregedores encontram-se descritas nas Ordenações de modo minucioso (OF.1.49 e 1.58)[340].

As suas funções são vastas e heterogéneas, porquanto exercem simultaneamente funções administrativas e judiciais. No final do século XVIII, um publicista escreve que os corregedores e os juizes de fora constituem os magistrados de justiça comuns e ordinários, pois que ambos têm jurisdição contenciosa, nas causas civis e criminais[341]. Na ausência de uma regra clara de separação de poderes, compreende-se, como reconhecem os tratadistas do final do século, que os juizes detenham *jurisdição política e económica*. Escreve Francisco Coelho de Sousa e Sampaio que os corregedores exercem jurisdição política pelo facto de devassarem e procederem contra os culpados e delinquentes, pelos poderes inspectivos sobre os juizes ordinários e oficiais de justiça, pelas competências sobre a conservação dos bens da Coroa, bem como pela obrigação de promoverem a segurança pública da sua comarca[342]. Pelo seu lado, os juizes de fora, continua o mesmo autor, detêm a mesma jurisdição política que o corregedor, restrita à área do seu círculo[343].

Uma indicação sucinta das suas competências legais demonstra a efectiva importância do corregedor e a multiplicidade das funções exercidas:

(i) No exercício de atribuições judiciais, julga em primeira instância as causas das *pessoas poderosas*.

(ii) Como funcionário régio, cabe-lhe prover à defesa dos direitos reais, nomeadamente em relação ao cumprimento das determinações dos

---

[340] Sobre os corregedores, v. o Regimento de 14 de Abril de 1524 e a Lei de 17 de Julho de 1527; D. Manuel proibira aos corregedores a possibilidade de invalidarem as posturas (Pascoal de Melo, *História*, tit. LXXXIX, que não identifica o texto legal), mas as OF.1.66.29 concedem-lhes tal faculdade para algumas situações.

[341] Francisco Coelho de Sousa e Sampaio, *Prelecções de Direito Patrio...*, § CLXXXVI, p. 192. Escreve o autor que os magistrados ordinários da Fazenda são os provedores e contadores das comarcas, mas também os corregedores porque lhes pertence o lançamento e arrecadação das sisas (cf. Lei de 22 de Dezembro de 1761, § 15 ss., in Monteiro de Campos, *Sistema dos regimentos...*, I, pp. 180 ss.), os almoxarifes e os juizes das alfândegas. Quanto aos magistrados políticos, o maior é o Intendente Geral da Polícia (v. Lei de 25 de Junho de 1760).

[342] Francisco Coelho de Sousa e Sampaio, *Prelecções de Direito Patrio...*, § CLXXXVIII, p. 193.

[343] *Idem, ibidem.*

forais e ao pagamento dos impostos que são devidos ao fisco. Exerce uma verdadeira tutela da legalidade e do mérito das autoridades locais, podendo anular posturas ilegais ou inconvenientes.

(iii) No exercício de atribuições de polícia, tem competência para determinar a realização de obras públicas a custas dos concelhos, nomeadamente estradas e pontes, poços e chafarizes.

(iv) No âmbito da competência inspectiva, procede a inquirições anuais do modo como os magistrados e funcionários locais exerceram os seus cargos, julgando-os, com faculdade de recurso – o que abrange juizes, meirinhos, alcaides, funcionários judiciais, advogados, carcereiros, etc. Igualmente tem o dever de verificar as cadeias locais e tomar as medidas necessárias para a sua reparação, se for caso disso.

Provedores

Devem ainda referir-se os provedores, cuja competência abarca essencialmente as questões relativas a testamentos, albergarias, capelas e confrarias na área da comarca, bem como a inspecção do modo como tutores dos órfãos e ausentes administram o património destes (OF.1.50 e 1.62)[344].

Juizes de fora

Designados por períodos de três anos, detêm funções de governo local e de jurisdição contenciosa, civil, criminal e política.

No plano local, a sua função era complementar dos almotacés (OF.1.68) e vereadores (OF.1.66), os quais exerciam localmente a jurisdição nas questões económicas e de menor relevância. Pelo Alvará de 5 de Setembro de 1774 foi retirado aos vereadores o poder de proferir sentenças definitivas, mas o sistema anterior foi restaurado logo em 1778 (Decreto de 17 de Julho).

Um dos mais importantes poderes do juiz de fora é o de presidir à vereação. Também exercem funções de polícia, sendo responsáveis pela segurança das ruas, fiscalização de fábricas, de hospitais, dos abusos nos trajes e no luxo, etc. As vastas atribuições e competências conhecem-se

---

344 Cf. o "Regimento de como se há-de tomar residência aos provedores das comarcas" em *SRR*, IV, pp. 350 ss.

Instituição e Privilégio 173

melhor pela leitura dos formulários das residências, nas quais se descrevem as matérias que são objecto de inspecção. Acumulam funções administrativas e judiciais com a intervenção na organização local, acumulação de funções contra a qual se vai rebelar o liberalismo contemporâneo.

VI. AS JUNTAS E AS JURISDIÇÕES EXCEPCIONAIS E ESPECIAIS

A racionalidade formal do Estado moderno vive permanentemente ameaçada pela manipulação da jurisdição das instituições[345]. Este resultado podia ser obtido por diversas vias, nomeadamente pela criação de órgãos *ad hoc* para o exercício de atribuições que, de outra forma, seriam da jurisdição de um tribunal superior. Tradicionalmente, estes órgãos tomam o nome de juntas. A criação de juntas obedece muitas vezes ao desígnio particular dos nossos monarcas ou dos secretários de Estado de subtrair à competência das instituições constituídas a decisão sobre um ponto controvertido. A literatura política questiona inclusivamente a vantagem da nomeação de juntas secretas[346].

A multiplicação das juntas nomeadas pelos reis ou pelos secretários de Estados para o exercício de certa competência realiza igualmente um outro objectivo no modo de funcionamento do governo: a partilha do poder, evitando que as instituições centrais e os seus magistrados acumulassem demasiado poder e autoridade.

Podemos ainda observar a criação de juntas para a preparação de legislação, a que tantas vezes os preâmbulos fazem referência, de que as mais conhecidas são a Junta do Novo Código[347] e a Junta do Código penal militar[348].

Damos, em seguida, uma nota indicativa e não exaustiva das juntas:

Junta da cobrança das dívidas da Real Fazenda, com jurisdição (Alvará de 30 de Maio de 1620), dotada de regimento (28 de Junho 1631),

---

[345] Acerca da relação entre esta questão e a independência dos juizes, v. Barbas Homem, *Judex Perfectus*, § 65 XII. V. também Martim de Albuquerque, *Política, moral...*, cit., pp. 185 e ss.

[346] António Henriques Gomes, *Politica Angelica*, p. 25.

[347] Junta para o exame e correcção da legislação e para formalizar um Novo Código (Decretos de 31 de Março de 1778 e de 12 de Janeiro de 1784).

[348] V. Decreto de 21 de Março de 1802 e Decreto de 23 de Fevereiro de 1804, que lhe determinou a redacção de um código penal da marinha.

depois incorporada no Conselho da Fazenda (Carta Régia de 13 de Abril de 1633).

Junta da administração do tabaco (Criada pelo Decreto de 14 de Julho de 1674, teve Regimentos datados de 5 de Dezembro de 1698 e de 18 de Outubro de 1702). Tem a administração da indústria e comércio do tabaco e a jurisdição cível e criminal em todas as matérias relativas a estes negócios, designadamente a faculdade de realizar julgamentos sumários (v. ainda o Alvará de 9 de Junho de 1756). A importância deste sector no financiamento do Estado justifica os amplos poderes desta instituição: os superintendentes do tabaco podiam devassar e proceder a qualquer diligência nos territórios dos donatários e fazer buscas, mesmo em conventos. A Junta do Tabaco foi presidida por pessoas da principal nobreza, sendo integrada por dez deputados, um secretário, um tesoureiro, um solicitador e pessoal menor.

Junta dos foros e censos do Algarve (Alvará de 15 de Setembro de 1766).

Junta da fazenda da Baía (Carta Régia de 19 de Outubro de 1767 e Provisão de 31 de Março de 1769).

Junta da real fazenda do Estado da Índia (Carta Régia de 10 de Abril de 1769)[349].

Junta da fazenda das Minas Gerais (Carta Régia de 7 de Setembro de 1771).

Junta da fazenda da universidade (Alvará de 28 de Agosto de 1772, instituição que substituiu a Mesa da Fazenda da Universidade). Gozava da jurisdição voluntária e contenciosas concedida ao Conselho da Fazenda.

Junta para a arrecadação do subsídio literário[350].

Junta das fábricas[351].

Junta do estado actual e melhoramento das ordens temporais[352].

---

[349] Acerca das leis aplicadas, que se diz formarem um Código Indiano, v. idem, § 3.º.

[350] O subsídio literário foi um imposto especial criado para assegurar a existência das escolas primárias e cobrado do rendimento do vinho, aguardente e vinagre, no reino, da carne, em África e Brasil, e aguardente, na Índia (Alvará de 10 de Novembro de 1772); extinto pela Carta de Lei de 21 de Junho de 1787 (§ 18.º). A partir de 1800 este imposto foi mandado arrecadar por comarcas (Decreto de 5 de Abril de 1800).

[351] Decreto de 28 de Janeiro de 1784.

[352] Decreto de 21 de Novembro de 1789 e avisos de 2 e 10 de Janeiro e de 13 de Julho de 1791. Competia-lhe, nomeadamente, outorgar a licença de aceitação de noviços (v. Decreto de 29 de Novembro de 1791).

Junta da fazenda da marinha[353].

Junta das confirmações gerais (v. Alvará de 6 de Maio de 1769), criada com o intuito de continuar as confirmações gerais iniciadas no reinado de D. João IV, e competente para apreciar os pedidos de confirmação em ofícios[354].

Mais importante para o estudo do tema da jurisdição extraordinária, encontramos as juntas de justiça:

Junta de justiça do Pará (Carta Régia de 18 de Junho de 1761).

Juntas de justiça nomeadas no Brasil (Alvará de 18 de Janeiro de 1765).

Junta de justiça criada em Macau (Alvará de 26 de Março de 1803).

Devemos ainda recordar a Junta da Casa de Bragança, criada por D. João IV, pela qual se administravam as rendas respectivas como as da Coroa[355]. Os moradores tinham juiz privativo.

Ao lado da Casa de Bragança, a Casa do Infantado, igualmente criada por D. João IV, demonstra as dificuldades de afirmação da impessoalidade do Estado moderno, perante o antecedente Estado dinástico[356]. A Casa do Infantado destinava-se a garantir a sucessão da Coroa, sendo seus administradores os filhos segundos dos reis. Em 1790 foi-lhe unido o Priorado do Crato[357]. Os magistrados e funcionários da Casa do Infantado reputavam-se nas mesmas condições do que os magistrados régios[358].

Instituída em 1656, a Casa das Rainhas é a instituição responsável pela administração do património das rainhas, dotada igualmente de jurisdição privativa dentro dos respectivos limites territoriais[359].

---

[353] Carta de Lei de 26 de Outubro de 1769 e Alvará de 26 de Outubro de 1796.

[354] Regimento com força de Lei de 6 de Maio de 1769 (in Monteiro de Campos, *Systema dos Regimentos Reais*, pp. 76 ss.). ANTT, Ministério do Reino, Maço 362. V. igualmente a "Relação Alfabética e Chronológica dos Donatários que possuem Bens da Coroa", ANTT, n.° 260 B.

[355] V., entre outras medidas, o Alvará de 2 de Janeiro de 1660. Contudo, pela Lei de 19 de Julho de 1790 (§ 26.°), determinou-se que a Junta se não imiscuísse nas questões contenciosas, nem na dispensa das leis.

[356] Cf. Maria Paula Marçal Lourenço, *A Casa e o Estado do Infantado*, já citado.

[357] Com a extinção dos ouvidores, foi dotada de juiz (Alvará de 18 de Dezembro de 1790).

[358] Decreto de 10 de Dezembro de 1665; quanto às remunerações, v. o Decreto de 13 de Março de 1758 e o Regimento de 23 de Dezembro de 1790. As Casas de Bragança e do Infantado foram igualadas em jurisdição e privilégios (Alvará de 2 de Setembro de 1785).

[359] Cf. Regimentos do Conselho da Fazenda e Estado da Rainha Nossa Senhora de 11 de Outubro de 1656 e de 11 de Março de 1786 (*SRR*, V, pp. 658 ss.).

§ 9.º
Conselhos e tribunais superiores especializados

I. MESA DA CONSCIÊNCIA E ORDENS MILITARES

Criação e fundamento

O arquétipo definido no período medieval com as *Etimologias* de Santo Isidoro de Sevilha e com a *Suma Teológica* de S. Tomás de Aquino assegura a superioridade da teologia nas exposições enciclopédicas do saber. A época é a dos teólogos juristas, isto é, de teólogos que se ocupam de temas jurídicos, debaixo da justificação de que o direito positivo se encontra vinculado ao direito natural e que esta ordem jurídica assenta na lei eterna instituída perpetuamente por Deus sobre todas as coisas, segundo a síntese tomista. Com este ponto de vista, os tratados *de iustitia et de iure* e os tratados *de legibus* apresentam uma teorização global sobre temas centrais de organização política e do direito, as formas de governo, os poderes dos reis, as regalias e a soberania.

A supremacia teórica da teologia no conjunto dos saberes assume uma vertente institucional.

Os príncipes europeus consultam juntas de teólogos sobre os grandes temas do direito internacional, em especial, quanto à conquista e à guerra nas terras descobertas. O imperador do Sacro-Império e rei de Espanha faz reunir juntas de teólogos, a quem consulta sobre aspectos decisivos da colonização na América.

Esta orientação justifica a criação em 1532, no reinado de D. João III, de uma instituição designada Mesa da Consciência, mais tarde Mesa da Consciência e Ordens, quando, por bula apostólica de 4 de Janeiro de 1551, foi determinada a união *in perpetuum* dos Mestrados das Ordens Militares de Cristo, Santiago e Avis à Coroa portuguesa[360].

A relação entre o Estado moderno e a consciência tem projecção institucional. Não pode, no entanto, esquecer-se o papel político exercido

---

[360] Fontes: Regimentos de 24 de Novembro de 1558, 3 de Janeiro de 1561, 20 de Junho de 1567, 23 de Agosto de 1608, 23 de Agosto de 1640, 12 de Agosto de 1643. Acerca das ordens militares, v. Fernanda Olival, *As Ordens Militares e o Estado Moderno: Honra, Mercê e Venalidade em Portugal (1641-1789)*, Lisboa, Estar, 2001.

Instituição e Privilégio 177

pelos confessores dos reis, à margem e para além desta instituição, prática que é, aliás, comum a outras monarquias católicas europeias[361].

A falta de referência a esta instituição nas Ordenações Filipinas é denunciada como um filipismo por Veríssimo Álvares da Silva[362].

O número de regimentos com que esta instituição foi sendo dotada ao longo do tempo contrasta com a relativa estabilidade das restantes instituições e é um sinal das funções políticas que desempenha.

A Mesa da Consciência compunha-se de um presidente e deputados, para além de outros funcionários[363].

Foi criada uma Mesa da Consciência no Brasil em 1808, decisão com grande relevo de imediato, verificado o património que aí possuía a Ordem de Cristo[364].

Competências

As funções desta instituição são peculiares no contexto europeu: constituída essencialmente por teólogos, a Mesa da Consciência constitui uma jurisdição superior especializada nas matérias de consciência do príncipe. A importância desta instituição tem sido destacada por Martim de Albuquerque por ter permitido proferir decisões contrárias aos interesse e à vontade do rei, mas com cujas decisões se conformaram os nossos reis[365].

Instituída por D. João III em 1532, como Mesa da Consciência, em 1551 foram-lhe anexados os mestrados das três ordens militares, exercendo desde então funções de natureza administrativa e jurisdicional[366].

---

[361] Para as duas primeiras dinastias, v. Francisco Marques, "Franciscanos e Dominicanos, confessores dos reis portugueses das duas primeiras dinastias", em *Espiritualidade e Corte em Portugal, séculos XVI-XVIII, Actas do Colóquio*, Porto, 1993.

[362] Veríssimo Álvares da Silva, *Introducção ao Novo Codigo, ou Dissertação Crítica sobre a Principal Causa da Obscuridade do Nosso Codigo Authentico*, Regia Officina Typographica, 1780, p. 20.

[363] Os ordenados respectivo foram previstos e actualizados pelo Alvará de 23 de Março de 1754.

[364] Guilherme Pereira das Neves, *E Receberá Mercê: A Mesa da Consciência e Ordens e o Clero Secular no Brasil 1808-1828*, Rio de Janeiro, Arquivo Nacional, 1997.

[365] Martim de Albuquerque, "Política, moral e direito..", pp. 85 ss.; idem, *Tesouros da Torre do Tombo...*, pp. 271 ss.; v. também Maria do Rosário Barata, *As Regências...*, II, pp. 7 e ss.

[366] Na historiografia, v. Martim de Albuquerque, "Política, Moral e Direito...", pp.185-193 e o regimento desta instituição de 23 de Agosto de 1608, pp. 219 ss.; Charles

178 *O Espírito das Instituições*

Tinha jurisdição sobre os bens das três ordens militares, o resgate dos cativos, a Universidade de Coimbra (até às reformas pombalinas), e a autoridade para consultar o rei nos casos que entendia *tocassem à consciência*[367]. Esteve operante até 1833 como tribunal das ordens militares. A Carta Régia de 20 de Maio de 1620 proíbe aos tribunais que se *intrometam* com as pessoas que se acharem presas à ordem da Mesa da Consciência e Ordens ou em quaisquer outras matérias da competência privativa desta instituição[368].

Nas suas atribuições conta-se a administração dos bens das ordens militares, designação para as capelanias e vigararias das ordens, autorização para tomarem conta das fábricas dos conventos, etc. Também lhe competia uma acção inspectiva de hospitais, institutos de caridade, obras pias da Coroa, Universidade e exercia também funções judiciais como tribunal dos freires e cavaleiros das Ordens.

Era também a Mesa da Consciência que tomava juramento aos secretários dos reis.

Dos arquivos podemos ainda surpreender o exercício pela Mesa da Consciência e Ordens Militares de uma atribuição crucial para o funcionamento das monarquias, ao lado do Conselho de Estado: a verificação dos impedimentos dos reis que justificam a sua substituição temporária[369].

Recurso

A Mesa da Consciência tinha jurisdição contenciosa sobre as causas em que era competente[370]. Salienta-se este aspecto, por estarmos perante uma das características estruturais da organização administrativa pré-liberal.

Marcial de Witte, " Le "Regimento de la Mesa da Consciencia du 24 de Novembre de 1558, *RPH* 9, pp. 277-284; António Manuel Hespanha, *As Vésperas...*, I, p. 459.

[367] Fontes: Regimentos de 24 de Novembro de 1558, 3 de Janeiro de 1561, 20 de Junho de 1567, 12 de Agosto de 1608, 23 de Agosto de 1640 e 12 de Agosto de 1643.

[368] João Pedro Ribeiro, *Índice cronológico...*, IV, p. 21 e em Borges Carneiro, *Resumo Cronológico...*, II, s. n.º 770.

[369] ANTT, Mesa da Consciência e Ordens Militares, maço 35.

[370] Sobre a sua jurisdição e a do Conselho da Índia, v. o Alvará de 2 de Janeiro de 1606 (*SRR*, I, p.480); foi preservada a competência da Mesa do Desembargo do Paço para conceder o privilégio de isenção do pagamento de coimas (Alvará de 14 de Abril de 1612).

Das decisões tomadas na Mesa da Consciência cabia recurso à Coroa, como de recurso de juiz eclesiástico se tratasse[371].

Esta possibilidade de recurso justificou uma interpretação política, a de ser a Mesa da Consciência uma *invenção* dos reis de Portugal para usurpar a jurisdição eclesiástica[372].

II. SANTO OFÍCIO

Criação e competência

O Santo Ofício foi instituído em 23 de Maio de 1536 a pedido de D. João III, mas o seu primeiro regimento data de 1552.

Tinha jurisdição criminal no domínio dos crimes de heresia, judaísmo, feitiçaria, sodomia e bigamia, entre outros. Contudo, apenas podia aplicar penas espirituais, entregando (*relaxando*) os condenados às autoridades temporais (o braço secular) para aplicação de outras penas.

Pertencia-lhe também a censura de livros, ao lado do Desembargo do Paço, e a visita das naus, a fim de evitar a entrada no país de hereges e de livros e papéis proibidos.

São conhecidas as controvérsias mantidas pelo Santo Ofício – com os bispos por causa da jurisdição respectiva e das rendas das dioceses, com os cristãos-novos, com correntes espirituais renovadoras (como os jacobeus, 1745), com diversos escritores que censuram os seus critérios de actuação (P. António Vieira, Henriques Gomes, Vila Real, no século XVII, D. Luís da Cunha, Verney, Alexandre de Gusmão, etc.) e com o próprio papado que chegou a suspender processos (1676) e inquisidores (1678). Apesar destes factos, subsiste até ao liberalismo. É em especial a opinião pública iluminada quem mais se revolta contra a existência do Santo Ofício ou contra algumas das suas práticas: as testemunhas secretas; a utilização reiterada da tortura; a prisão durante o processo; a admissibili-

---

[371] Resolução de 26 de Maio de 1643, depois declarado pelo Alvará de 18 de Setembro de 1801 (§ 1.º), de que não cabe recurso nas questões de administração e arrecadação de bens da Coroa. V. ainda o decreto de 7 de Maio de 1699.

[372] *Corpo Diplomático*, V, pp. 139-140; sobre os privilégios dos deputados desta instituição, v. na mesma obra, t. X, pp. 129 e 234, o breve de Pio IV *Dudum nobis* de 5 de Outubro de 1563 e o breve de Pio V *Provisionis nostrae*, de 12 de Abril de 1567 e a *História Genealógica*, III, 599-600. Outras queixas do clero são referidas por J. P. Ribeiro, *Reflexões Históricas*, II, p. 115.

dade da denúncia e testemunho de outros presos; a execução dos condenados nos autos de fé.

Organização

O Santo Ofício é uma instituição do Estado. É o rei quem designa o Inquisidor-Geral e é este quem, por sua vez, nomeia todos os inquisidores, funcionários e familiares. Os funcionários e familiares do Santo Ofício submetiam-se a longos processos de averiguação da *limpeza de sangue*.

O Santo Ofício continha três tribunais no reino, em Lisboa, Évora e Coimbra. Cada um dispunha de uma mesa de justiça constituída por três inquisidores, assistidos por um número variável de deputados e funcionários, e de cadeias próprias. Como instância superior e de recurso existia o Conselho Geral, presidido pelo Inquisidor Geral e por outros deputados. O Santo Ofício dispunha de um *fisco* privativo.

De acordo com uma política regalista, foi-lhe atribuído o tratamento de Majestade, pelo novo Regimento pombalino[373].

III. REAL MESA CENSÓRIA

A Real Mesa Censória foi criada por Lei de 5 de Abril de 1768[374], com jurisdição exclusiva sobre livros e outros *papéis*, nomeadamente a impressão, comercialização e venda, sendo competente para proceder ao exame e aprovação para publicação ou para autorizar a introdução no reino de quaisquer livros.

---

[373] Regimento de 1 de Setembro de 1774.

[374] Cf. OF.5.102; v. António Baião, "A censura literária da Inquisição no século XVII", *in Boletim da 2ª Classe da Academia das Ciências*, IX, pp. 356-379; José Timóteo da Silva Bastos, *História da Censura Intelectual em Portugal (ensaio sobre a compressão do pensamento português)*, Coimbra, 1926; António Ferrão, *A Censura Literária durante o Governo Pombalino*, Coimbra, 1926; I. S. Révah, *La Censure Inquitorial Portugaise au XVI. é. Siècle. Étude accompagnée de la reproduction en fac-simile des Index*, I, Instituto de Alta Cultura, 1960; Maria Adelaide Salvador Marques, *A Real Mesa Censória e a Cultural Nacional. Aspectos da geografia cultural portuguesa no século XVIII*, Coimbra, 1963; Maria Piedade Braga Santos, "Actividades da Real Mesa Censória – Uma Sondagem", *História e Filosofia* 2 (1983), pp. 337-440.

Instituição e Privilégio   181

Para o exercício das suas funções foi-lhe atribuída jurisdição civil e criminal.

Era constituída por um presidente e sete deputados ordinários, dos quais um inquisidor da Mesa do Santo Ofício e outro vigário-geral do Patriarcado de Lisboa. Podia ainda integrar deputados extraordinários, sem número fixo.

Cabia-lhe a inspecção das escolas menores, a administração e direcção do Colégio dos Nobres, bem como a direcção de todas as escolas e professores[375].

A Real Mesa Censória viria a ser extinta em 1787 e criada em sua substituição a Mesa da Comissão Geral sobre o Exame e Censura de Livros[376]. Esta, por sua vez, viria a ser extinta em 1794[377].

A partir de 1794 regressa-se, portanto, ao sistema anterior à criação da Real Mesa Censória. São três as autoridades competentes simultaneamente para a censura de livros: pontifícia, real e episcopal, a primeira exercida pelo Santo Ofício, a segunda pela Mesa do Desembargo do Paço e a terceira pelos bispos[378].

Permanece sob forte escrutínio a importância efectiva da reforma dos estudos levada a cabo pela Mesa Censória, nomeadamente quanto à realização dos fins que justificaram a sua criação: o combate à ignorância e a difusão da cultura e da ciência. As últimas investigações demonstram a distância que vai da criação por via legislativa de escolas e a sua existência efectiva. De outro lado, a destruição do sistema escolar que estava a cargo da Companhia de Jesus, e que efectivamente existia, gerou um vazio que não foi preenchido.

IV. CONSELHO DA FAZENDA

A importância da organização fiscal para o nascimento do Estado moderno não carece de ser sublinhada. A literatura sobre as receitas fiscais reflecte este estado de coisas, pelo menos desde o período posterior a Alcácer Quibir:

Francisco Carneiro, *Relação de todas as rendas da Coroa* (1593); Figueiredo Falcão, *Livro de toda a Fazenda real* (1607); Fernando Lou-

---

[375] Alvará de 4 de Junho de 1771.
[376] Carta de Lei de 21 de Junho de 1787.
[377] Carta de Lei de 17 de Dezembro de 1794.
[378] Alvará de 30 de Julho de 1795.

reiro, *Relação das rendas da fazenda real* (1621); Simão Soares, *Livro das rendas e fazendas da Coroa* (1622).

Uma criação filipina, o Conselho da Fazenda encontrava-se dividida em quatro repartições: negócios do reino; Índia, Mina, Guiné, Brasil, S. Tomé e Cabo Verde; mestrados das Ordens Militares e ilhas dos Açores e Madeira; restantes lugares de África.

Os assuntos que anteriormente eram decididos pelos vedores da fazenda e pelas Casas da Índia e dos Contos passaram a estar concentrados numa única instituição. A Casa da Índia, a Casa dos Contos e todos os funcionários fiscais do ultramar dependiam da nova instituição, para além das alfândegas e portos secos, provedores, almoxarifes e seus recebedores e escrivães.

O Conselho da Fazenda dispunha de competência própria. Porém, quando o assunto ultrapassava a sua competência, elaborava uma consulta ou parecer que apresentava ao rei, para decisão. Muitas vezes, estas consultas constituíam o embrião de medidas legislativas, cuja redacção era usualmente confiada pelo rei às instituições superiores, segundo a sua especialização funcional. Quando o tribunal da Junta do Comércio é extinto em 1720, as suas atribuições foram cometidas ao Conselho da Fazenda.

O Conselho da Fazenda era composta por um vedor, como presidente, e quatro conselheiros, dos quais dois letrados. Integravam-na ainda quatro escrivães, responsáveis pelos papéis das quatro repartições em que internamente se dividia.

As reformas de D. João IV criaram apenas três repartições, entregues a três vedores da fazenda: reino; África, Contos e Terças; Índia, armazéns e armadas. Para além dos vedores e do Procurador da Fazenda passam a integrar o Conselho da Fazenda conselheiros letrados e conselheiros de capa e espada.

O Conselho da Fazenda que até 1761 apenas tinha competência voluntária é dotado, a partir de então, com jurisdição contenciosa privativa sobre as causas respeitantes à arrecadação das rendas e bens da Coroa, processando e decidindo as execuções remetidas do Tesouro Geral[379].

Mais tarde, o Conselho da Fazenda é integrado no Erário Régio (1790).

---

[379] Fontes: Regimento de 20 de Dezembro de 1591; Alvará de 29 de Setembro de 1644; Lei de 22 de Dezembro de 1761. V. Virgínia Rau, *A Casa dos Contos. Publicação Comemorativa do centenário do Tribunal de Contas*, Coimbra, 1951; José Mendes da Cunha Saraiva, *A Administração Superior da Fazenda e os seus Ministros*, Lisboa, 1952 e *Magistrados do rei D. João V*, Lisboa, 1943.

V. ERÁRIO RÉGIO

Com a criação, pela Carta de Lei de 22 de Dezembro de 1761, do Erário Régio, foi extinta a Casa dos Contos e respectivos ofícios, nomeadamente o de contador mor.

O Erário Régio tem como primeira atribuição a cobrança dos direitos e rendas da fazenda real, centralizando o recebimento das receitas e a realização das despesas públicas. Para este efeito, foi dotado de jurisdição privativa.

Presidido pelo Inspector-Geral do Tesouro, o Erário Régio inclui quatro contadorias, para arrecadação dos impostos e rendas entregues por corregedores, juizes, almoxarifes, contratadores e tesoureiros. São elas, Corte e Estremadura; Açores e Madeira; África, Maranhão e Baía; Rio de Janeiro, África Oriental e Ásia.

As contadorias são providas em contadores gerais habilitados com os conhecimentos da *ciência do cálculo mercantil* e da arrumação dos livros pelo sistema das partidas dobradas. Internamente, o Erário inclui três tesourarias, responsáveis pelos ordenados, tenças e juros, respectivamente.

A criação do Erário Régio foi decisiva para o controlo da despesa do Estado. A simples consulta aos seus arquivos permite-nos tomar conhecimento de toda a máquina do Estado do final do antigo regime, pois todos os pagamentos da responsabilidade do Estado se encontram devidamente assentados nos livros respectivos[380].

VII. O CONSELHO ULTRAMARINO

Conselho da Índia

Como o comércio e a navegação com o Oriente constituíam um monopólio régio, existe desde o século XVI a Casa da Índia, com regimento datado de 1509. Após o descobrimento do Brasil tem também a responsabilidade de assegurar as condições necessárias ao seu povoamento. Com a abertura do comércio do oriente a todos os súbditos portugueses, passa a ter a função de alfândega.

---

[380] No Arquivo Histórico do Tribunal de Contas encontram-se os fundos arquivísticos, nomeadamente livros de registo de posses, ordenados dos oficiais do Estado – Secretários de Estado, Inquisidor Mor, oficiais militares, conselheiros e desembargadores, etc.

O Conselho da Índia foi criado em 6 de Julho de 1604, com competência para administrar os assuntos da Guiné e da Índia, depois também os do Brasil (Regimento de 26 de Julho de 1604)[381]. Viria a cessar o seu funcionamento em 1614.

Tinha competência sobre «todas as matérias e negócios de qualquer qualidade que forem» tocantes aos estados da Índia, Brasil, Guiné, S. Tomé e Cabo Verde, e mais partes ultramarinas, nomeadamente prover os ofícios dos bispados, da justiça, da guerra e da fazenda. Dispunha de jurisdição privativa perante as outras instituições superiores, como o Conselho da Fazenda.

O Conselho era composto pelo presidente, dois conselheiros de capa e espada e dois conselheiros letrados, sendo um canonista. As antiguidades dos conselheiros de capa e espada são contadas de modo autónomo em relação aos letrados. Como pessoal auxiliar integrava dois secretários e dois porteiros.

Criação e competência

Uma das mais importantes reformas de D. João IV é a criação do Conselho Ultramarino, em 1642.

Segundo o Regimento de 14 de Julho de 1642 competia-lhe decidir

> «...todas as matérias e negócios de qualquer qualidade que forem tocantes aos ditos Estados da Índia, Brasil e Guiné, Ilhas de S. Tomé e Cabo Verde, e de todas as demais partes do ultramar, tirando as ilhas dos Açores e Madeira, e lugares de África; e por ela há-de correr a administração da fazenda dos ditos Estados»[382].

Assim, cabia a esta instituição propor o provimento dos lugares de fazenda e justiça no ultramar, bem como preparar as instruções para vice-reis, governadores e capitães que fossem providos, entre outras importantes competências.

O Regimento do Conselho Ultramarino de 14 de Julho de 1642 foi aprovado de acordo com o princípio de diferenciação funcional das insti-

---

[381] *CCLP*, p. 87. Noutros lugares pode encontrar-se a data de 3 de Agosto de 1604. V. Francisco Mendes da Luz, *O Conselho da Índia*, Lisboa, 1952.

[382] *SRR*, IV, pp. 477 ss. Sobre esta instituição, v. em especial, Marcello Caetano, *O Conselho Ultramarino. Esboço da sua História*, cit.

tuições superiores da monarquia. A esta exigência de especialização faz referência o preâmbulo do citado regimento, como justificação para a criação autónoma de um *Conselho*, por onde corressem as consultas relativas aos estados da Índia, Brasil, Guiné, Cabo Verde, e restantes partes ultramarinas. Excluem-se as ilhas dos Açores e da Madeira[383].

Em relação aos territórios ultramarinos, compete à nova instituição a administração da fazenda, a nomeação dos funcionários, a decisão quanto às naus e navios que devem ir para a Índia e conquistas, as pessoas que devem ir, as armas com que devem estar aparelhados, e o tempo da partida. A criação do Conselho Ultramarino implicou uma correlativa diminuição de competências das outras instituições superiores, designadamente da Mesa do Desembargo do Paço, do Conselho da Fazenda e da Mesa da Consciência e Ordens[384]. Ao Conselho Ultramarino também pertence o despacho dos pedidos de mercês relativas ao Ultramar.

A repartição funcional de poderes assegura que a administração dos bens que venham do ultramar para Portugal corra pelo Conselho da Fazenda. Do mesmo modo, a provisão dos bispados e dos assuntos eclesiásticos no ultramar compete à Mesa da Consciência e Ordens.

As autoridades administrativas do ultramar correspondem-se com o rei por intermédio do Conselho Ultramarino.

Como atrás observámos, a criação em 1736 do Secretário de Estado dos Negócios da Marinha e Ultramar veio determinar uma restrição da intervenção do Conselho Ultramarino. De facto, passa a competir a este ministro a nomeação dos vice-reis, governadores e capitães da Índia, Brasil, Angola, Madeira, Açores, Cabo Verde, presídios de África, bem como o provimento de todos os postos militares, de justiça e fazenda naqueles mesmos territórios. A correspondência com estes funcionários e magistrados fica igualmente na competência do Secretário de Estado.

Com as reformas institucionais josefinas, é atribuída ao Conselho Ultramarino jurisdição contenciosa no domínio financeiro[385].

---

[383] Regimento do Conselho Ultramarino de 14 de Julho de 1642, in Monteiro de Campos, *Sistema dos Regimentos Reais*, IV, pp. 477 ss., em especial § V.

[384] No que respeita à conjugação recíproca da Mesa da Consciência e o Conselho da Índia já se havia pronunciado o Alvará de 2 de Janeiro de 1606 (in Monteiro de Campos, *Sistema dos Regimentos Reais*, IV, pp. 480 ss.).

[385] Alvará de 16 de Junho de 1763.

Composição

O Conselho Ultramarino era composto por um presidente, inicialmente o vedor da fazenda da repartição da Índia, por dois conselheiros de capa e espada e um conselheiro letrado e por pessoal menor. O funcionamento interno desta instituição corresponde ao modelo das restantes instituições superiores, quer no que respeita às regras de organização, quer no que concerne ao seu funcionamento interno.

VIII. JUNTA DOS TRÊS ESTADOS

A Junta dos Três Estados foi criada por D. João IV, por Alvará de 18 de Janeiro de 1643, essencialmente com finalidades de administração militar, nomeadamente cuidando do fornecimento e pagamentos das tropas e praças do reino, dos soldados aos generais. Tinha *jurisdição e autoridade* para o despacho do Regimento das décimas, real de água, e outros tributos, «sem embargo de quaisquer leis e ordenações, que em contrário haja». Não devia conhecer de petições de partes, matéria reservada para os juízos dos feitos da fazenda[386]. Foi dotada de um novo regimento em 9 de Maio de 1654 e atribuída jurisdição sobre as contribuições lançadas para defesa do país (Regimento de 3 de Novembro de 1674) e, em 1661, também para resolver as dúvidas quanto ao Regimento dos Novos Direitos (Regimento de 11 de Abril de 1661).

A Junta teve um novo regimento em 1721 (29 de Dezembro de 1721). Nas suas funções incluía-se a arrecadação dos tributos necessários ao exército, mas com exclusão de qualquer jurisdição sobre os militares. A jurisdição sobre as coudelarias viria a ser-lhe retirada em 1736. Pela Lei de 5 de Agosto de 1779 passou a ser competente pela inspecção das fortificações, alargada em 1791 a todos os arsenais e armazéns do reino.

A Junta dos Três Estado era composta por sete deputados, dois por cada estado e um escolhido pelo rei, todos nomeados pelo monarca, coadjuvados por um oficial e um secretário.

Em meados do século XVIII, já D. Luís da Cunha aponta a sua inutilidade e as vantagens na sua extinção[387]. Apenas veio a ser extinta por

---

[386] Alvará de 18 de Janeiro de 1643, *Provas da História Genealógica*, tomo IV, II³ parte, pp. 412-413.

[387] D. Luís da Cunha, *Instruções Inéditas de D. Luís da Cunha...*, p. 194.

Instituição e Privilégio 187

D. João VI, então regente, eventualmente pela participação no projecto de pedido de um rei a Napoleão, transferindo-se as atribuições e jurisdição para o Conselho da Fazenda e para o Conselho de Guerra (Alvará de 8 de Abril de 1813).

IX. JUNTA DO COMÉRCIO

Debaixo de uma designação comum, Junta do Comércio, existiram instituições distintas.

A Junta da Companhia Geral do Comércio do Brasil foi instituída por D. João IV por Alvará de 10 de Março de 1649, confirmatório dos privilégios outorgados e reconhecidos à Companhia criada por homens de comércio do reino para armarem naus de guerra destinadas a proteger as expedições das naus comerciais entre Portugal e o Brasil, esquema de reconhecimento público da iniciativa privada[388]. Viria a ser extinta em 1720, porquanto, como se diz no Alvará de 1 de Fevereiro, os cabedais da Companhia se extinguiram e por Decreto de 16 de Agosto de 1664 se incorporaram na Coroa, transferindo-se as suas atribuições para o Conselho da Fazenda[389].

A Junta do Comércio foi criada por decreto de 30 de Setembro de 1755 (como junta de homens de negócios), os seus estatutos foram aprovados por Alvará de 16 de Dezembro do mesmo ano, vindo as leis de 30 e Setembro e de 13 de Novembro de 1756 a regular o seu funcionamento enquanto tribunal especial de comércio[390].

Tinha nomeadamente jurisdição para mandar proceder à vistoria dos navios, mas a sua jurisdição não se sobrepunha à dos tribunais comuns[391].

Em 1788, a Junta do Comércio foi elevada a tribunal supremo, sendo a presidência assegurada pelo presidente do Real Erário (Carta de lei de 5 de Junho de 1788; depois separado do Erário, segundo o Decreto de 6 de Janeiro de 1801).

---

[388] Publicado nas *Provas da História Genealógica*, tomo IV, IIª parte, pp. 415-417.

[389] *Provas da História Genealógica*, tomo IV, IIª parte, pp. 417-422.

[390] V., ainda, as Leis de 1 de Setembro de 1757 e de 12 de Março de 1760.

[391] Lei de 1 de Fevereiro de 1758 e avisos de 1 de Abril e de 4 de Abril de 1786. Acerca dos seguros, pode recordar-se o regulamento da Casa dos Seguros aprovados pela Resolução de 15 de Julho de 1758 e depois pelo Alvará de 11 de Agosto de 1791, que extinguiu a propriedade do ofício de corretor e provedor dos seguros de Lisboa e incorporou a sua jurisdição na Junta do Comércio. O assento de 7 de Fevereiro de 1793 determinou que as causas de seguros eram da jurisdição da Casa dos Seguros.

§ 10.º
As instituições e a disciplina dos ofícios

I. ÉTICA DOS OFÍCIOS

O funcionamento das instituições do Estado exige funcionários. Como escolher os melhores para o seu exercício? E como garantir que a todo o tempo os funcionários continuam a ser os melhores?

O problema da ambição, nomeadamente para o exercício de cargos públicos, foi objecto de uma complexa teorização por parte da teologia moral e jurídica medieval. O tema constitui uma preocupação central do debate ético no período em estudo. Interessa-nos apenas na medida em que permite responder a questões bem delimitadas para a história do Estado.

É importante recordar que a ética política dos tempos medievais assenta em bases greco-romanas e nela encontramos institutos controvertidos nos tempos modernos, designadamente magistraturas não remuneradas e escolha dos titulares dos cargos através de sorteio. Para os juristas e escritores políticos do renascimento e do barroco não era aceitável este espírito das instituições gregas e romanas, porque a condução do Estado exige regras e funcionários de outro tipo – se bem que fosse exigível aos titulares do poder e aos funcionários um comportamento que se inspira na ética da Grécia e da Roma republicanas. Para os juristas, em especial, impunha-se uma conclusão: a da inaplicabilidade do direito romano à organização e funcionamento das instituições, isto é, ao direito público, matéria, como dirá a *Lei da Boa Razão* numa explicação liminar, que os romanos nem chegaram a conhecer.

> «Sendo muito mais racional e muito mais coerente que nestas interessantes matérias se recorra antes em caso de necessidade ao subsídio próximo das sobreditas leis das nações cristãs, iluminadas e polidas, que com elas estão resplandecendo na boa, depurada e sã jurisprudência...» (Lei de 18 de Agosto de 1769, § 9).

De outro lado, assente a ética das virtudes a que atrás nos referimos, questiona-se se é lícito às pessoas ambicionarem o exercício de cargos públicos, se os podem pedir para si ou para outrem e se podem candidatar-se a eles. A ambição em exercer cargos públicos é um tema controvertido até ao século XVIII, com respostas divergentes na literatura da época.

Para Thomas de Vio (1469-1534, o Cardeal Caetano) – autor que assentou as bases da estrutura mental do Estado monárquico moderno, segundo Paolo Prodi[392] – a ambição é o excessivo desejo de honra e, como tal, é pecado[393].

Na literatura política do barroco encontramos o mesmo tipo de ideias[394]. Duas referências doutrinárias ilustram este pensamento.

António Carvalho de Parada aponta que devem escolher-se as pessoas que *fogem dos cargos* e rejeitar-se aquelas que os pretendem[395].

Frei Jacinto de Deus enumera entre os requisitos para a selecção dos oficiais o serem *sem ambição*[396].

Na eleição dos cargos de *governo local*, como os de vereador, a legislação proíbe que os interessados manifestem interesse ou a intenção em serem nomeados eleitores desses cargos[397]. Pode esta norma tornar-se orientação geral para o acesso a todos os cargos do Estado?

Com interesse para o direito dos funcionários, foi estabelecida uma primeira conclusão – a proibição da simonia ou venalidade dos cargos públicos.

Os moralistas não aceitam que os interessados solicitem, para si ou para os seus familiares, a concessão de ofícios públicos. Contudo, esta postura ética é dificilmente conciliável com a organização do Estado, com as suas centenas de ofícios, para as quais eram necessários outros tantos titulares.

Em vez de ambição, fala-se doravante em interesses económicos, procurando-se obter a máxima conciliação entre os interesses do oficial e os da colectividade.

Juristas como João Pinto Ribeiro, António de Sousa de Macedo, Manuel Álvares Pegas e Nicolau Coelho de Landim expuseram nos seus livros as regras fundamentais sobre o acesso às funções públicas e os salários dos funcionários[398]. Na obra de António de Sousa de Macedo encontramos uma afirmação que é o axioma básico de quem presta o serviço real:

«Não há amor humano senão por interesse»[399].

---

[392] Paolo Prodi, *Uma História da Justiça*, p. 203.

[393] *Suma Caeitana...*, p. 7.

[394] Cf. *Judex Perfectus*, § 42, II, que seguimos nesta parte.

[395] António Carvalho de Parada, *Arte de Reynar*, liv. V [= ff. 220 ss.].

[396] Frei Jacinto de Deus, *Brachilogia de Princepes*, António Craesbeck de Mello, Lisboa, 1671, pp. 215 ss.

[397] Cf. OF. 1.67 e o "regimento de como se farão as eleições de vereadores, procuradores, e oficiais das câmaras destes reinos" (*SRR*, V, pp. 440 ss.).

[398] Sobre estas questões, v. *Judex Perfectus*, § 63.

[399] António de Sousa de Macedo, *Armonia Politica...*, p. 34.

190   *O Espírito das Instituições*

Um pensamento célebre de Montesquieu explica esta conciliação entre paixões e interesses, ao referir que os homens podem encontrar-se perante situações em que as paixões os levariam a decidir com maldade, mas é o interesse que os leva a não o fazer (*O Espírito das Leis*, XXI, 20). O utilitarismo falará a este respeito em paixões inúteis. A transição entre a visão cristã tradicional e o Estado moderno foi mediada por uma nova ética, disciplina e deontologia profissionais, assente em concursos para a selecção dos funcionários, que assegurem em todas as situações a selecção das melhores pessoas, e na fixação de remunerações que assegurem o justo pagamento ao oficial.

A síntese do primeiro professor de direito processual na Universidade recorda-nos estes tópicos:

> «Pouco importa ao Estado, que o Julgador tenha inteireza por amor da Justiça, por honra do cargo, por interesse do seu adiantamento pessoal. Exista a integridade na prática de julgar; e tanto basta ao bem da sociedade: mas a existência deste bem social será sempre mais precária, quando o juiz não for responsável dos abusos da sua autoridade»[400].

Apenas para o provimento dos juizes de fora e corregedores existe um concurso propriamente dito. Nestes casos, é evidente que não basta ao Estado que se considere como primeiro dos pecados do juiz o pretender exercer funções sem ter as habilitações necessárias[401]. A construção da burocracia teve, assim, de passar por instrumentos criados ou regulados de modo inovador: concursos para a selecção dos funcionários e regras sobre a progressão na carreira de acordo com critérios de antiguidade e de mérito. Pascoal de Melo foi o maior teorizador desta nova ética e disciplina dos ofícios. Para o lente de direito português na Universidade, não é crime o facto que, embora ilícito, não é prejudicial à sociedade ou aos cidadãos. É o caso da ambição em exercer cargos públicos[402].

---

[400] José Inácio da Rocha Peniz, *Da influencia do foro sobre a felicidade pública*, p. 6.

[401] Entre muitos outros, António Vanguerve Cabral, *Pratica Judicial*, Lisboa, Officina de Carlos Esteves Mariz, 1740.

[402] Pascoal de Melo Freire, *Instituições do Direito Criminal* ..., tit. 1, § 6 [= *BMJ*, 155, pp. 60-61].

II. ORGANIZAÇÃO INTERNA

As instituições superiores do Estado são compostas por cargos com natureza muito diversificada. Na sua organização interna identificamos:

(i) Um dirigente máximo (presidente, regedor ou governador).

(ii) Conselheiros, desembargadores e procuradores.

(iii) Pessoal letrado: escrivães, tabeliães, contadores, inquiridores, distribuidores, secretários, oficiais superiores. Esta categoria de funcionários desempenha funções auxiliares dos conselheiros e desembargadores, para elas se exigindo aptidões pessoais, entre as quais conhecimentos literários.

(iv) Pessoal subalterno: porteiros, meirinhos, etc. Estas pessoas estão essencialmente encarregadas de funções técnicas e específicas.

FUNCIONÁRIOS DOS CONSELHOS E TRIBUNAIS

COMPOSIÇÃO	FUNÇÃO	ESTATUTO
Presidente Regedor (Casa da Suplicação) Governador (Relação)	Dirige a instituição e assegura o seu regular funcionamento, quanto ao pessoal e às instalações Relaciona-se com o rei e os secretários Em regra, não toma parte nas decisões em matéria de justiça	Designado por três anos, renováveis Escolhido entre pessoas da principal nobreza
Conselheiro de capa e espada (fidalgos)	Prepara as consultas	Designado a título vitalício pelo rei
Conselheiro letrado Desembargador (corregedores; ouvidores; etc.)	Prepara as consultas Delibera em matéria de justiça em conferência	Designado a título vitalício pelo rei
Procurador	Representa os interesses da Coroa e da Fazenda É a principal ligação entre os secretários e os conselhos Fiscaliza o cumprimento da lei	Designado a título vitalício na função judicial. O avanço de lugar corresponde a uma promoção a desembargador ou conselheiro letrado
Pessoal letrado	Escreventes (escriturários) Tesoureiro Etc.	Cargos concedidos pelo rei, sem prazo Admitidas as renúncias (hereditariedade) e as serventias (locação) se autorizadas A doutrina e a jurisprudência confirmam a natureza hereditária Os lugares não são providos por concurso
Pessoal subalterno	Porteiros Meirinhos Etc.	Cargos concedidos pelo rei, sem prazo Admitidas as renúncias (hereditariedade) e as serventias (locação) se autorizadas A doutrina e a jurisprudência confirmam a natureza hereditária Os lugares não são providos por concurso

Instituição e Privilégio 193

MAGISTRADOS JUDICIAIS

RECRUTAMENTO

Concurso
Proposta do Desembargo do Paço
Nomeação régia

PROVIMENTO

Temporário:
– três anos (juizes de fora; corregedores)
– seis anos (desembargadores ultramarinos)
Vitalício (desembargadores)

REQUISITOS

– idade superior a 25 anos e sexo masculino
– grau de bacharel: estudos de direito civil ou canónico (8 anos até à reforma pombalina; depois, 5
anos)
– estágio forense
– leitura de bacharéis (aprovação pelo Desembargo
do Paço)
– outros (*limpeza* de sangue; inquérito sobre o carácter e vida pública, etc.)

SALÁRIOS

Fixos, pagos pelo Estado
Emolumentos

**VENDA
DO CARGO**

Proibida

**HEREDITARIEDADE
NO CARGO**

Não permitida. Mas é comum a atribuição de nomeações temporárias em lugares de primeira instância
em atenção aos serviços de ascendente. Também se
conhecem situações de substituição (serventias autorizadas)

OFÍCIOS NÃO JURISDICIONAIS

RECRUTAMENTO

Requerimento do interessado, eventualmente implicando a demissão do oficial provido, existindo erros no exercício (cartas *se assim é*)

Proposta do conselho ou tribunal
Nomeação régia, delegada nas instituições superiores de acordo com a sua especialização

PROVIMENTO

Vitalício, em regra

REQUISITOS

– idade; sexo masculino
– competência pessoal

SALÁRIOS

Fixos
Emolumentos

**VENDA
DO CARGO**

Proibida
Admitidas as serventias (locação do ofício), com regras (aptidão do nomeado, limites à renda)

**HEREDITARIEDADE
NO CARGO**

Permitida apenas com autorização do rei (renúncia)

III. ORGANIZAÇÃO E FUNÇÃO PRESIDENCIAL

Existe um elemento característico destes conselhos e tribunais superiores que deve ser sublinhado: o seu presidente é designado de entre pessoas da principal nobreza, por mandatos limitados. Estudos recentes têm procurado encontrar respostas aos problemas das elites e sua *circulação* e do estatuto da nobreza do reino precisamente através das escolhas feitas pelos reis para a presidência das instituições[403].

Considerando o objecto do presente trabalho, interessa-nos sublinhar os elementos jus-publicistas internos à organização das instituições:

(i) O presidente não é um oficial de carreira. Sendo da principal nobreza, é ele quem se relaciona directamente com o rei e os secretários. Assim, assegura-se a participação institucional da nobreza no núcleo mais importante do poder. É designado por três anos, renováveis, o que contrasta com a nomeação vitalícia dos desembargadores e conselheiros.

(ii) Quanto às funções, cabe ao presidente dirigir a instituição e assegurar o seu funcionamento, especialmente em relação ao pessoal e às instalações. Também deve verificar a regularidade do pagamento dos desembargadores e funcionários e a suficiência das instalações.

Em regra, o presidente não toma parte nas decisões em matéria de justiça.

O facto de ser exterior ao círculo de onde provêm os restantes desembargadores e conselheiros garante-lhe independência no exercício de funções que são vitais ao funcionamento das instituições, em especial das judiciais. É o caso da distribuição equitativa dos processos entre os conselheiros e desembargadores e da inspecção a que permanentemente a sua actividade deve ser sujeita.

IV. SELECÇÃO E ESTATUTO DOS FUNCIONÁRIOS

Os elementos que indicamos procuram fazer uma síntese dos ensinamentos da época. Não pode, no entanto, esquecer-se a existência das

---

[403] Nuno Monteiro, "O poder senhorial, estatuto nobiliárquico e aristocracia", em J. Mattoso / António Hespanha, *História de Portugal*, IV, *O Antigo Regime*, Estampa, Lisboa, e *O Crepúsculo dos Grandes: a casa e o património da aristocracia em Portugal: 1750-1832*, Lisboa, Imprensa Nacional – Casa da Moeda, 1998.

196   *O Espírito das Instituições*

divergências entre os autores e as práticas. A reflexão sobre os saberes necessários para dirigir o Estado e para exercer funções nas suas instituições é um dos temas novos do barroco. Em concreto e face ao tipo de saberes ministrados na universidade, a questão reside em saber qual a adequação das habilitações dos teólogos, dos canonistas e dos civilistas, bem como, perante outro tipo de requisitos, quais os lugares que devem ser reservados para os nobres. O método destas obras não releva do direito público, mas da prudência política. Indicamos os autores e as passagens considerados mais importantes[404]:

> 1420 (?), D. Duarte, *Leal Conselheiro*, cap. IV. 1496, Diogo Lopes Rebelo, *Do governo da República pelo Rei*. 1500, Lourenço de Cáceres, "Doutrina de Lourenço de Cáceres ao Infante D. Luiz", 44 ss. 1627, João Salgado de Araújo, *Ley Regia de Portugal*, ff. 32 ss. 1643, António Carvalho de Parada, *Arte de Reynar*, liv. V, disc. X. 1644, Francisco Velasco de Gouveia, *Justa Aclamação*, pp. 184 ss. 1647, António Henriques Gomes, *Politica Angélica*, pp. 114 ss. 1671, Frei Jacinto de Deus, *Brachilogia de Princepes*, pp. 215 ss. 1749, Damião António de Lemos de Faria e Castro, *Politica Moral*, V. 1761, Luís Torres de Lima, *Avizos do Ceo, successos de Portugal*, cap. 23. Entre os juristas, para além do já citado António de Sousa de Macedo nas *Flores de España*, são especialmente relevantes Melchior Febo, *Decisiones Senatus Regni Lusitaniae*, II, dec. 109; João Pinto Ribeiro, *Lustre ao Dezembargo do Paço*, cap. 2.°; Baptista Fragoso, *Regiminis Reipublicae Christianae...*, I; e Domingos Antunes Portugal, *Tractatus de Donationibus Jurium et Bonorum Regiae Coronae*, I, liv. 2.

Recrutamento

Referência constante dos escritores políticos e juristas europeus, diz-se que os reis devem escolher pessoas para os cargos e não cargos para as pessoas. Os próprios reis recordam este tópico, como se lê numa anotação atribuída a D. Sebastião:

> «Prover os cargos e ofícios em quem for para isso merecedor, e não por outros respeitos.»[405]

---

[404] Para a matéria da selecção dos juizes, v. *Judex Perfectus*,§§ 41 ss.

[405] D. Sebastião, "Memorial que El Rey fez por sua maõ antes de receber o governo", in D. Manuel de Menezes (?), *Chronica do muito alto, e muito esclarecido Principe D. Sebastião*, Lisboa, Of. Ferreireana, 1730, pp. 372-373.

Os tratadistas portugueses não se cansam de lembrar aos reis que devem escolher pessoas para os cargos e não cargos para as pessoas. Apesar da imprecisão da fórmula, Stolleis considera-a como um limite de direito público ao poder dos governantes. De outro lado, já chamámos a atenção para o facto de a doutrina portuguesa ser ainda mais precisa neste ponto, pelas consequências para a organização do Estado que são extraídas daquele princípio. Assim, se os governantes devem escolher *os mais aptos* para os cargos públicos, sendo escolhidas pessoas menos qualificadas, levantam-se duas hipóteses: o património do príncipe responder pelos danos provocados por este oficial a terceiros em consequência da sua incompetência ao serviço do Estado ou ser repetido o concurso para atribuição do cargo ao candidato mais qualificado[406].

A doutrina identifica os requisitos a considerar no recrutamento dos funcionários:

(i) A idade. Vinte e cinco anos é a idade mínima para exercício de cargos públicos, salvo existindo dispensa régia, aliás frequente e tipificada.

(ii) A experiência. A experiência resultante do exercício de funções públicas pode ser elemento de valorização dos candidatos. Para acesso aos tribunais de relação é requisito o exercício de funções judiciais em primeira instância; o acesso à Casa da Suplicação está reservado a quem tenha desempenhado funções na Relação do Porto.

(iii) As virtudes. Aos candidatos exige-se uma vida pública e privada virtuosa, a qual, para certos ofícios, como os judiciais, é documentada por inquéritos à sua idoneidade moral (*inteireza*) feita no local de naturalidade ou residência.

(iv) Os conhecimentos universitários (ciência). Uma das questões suscitadas pela filosofia e sociologia do Estado respeita à fragmentação do saber, que seria uma das características dos Estados contemporâneos – e que tem consequências no plano da universalização do acesso aos cargos públicos e na participação política[407]. Os debates do renascimento e do barroco respeitam a outro tipo de problemas: a aptidão de teólogos, canonistas, civilistas, de um lado, e, de outro, de nobres, militares, clérigos e juristas para o desempenho de cargos públicos. Para o desempenho de funções judiciais é necessária a aprovação nos cursos jurídicos (leis ou cânones).

---

[406] Cf. *Judex Perfectus*, § 41 II.

[407] Habermas, *Técnica e Ciência como Ideologia*, Lisboa, Edições 70, 1987.

(v) A riqueza (património e rendimentos). O requisito, formulado empiricamente, é apenas o da suficiência da riqueza, portanto não no sentido de se considerar que a dimensão do património e dos rendimentos constitui factor de desempate entre candidatos a cargos públicos.

(vi) O sangue, sendo elemento de valorização a existência na família de titulares de cargos públicos. Como salienta José António Maravall, a honra e a hereditariedade são factores de integração social nas sociedades tradicionais[408].

(vii) A *limpeza* de sangue, no sentido da inexistência de ascendentes judeus ou mouros.

(viii) A dignidade (nobreza e grau de nobreza), sendo excluídos os candidatos com ascendentes mecânicos, salvo dispensa régia.

O problema está em saber como graduar estes factores e de que modo a sua estimação reflecte a natureza das concepções acerca da sociedade e do Estado.

Competência e procedimento

As instituições têm diversas funções. Entre elas, como acima referido, conta-se a de seleccionarem os funcionários no âmbito das suas funções, propondo ao rei o respectivo provimento em consulta escrita.

A prosa moralista denuncia frequentemente a intervenção dos *padrinhos* e os abusos dos responsáveis pela própria selecção dos funcionários. A denúncia dos abusos praticados durante o período filipino é um dos elementos recorrentes na literatura da Restauração, mas também aparece nos escritos daquele período. Um memorial redigido em Madrid, a 17 de Agosto de 1590, relata[409]:

> «Como são eleitos para eles [para os cargos públicos] pelos Desembargadores do Paço que os metem no serviço de V. Majestade, & nos cargos, ou por parentesco, ou conhecimento e amizade dos estudos, ou por intercessão, & valia de outrem pessoal, de que os mesmos Desembargadores do Paço pendem em seus negócios, sempre lhe fica ao eleito por defensor, & amparo de seus erros o Desembargador do Paço por cujo meio entrou no cargo, & por favorecedor, & ainda para ir adiante, & ser melho-

---

[408] José Antonio Maravall, *Poder, honor y élites en el siglo XVII*, siglo veintiuno editores, 2ª ed., s. l., 1984, pp. 32 ss.

[409] ANTT, manuscritos da livraria, n.º 1631, ff. 92 ss.

rado à pouca causa, & muitas vezes serve-se dela para isto se procura que a residência se vá tomar por pessoa amiga & da Manga que a tome a seu sabor, & quando vem a Casinha é o defensor o que a julga sem a ver por parte da Justiça fiscal, que ainda, & seguiu por ela, & quando os erros são tão grandes que mal se podem encobrir, remetem os autos a Relação, na qual quando se dá sentença muito interessante & com todo o vigor o mais a que se chega é a suspensão do serviço de V. Majestade...»

Para garantir o máximo rigor, imparcialidade e justiça, a regra seguida é a de serem os nomes apresentados em lista, em regra com três pessoas, hierarquizadas, para selecção final pelo rei. Esta é a regra nos domínios jurisdicional e administrativo, em que é apresentada uma lista contendo os nomes das três pessoas consideradas mais aptos para o provimento de cada lugar que se encontrasse vago[410]. Para os lugares da magistratura, uma vez aprovados na leitura de bacharéis, cabia à Mesa do Desembargo do Paço propor ao rei, em consulta, os candidatos a cada lugar vago.

Ainda hoje no Brasil, que conservou este método de designação para diversos cargos, este instituto é designado por *lista tríplice*.

A lista com os nomes devia apresentar-se ordenada segundo a graduação feita pela própria instituição consulente: a Mesa do Desembargo do Paço quanto aos ofícios jurisdicionais; o Conselho Ultramarino quanto aos ofícios no Ultramar; o Conselho da Fazenda, quanto à administração económica; a Mesa da Consciência e Ordens, quanto à Universidade de Coimbra e aos mestrados. Na *pauta* com a proposta de provimento dos magistrados consideram-se vários factores, nomeadamente o mérito pessoal, a antiguidade na carreira ou antiguidade no tempo de espera, as informações sobre o carácter e sobre os ascendentes.

João Pinto Ribeiro associa o exercício desta competência das repartições oficiais aos poderes do príncipe no *Lustre ao Desembargo do Paço*:

> «Daqui vem aquela apertada obrigação, que corre aos que consultam, de porem em primeiro lugar de sua consulta, os que por informação segura tem por mais dignos: preferindo sempre estes aos menos dignos, & assim os do segundo lugar aos terceiros. E quando os tenham a todos por iguais em partes, & merecimentos o devem logo de declarar, para que o Príncipe possa, como deve, escolher aquele, que nas qualidades, & suficiência lhe parecer melhor: ou quando forem iguais aquele que mais quiser»[411].

---

[410] Cf. *Judex Perfectus*, § 44 I.

[411] João Pinto Ribeiro, *Lustre ao Dezembargo do Paço*, in João Pinto Ribeiro, *Obras Varias...*, p. 50.

Estas referências não eram usualmente interpretadas como um limite ao poder dos reis. Entre os direitos reais contava-se o de nomear os funcionários, não se reconhecendo às pessoas preteridas nos concursos e nomeações um direito ao lugar ou um direito a serem indemnizadas pelos danos sofridos. Já a comunidade prejudicada com a nomeação de funcionário incompetente pode, pelo menos teoricamente, reclamar o pagamento de indemnização pelo dano provocado pelo magistrado ou funcionário incompetente, nos termos atrás referidos.

Natureza e duração

Quanto à sua duração, os ofícios podem ser vitalícios, hereditários e temporários.

(i) São nomeados por mandatos de três anos os magistrados em primeira instância, juízes de fora, corregedores, provedores, e os responsáveis superiores no ultramar, vice-reis, governadores e capitães ultramarinos. É apenas no século XIX, com o constitucionalismo, que se implantam definitivamente as ideias de vinculação dos magistrados a título vitalício e a reserva no acesso aos tribunais superiores a juízes de carreira. Até então, os valores próprios do sistema de governo – experiência, prestação de contas, mérito e recompensa – aparecem como fundamentos da nomeação de magistrados e funcionários a *título breve* ou com mandatos limitados.

Os desembargadores das relações ultramarinas são nomeados por seis anos, muitas vezes com a promessa de colocação ou avanço na carreira num tribunal superior no continente, finda a comissão[412].

(ii) São lugares vitalícios ou de propriedade, como então se dizia, a generalidade dos ofícios burocráticos e subalternos, excepto se concedidos por tempo menor, e também os cargos de desembargador da Suplicação ou do Paço.

Os ofícios podiam ser concedidos com a possibilidade de renúncia e de substituição onerosa ou locação[413]. Um e outro caso dependem de auto-

---

[412] Stuart Schwarz, *Sovereignty and Society in Colonial Brazil*, pp. 302.

[413] Cf. os diversos estudos de António Manuel Hespanha dedicados a esta temática, especialmente *As Vésperas do Leviathan*, e *História das Instituições. Épocas Medieval e Moderna*, citados.

Instituição e Privilégio 201

rização régia, delegada na Mesa do Desembargo do Paço. São, portanto, privilégios, actos de dispensa da lei geral que exige o cumprimento pessoal dos ofícios. A sua concessão depende do pagamento de encargos tributários, os novos direitos, e está submetida a limites legais quanto ao máximo da renda que pode ser cobrada pelo proprietário. A renda devida pela locação do ofício não pode exceder a terça parte do rendimento respectivo.

Para além dos autores já referidos, a principal fonte informativa acerca destas práticas e da orientação dos tribunais superiores na resolução dos litígios que advinham de renúncias e de serventias ou locação de ofícios são as obras do advogado Manuel Álvares Pegas, nas quais se comentam e reproduzem acórdãos dos tribunais superiores portugueses: *Resolutiones Forenses Practicabiles*, 6 volumes e *Commentaria ad Ordinationes Regni Portugalliae*, 14 volumes; para o final do antigo regime, estas informações podem recolher-se nas lições de direito português leccionadas por Ricardo Raimundo Nogueira na universidade, especialmente na parte que ainda se conserva manuscrita (os comentários ao Livro I das Ordenações)[414].

V. PROFISSIONALIZAÇÃO

Exercício oneroso

Designo por profissionalização o exercício oneroso dos cargos públicos, por oposição ao seu exercício gratuito ou meramente honorário. Os juristas do antigo regime falavam de um carácter *mercenário*, no sentido de profissões remuneradas, em relação às quais haveria que discutir o justo preço devido pela sua prestação.

Segundo uma máxima de Aristóteles sobre a conservação das repúblicas, os ofícios não deviam ser nem demasiado lucrativos nem vantajosos. Já para a ética política do antigo regime, o problema reside na necessidade de conciliar o interesse particular do oficial com o bem público. Sendo os tribunais e conselhos instituições especializadas, com jurisdição e competência claramente definidas por lei, as remunerações dos respec-

---

[414] BNL, FG cod. 2688. V. ainda "Direito Público de Portugal" de 1788, BNL, Cod. 9347, 1715 e 1690; "Prelecções sobre o Livro 1.º da Ordenação", BNL, Cod. 1789; "Explicação do livro 1.º da Ordenação", de 1798, BNL, Cod. 6366; "Direito Público de Portugal", ANTT, Ms. 1795-1796 e 2200 da Livraria; "Prelecções de Direito Público", BGUC, 1402-1405.

tivos magistrados e funcionários integram igualmente o domínio da lei, ficando assim excluída a sua fixação contratual. Um dos deveres funcionais dos presidentes, regedores e governadores consiste precisamente em assegurar a regularidade do pagamento aos seus funcionários.

Também os advogados integram esta cultura jurídica profissional. Independentes da autoridade régia e dos tribunais, os advogados assumem um papel progressivamente mais relevante no funcionamento do foro.

O exercício de uma profissão exige o domínio de um saber especializado. A importância da universidade na criação desta legitimidade técnica tem sido sobejamente realçada. Alguns sociólogos designam por legitimidade técnica ou burocrática um sistema em que a selecção dos seus funcionários resulta do domínio de uma técnica específica. No entanto, excepto por um curto período após a reforma pombalina da Universidade (1772) em que houve dispensa da leitura de bacharéis no Desembargo do Paço e, consequentemente, a graduação dos candidatos aos lugares de magistrado em primeira instância resultava da classificação na licenciatura, a selecção dos magistrados dependia de uma avaliação que era feita pela instituição que recruta (Desembargo do Paço, Conselho da Fazenda, etc.).

De outro lado, devido à percepção de salários é o próprio funcionário que tem a perder a com menor estimação do seu cargo. Estamos, portanto, perante um instrumento de racionalização no funcionamento do Estado. Compreendem-se, assim, as consequências. A imperícia ou ignorância dos juízes constitui um modo de julgar iniquamente[415].

Estatuto

Diversos instrumentos são fundamentais no sentido da profissionalização do funcionamento do Estado, como é o caso da criação de um conjunto de magistrados que abarque todo o território, corregedores, provedores, ouvidores e juízes de fora. Os últimos são, não apenas juízes de certas causas, como igualmente presidentes da vereação local. No entanto, mantém-se ao lado desta magistratura letrada uma magistratura local, eleita e não letrada. São os chamados juízes ordinários, para os distinguir dos juízes de fora, os quais, na terminologia jurídica, exercem uma função extraordinária.

---

[415] João Tomás de Negreiros, *Introductiones ad Commentaria Legum Criminalium*, pp. 346 ss.

Instituição e Privilégio 203

A profissionalização da magistratura régia é acompanhada pela racionalização da sua disciplina. Os instrumentos institucionais mais relevantes são os seguintes: as inspecções aos juizes (i); a responsabilidade dos juizes pelos danos provocados às partes em consequência de uma decisão injusta ou ilegal (ii); o dever de prestação periódica de contas (iii). Quanto aos actos dos juizes dos tribunais superiores e da chancelaria, o chanceler exerce uma função de controlo que é decisiva porque, ao selar e registar os respectivos documentos, lhe cabe verificar da sua conformidade à justiça e ao direito (*supra*).

§ 11.º
Privilégios e Estado moderno

I. LITERATURA

Literatura processualista

Não pode compreender-se o sentido e a importância do privilégio na sociedade do antigo regime sem o estudo da literatura processualista portuguesa. Com esta designação refiro os escritores portugueses que se dedicaram ao estudo das formas de processo, nomeadamente através da publicação de formulários, guias, manuais teóricos ou práticos.

As seguintes observações demonstram este ponto de vista: em primeiro lugar, não se encontra assimilada a distinção entre direito substantivo e direito processual dos nossos dias, pelo que muito do conteúdo destas obras é, efectivamente, direito substantivo; por outro lado, rejeitado o sistema formulário, questão que em todo o caso ainda é discutida no século XIX, o processo constitui um limite ao poder dos próprios juizes e, de outro lado, em especial nas matérias criminais, uma garantia das liberdades cívicas (por exemplo, protegendo os cidadãos de prisões ilegais, etc.).

Recordamos os seguintes marcos cronológicos desta literatura jurídica portuguesa que consideramos mais relevante para o presente estudo[416]. 1549, Gregório Martins Caminha, advogado perante a Casa da Suplicação, publica um formulário processual e dos principais contratos, dedicado ao

---

[416] Para mais referências, v. *História do Pensamento Jurídico. Guia de Estudo*, § 16 III.

príncipe D. João, filho de D. João III, obra marcante da cultura jurídica portuguesa e que conheceu edições anotadas e acrescentadas até ao século XIX. 1610, António Cardoso do Amaral, clérigo, publica um elucidário jurídico disposto por ordem alfabética, sucessivamente republicado, com adições. 1613, Bento Gil publica um directório para advogados. 1619, Manuel Mendes de Castro, bacharel em direito civil na Universidade de Salamanca, advogado em Madrid e em Lisboa, procurador da Coroa na Casa da Suplicação, publica a *Prática lusitana*, guia do direito processual português, também reeditado com adições. 1645, Mateus Homem Leitão, doutor em cânones, desembargador eclesiástico e deputado do Santo Ofício, publicou o primeiro tratado dedicado a espécies de recurso específicas do direito português. 1648, Feliciano de Oliva e Sousa publica um tratado sobre o foro eclesiástico. 1654, António Lopes Leitão publica um breve trabalho prático sobre as acções de demarcação. 1668, Bacharel em leis e advogado da Casa da Suplicação, Manuel Álvares Pegas foi talvez o jurista prático mais marcante do final do século XVII e início do século XVIII, autor do mais importante comentário aos livros primeiro e segundo das Ordenações Filipinas, tendo igualmente publicado diversos trabalhos forenses, de grande relevo para o conhecimento do direito da época, do estilo da advocacia e da jurisprudência (*Resoluções forenses*). 1699, Diogo Guerreiro Camacho de Aboim publica recolhas de decisões e um tratado sobre a recusa de juiz. 1712, António Vanguerve Cabral publica uma prática judicial esquemática e simples, sucessivamente reeditada. 1729, Silvestre Gomes de Morais publica um tratado sobre a execução das sentenças. 1730, Bacharel em cânones e magistrado, Manuel Lopes Ferreira publica uma extensa e desenvolvida obra sobre o processo criminal, essencial para o conhecimento do direito e do processo penal do antigo regime. 1744, Inácio Pereira de Sousa, doutor em Cânones, desembargador da Casa da Suplicação, conselheiro da Fazenda e deputado da Mesa da Consciência e Ordens, publica um tratado sobre o recurso de revista. 1748, Alexandre Caetano Gomes, advogado, publica um breve manual prático do direito processual civil e criminal. 1765, Manuel António Monteiro de Campos Coelho e Sousa publica um manual prático do direito processual civil e criminal e um tratado prático sobre as sociedades comerciais. 1785, Joaquim José Caetano Pereira e Sousa, advogado da Casa da Suplicação, um dos mais importantes e reputados juristas sistemáticos, publica sucintos e sistemáticos manuais de processo criminal e de processo civil (1806), os quais constituem marcos da cultura jurídica portuguesa e das concepções da ilustração. 1807, Rocha Peniz, primeiro professor da disciplina de Prática Judicial na Universidade de Coimbra, publica uma oração sobre *a influência do foro sobre a felicidade pública*. Manuel de Almeida e Sousa, conhecido por Lobão, 1745-1817, advogado na aldeia de Lobão, um dos mais reputados juristas do início do século XIX, para além

Instituição e Privilégio 205

de anotador de obras alheias (Melo Freire, Pereira e Sousa), publica vários livros práticos de direito processual, muitos dos quais reeditados até ao século XX. 1820, António Gouveia Pinto publica um manual prático sobre recursos[417].

A literatura decisionista

Também não pode ser ignorada a literatura jurídica portuguesa que procede à compilação das decisões proferidas nos tribunais superiores. Este tipo de obras exerce diversas funções. De um lado, conservam a memória da justiça, sendo determinantes para a continuidade e a estabilidade da jurisprudência, valores essenciais para a certeza do direito. Por outro lado e como acima referido, estas publicações exercem também uma função didáctica, na medida em que, à falta de outros formulários, os funcionários e os candidatos ao funcionalismo também aprendem o seu ofício pela leitura e estudo das decisões recolhidas.

As principais obras da literatura decisionista portuguesa encontram--se a seguir enumeradas (indica-se a data da primeira edição).

1578, António da Gama Pereira (António da Gama ou simplesmente Gama), *Decisionum Supremi Senatus Lusitaniae*. 1588, Álvaro Vaz (Valasco), *Decisionum, consultationum ac rerum judicatarum*. 1602-4, Jorge de Cabedo, *Practicarum observationum sive decisionum*. 1612, Francisco de Caldas Pereira de Castro, *Receptarum sententiarum*. 1616, Gabriel Pereira de Castro, *Decisiones Supremi Eminentissimique Senatus Portugaliae*. 1619 (1620), Manuel Mendes de Castro, *Practica Lusitana*. 1622, João Martins da Costa, *Domus Suplicationes Curiae Lusitanae stlyli*. 1625, Miguel de Reinoso, *Observationes Practicae*. 1643, Manoel Themudo da Fonseca, *Decisiones et Quaestiones Senatus Arquiepiscopalis*. 1660, António de Sousa de Macedo, *Decisiones Supremi Senatus Justitiae Lusitaniae et Supremi Concilii Fisci*. 1738, Diogo Guerreiro Camacho de Aboim, *Decisiones seu quaestiones forenses*. 1739, Francisco Xavier dos Santos da Fonseca, *De authoritate decisionum Senatus, et arestis*, (Manuel Mendes de Castro, *Practica Lusitana*, II). 1751, Feliciano da Cunha França, *Arestos ou Decisões dos Senados deste Reyno de Portugal*. 1789, Francisco de Almeida e Amaral Botelho, *Discursos Jurídicos*.

---

[417] António Joaquim de Gouveia Pinto, *Manual de Appelações e Aggravos*, 2.ª edição, Lisboa, Impressão Régia, 1820.

II. SEMÂNTICA

O conceito de privilégio sofreu uma evolução semântica ao longo dos tempos. Para o direito do antigo regime, os privilégios são situações de vantagem atribuídas por instrumento jurídico a pessoas, grupos de pessoas ou corporações. Neste sentido, o privilégio é um acto do poder político, através do qual se cria uma situação de vantagem, ou de modo inovador, ou de modo a confirmar um privilégio consuetudinário anterior. Era-lhes reconhecida força vinculativa[418].

Os elementos desta noção geral devem ser objecto de uma apreciação analítica. Os privilégios ligam-se directamente aos *privilégios* do direito romano e do direito canónico. Do direito romano já vinha uma imprecisão terminológica que tornava difícil distinguir entre as figuras do direito singular, do privilégio e do benefício[419].

Numa primeira acepção, privilégio é uma lei privada ou particular. Trata-se, portanto e segundo a construção dos juristas do direito intermédio, da lei aplicável a uma pessoa ou a um grupo de pessoas e que é especial ou derrogatória do direito comum, em relação a essa pessoa ou grupo.

O privilégio diz-se benefício quando concedido por graça ou como liberalidade, para além do direito comum, podendo adoptar diversas qualificações jurídicas: *jus singulare, constitutio personalis, rescriptum, beneficium, diploma, auxilium, favor, gratia, praerogativa, indultum, immunitas*[420].

Numa perspectiva política, os privilégios são situações de vantagem que resultam das leis particulares de certas pessoas e que, em virtude do regime que lhes é aplicável, concedem imunidades, honras e preeminências. Na interpretação do sentido que os privilégios concedidos pelo rei têm na vida política do antigo regime outra circunstância merece consideração: a necessidade de uma intervenção constitutiva ou do rei ou de uma instituição que o represente. O peso da burocracia no funcionamento da sociedade e da economia é esmagador, como se pode verificar de seguida,

---

[418] Para uma visão de síntese, é fundamental a literatura dos elucidários jurídicos, entre os quais, em especial: António Cardoso do Amaral, s. v., *privilegium*. Para a doutrina do final do antigo regime, v. Manuel de Almeida e Sousa, *Notas de Uso Prático* ..., I, pp. 13-14.

[419] A. Santos Justo, *Direito Privado Romano – I. Parte Geral (Introdução. Relação Jurídica. Defesa dos Direitos)*, Coimbra, Coimbra Editora, 2000, § 9, pp. 40-42.

[420] Bento Pereira, *Elucidarium Sacrae Theologiae Moralis, et Juris Utriusque*, liv. I., eluc. IX de legibus, n. 174 ss., pp. 84 ss.

e a cada aumento das funções do Estado corresponde um outro aumento – o do número, da importância e do peso dos funcionários.

III. MODALIDADES

A riqueza conceptual dos juristas da idade moderna dificilmente pode ser objecto de uma síntese, tal a exuberância das cláusulas dos diplomas que concedem os privilégios.

Os privilégios podem ser concedidos sob condição ou modo e podem ser pessoais ou reais, individuais ou colectivos.

Os privilégios pessoais extinguem-se com a pessoa, não se transmitindo a título sucessório, excepto se o próprio privilégio o autoriza. Pelo contrário, a regra é a da perpetuidade dos privilégios reais, concedidos aos bispados, cidades, concelhos, e outras comunidades locais.

Podem ser afirmativos, quando autorizam uma pessoa a ter certo comportamento, ou negativos, quando isentam de uma obrigação geral. A este tipo de privilégios dá-se o nome mais exacto de dispensa:

«A dispensa tem propriamente lugar quando a obrigação da lei, que antes vinculava tanto a comunidade como a pessoa concreta, desaparece quanto a esta, enquanto que a lei continua a obrigar a comunidade a respeito daquela mesma matéria.»[421]

Os privilégios podem ter uma base de incidência geográfica e, consequentemente, aplicar-se a uma ou um conjunto de localidades.

A resposta dada pelo rei aos pedidos formulados pelos concelhos em Cortes vale como privilégio. Nestes casos, eram os interessados a solicitar certidão da resposta do rei aos seus agravamentos ou pedidos, que comprovavam a decisão, a qual, sempre que necessário, era *lembrada* ao rei.

Os privilégios individuais podem agrupar-se em tipologias de acordo com a sua natureza e frequência.

(i) Actos graciosos. Como exemplos deste tipo de actos, referimos a atribuição da naturalidade a um estrangeiro, a legitimação de um filho bastardo ou a concessão do privilégio de responder apenas perante um tribunal superior.

---

[421] Suárez, *De Legibus*, I, XX, 8.

(ii) Privilégios comerciais. Longe do paradigma da sociedade industrial e do direito liberal, o antigo regime não reconhece os direitos naturais de escolha da profissão e de criação de sociedades comerciais, pelo que, neste tipo de actos, os privilégios mais frequentes são as autorizações para criar um estabelecimento comercial ou fundar uma companhia.

(iii) Privilégios industriais. A criação de um estabelecimento fabril ou manufactura, a impressão de livros, a exploração de invenções, a exploração de minas, são actividades que dependem da concessão de um privilégio.

(iv) Privilégios judiciais. A concessão de cartas de marca e de represálias dependia igualmente de uma intervenção constitutiva do rei.

(v) Privilégios territoriais. Entre os mais importantes privilégios territoriais, assinalam-se os de natureza fiscal.

IV. FUNDAMENTOS

A titularidade dos direitos reais nas mãos do rei foi já acima referida como o ponto de partida dogmático dos privilégios. Tal como compete ao rei a feitura das leis para todos, em geral, e para cada um, em particular, também lhe pertence o poder de conceder privilégios e isenções. Assim, sendo uma concessão do rei que derroga o direito geral ou comum, o privilégio funda-se na sua vontade.

Partindo dos textos do direito romano, que impõem a utilidade como requisito do direito singular, os juristas da Idade Moderna entendem que só este requisito justifica a sua validade em desconformidade com o direito comum. Em especial os canonistas discutem duas questões: qual a natureza dos privilégios, se actos legislativos se actos *administrativos*; quais os requisitos do privilégio, nomeadamente quanto aos fins e quanto à protecção dos direitos e expectativas de terceiros. Este último problema foi objecto de uma profunda elaboração teórica e a conclusão mais impressiva é a de que a concessão de privilégios não derroga nem implica a revogação dos direitos de terceiros. A explicação formulada é a seguinte: presume-se que com a concessão do privilégio não existe a intenção da parte dos príncipes em prejudicarem terceiros[422].

---

[422] Por exemplo, v. António Cardoso do Amaral, *Liber Utilissimus Judicibus, et Advocatis*, s. v. *privilegium*, e respectivas remissões, pp. 289-290.

Quanto ao fim, os privilégios devem dirigir-se para o bem comum. A conciliação entre o bem particular e o bem comum exprime-se do seguinte modo:

> «...no que toca ao bem comum, não existe inconveniente em que o privilégio seja lei, porque, embora o seu objecto imediato seja o bem particular de alguma família, casa ou pessoa (talvez seja esta a razão pela qual S. Isidoro designa o privilégio como *lei particular*), sem embargo, de um ponto de vista formal deve também buscar o bem comum [...] Porque aquele bem que o privilégio proporciona, pode ser privativo de algumas pessoas, mas de forma que redunde em bem geral, como anteriormente expliquei. Além do mais, esta concessão do privilégio deve ser tão razoável que interesse ao próprio bem comum que se outorguem privilégios similares, quando concorram também razões similares para tal»[423].

Deste modo, a doutrina procura na justiça uma justificação para o privilégio, quer na justiça distributiva quer na justiça comutativa. Neste sentido, diziam-se *remuneratórios* quando contrapartida por serviços prestados. Por exemplo, os privilégios jurisdicionais e fiscais das ordens militares eram a contrapartida pelas funções que exerciam na protecção da fronteira contra o inimigo muçulmano na época da reconquista. Também os privilégios concedidos a cidades e vilas em Cortes ou em outros momentos em que o rei necessitava de aliados para determinados efeitos eram entendidos como privilégios remuneratórios.

Os juristas do iluminismo não impugnam este poder dos reis. Muratori, um dos maiores representantes da doutrina católica da ilustração, sustenta que, apesar de o príncipe estar vinculado à lei civil, isso não o impede de conceder privilégios[424]. Pode observar-se aqui a formidável contradição entre uma ordem jurídica assente no privilégio e a ordem liberal e constitucional que virá a surgir depois das revoluções liberais.

V. FONTES

Em regra, os privilégios eram concedidos por carta régia. Em certos casos legalmente tipificados, os privilégios podiam ser concedidos pelos magistrados e instituições superiores, por delegação régia.

---

[423] Suárez, *De Legibus*, I, VIII, 12.

[424] Ludovico Antonio Muratori, *Della Pubblica Felicità, Oggettto dè Buoni Principi*, Lucca, 1749, pp. 63 ss.

A sua validade dependia da observância de certos requisitos relativos à forma e formalidades.

(i) A concessão de privilégios é da competência real. Todavia, com a multiplicação de actividades do Estado e a crescente complexidade da sua organização, o rei delega nas instituições superiores o despacho de muitos dos pedidos formulados pelos particulares, reservando para a assinatura régia a concessão de mercês que impliquem dispêndio pela Fazenda. Estão neste caso jurisdições, senhorios de terra e ofícios de justiça ou fazenda e cartas de julgador (Alvará de 24 de Julho de 1713).

(ii) A concessão de certo tipo de privilégios estava subordinada ao registo. Assim, a doação de terras, jurisdições, títulos, ofícios, licenças para se venderem e trespassarem ofícios, entre outros actos, deviam ser registados, sob pena de ineficácia (OF.2.42 e Alvará de 28 de Agosto de 1714).

Pelo Alvará de 29 de Novembro de 1643 é criada a Secretaria do Registo das Mercês e Expediente, dotada de um Regimento a 19 de Janeiro de 1671. A sua função é a de registar as mercês nos livros próprios, com excepção dos postos militares.

Pelo Alvará de 1 de Agosto de 1777, é criado, em substituição do secretário, o ofício de escrivão do registo das mercês, subordinado ao Conselho da Fazenda[425]. Garantia de solenidade e de certeza do direito, o registo nesta repartição era constitutivo. Nas palavras do legislador,

> «...sem constar deste registo pelas verbas acima ditas não valham as Cartas e Alvarás de Mercê, nem se cumpram e guardem, nem por elas se faça obra alguma».

Para garantia de prova, determina-se que se tirem cópias de todos os livros de registo das mercês, os quais eram remetidos à Torre do Tombo no final de cada reinado.

(iii) A concessão destas mercês não dispensa o cumprimento de obrigações tributárias.

Entre estes requisitos fiscais conta-se o pagamento dos novos direitos, tributo a pagar pelo desempenho de ofícios e cargos públicos[426]. Os funcionários não eram admitidos a exercer as respectivas funções sem que

---

[425] *SRR*, V, pp. 73 ss.
[426] Pascoal de Melo, *História do Direito Português*, § XCVI, p. 137.

Instituição e Privilégio

se mostrassem pagos os novos direitos, sob pena de perda do ofício[427]. A centralização do processo na chancelaria mor constituiu também um modo de garantir o pagamento do tributo e de verificar a legalidade do despacho.

VI. REGIME FISCAL

Em face dos encargos fiscais devidos pela emissão do documento que certifica o privilégio, pode questionar-se, como aliás o fazia a doutrina europeia da época, se não estamos perante um contrato de compra e venda e não perante um privilégio outorgado de forma unilateral pelo rei. Se assim fosse, aplicar-se-iam as regras dos contratos onerosos, as quais, em caso de litígio, se revelam mais favoráveis aos particulares do que as aplicáveis aos actos unilaterais. De facto, enquanto os privilégios concedidos de graça podiam ser revogados unilateralmente, já os privilégios concedidos em remuneração de serviços ou mediante o pagamento de um preço só podiam ser modificados nos termos em que aos reis era lícito modificar cláusulas contratuais.

O tabelamento dos encargos fiscais demonstra-nos a natureza constitucional e o carácter burocrático destas situações[428].

Alguns casos especialmente previstos e exemplificativos:

(i) Títulos de nobreza: concessão de duque *de jure*, oitocentos mil réis; em vida, seiscentos mil réis; honra de duquesa, duzentos mil réis; marquês *de jure*, seiscentos mil réis; em vida, quatrocentos mil réis; honra de marquesa, cento e cinquenta mil réis; condes *de jure*, quatrocentos mil réis; em vida, cento e cinquenta mil réis; honra de condessa, cem mil réis; visconde ou barão *de jure*, duzentos mil réis; em vida, cento e cinquenta mil réis; honra de viscondessa ou baronesa, cinquenta mil réis.

(ii) Privilégios jurisdicionais: privilégio para executar as dívidas como se cobram as dívidas da Fazenda real; mercês para confirmar a eleição dos

---

[427] Regimento de 11 de Abril de 1661, in Monteiro de Campos, *Sistema dos regimentos...*, V, pp. 47 ss., § 27 ss. Estas exigências tributárias de pagamento dos novos direitos aplicam-se igualmente aos advogados e solicitadores (idem, §§ 34 e 35).

[428] Alvará de 11 de Abril de 1661, in Monteiro de Campos, *Sistema dos regimentos...*, V, pp. 47 ss. Os valores previstos foram actualizados pelo Alvará de 1 de Agosto de 1777 (*SRR*, V, 73 ss.). As minutas dos formulários dos pedidos de perdão da pena de degredo e perdão da fuga da cadeia encontram-se em Gregório Martins Caminha, *Tratado da Forma dos Libellos*, pp. 137 ss.

juizes, direito de os apresentar os oficiais, mercê para os corregedores não entrarem no lugar da correição, dez mil réis.

(iii) Perdões de pena decretados por sentença: de cada ano em Angola, quinhentos réis; no Brasil, quatrocentos réis; em África, trezentos réis; Castro-Marim, duzentos réis.

VII. VALOR JURÍDICO, VÍCIOS E IMPUGNAÇÃO

Podemos enunciar o problema do seguinte modo[429]: os privilégios concedidos pelo rei têm o valor de lei, de contrato, ou de acto unilateral ou gracioso? Este problema tem uma especial importância para os juristas e tinha vindo a ser objecto de grande atenção doutrinária desde a Idade Média, não apenas pela questão política da relação entre o governante e os governados, mas pelos problemas de justiça relacionadas com a protecção de terceiros.

Em especial, os tratadistas da nobreza aceitam que a posse imemorial possa justificar a existência de um privilégio. O adágio *posse vale título* nasce precisamente para justificar estes privilégios cujo documento constitutivo se perdeu pelo decorrer dos tempos, mas cuja posse imemorial e não interrompida pode ser provada pelo particular. A confirmação destes privilégios por parte do rei constitui um modo específico de garantir a validade das situações criadas ao longo do tempo. Confirmações estas que podem ser gerais ou particulares, associando assim e para o futuro, a autoridade do rei ao privilégio consuetudinário. O pedido de confirmação dos privilégios antigos de pessoas, de vilas, de grupos de pessoas – estrangeiros, comerciantes, mesteres, etc. – implica frequentemente o pagamento de uma quantia em dinheiro ao rei, como contrapartida da concessão.

A criação da Junta das Confirmações Gerais no reinado de D. José I insere-se nesta preocupação com a certeza do direito, em relação a uma matéria fortemente litigiosa. Contudo, sendo o decurso do tempo um factor essencial para a prova destes privilégios, também o desuso ou o desinteresse do particular podem implicar a sua caducidade.

A interpretação de Maria da Glória Dias Garcia, a este respeito, é a de que os antecedentes do contencioso administrativo podem ser encontrados nos meios postos à disposição dos particulares para a impugnação dos

---

[429] Para o período medieval, v. Ruy de Albuquerque / Martim de Albuquerque, *História do Direito Português*, pp. 227 ss.; cf. *Judex Perfectus*, § 11.

actos do poder: embargos, etc. Em sentido distinto, sustenta Paulo Otero que existiu uma diminuição de garantias para os administrados com o liberalismo, assente no «equívoco histórico da origem do Direito Administrativo»[430]. Sem dúvida que a questão suscitada tem todo o interesse e leva-nos para o problema historiográfico da ruptura e continuidade do movimento das sociedades[431].

A interpretação que temos vindo a desenvolver leva-nos a sublinhar que o liberalismo introduziu aqui uma ruptura. Os meios processuais desenvolvidos pelo direito português nas épocas medieval e moderna são instrumentos colocados à disposição dos particulares como proprietários ou como titulares de direitos civis, não enquanto administrados – conceito desconhecido para a época em estudo.

O problema dos vícios e valores dos privilégios obriga a distinguir, brevemente, situações distintas.

Privilégios e direitos de terceiros

Existe uma primeira exigência jurídica: a concessão dos privilégios não deve envolver prejuízo para terceiros.

O regime de protecção dos direitos dos terceiros assenta em vícios específicos. Os institutos da ob-repção e da sub-repção, teorizados pelos canonistas, confeririam eficácia a esta protecção legal. A inserção de uma cláusula típica «salvo os direitos de terceiro» ou similar, acautelava a validade do privilégio perante a impugnação por terceiros. Assim, como a concessão dos privilégios assentava na iniciativa dos particulares e nos requerimentos e petições que estes dirigem ao rei, os meios de defesa dos particulares contra a utilização da mentira e da fraude encontravam-se tipificados no direito português, segundo as regras da canonística. Se algum particular obtivesse um acto favorável do rei de modo ilícito ou desonesto, omitindo um facto relevante ou alegando alguma circunstância inexistente, era o acto anulável, devendo os juízes suster o cumprimento. O primeiro caso, calar uma verdade, designava-se sub-repção; o segundo, contar uma mentira, ob-repção (OF.2.43).

---

[430] Para além da bibliografia citada, v. Paulo Otero, *Direito Administrativo. Relatório*, sep. de RFDUL, 2001, pp. 227 ss.

[431] Cf. o nosso estudo *História do Pensamento Jurídico*, § 11.º.

214 O Espírito das Instituições

A aprovação de um diploma singular (alvará, carta, provisão, mercê, privilégio ou outro) emitido nas situações descritas de ob-repção ou de sub-repção gera a nulidade do mesmo, vício que possibilita a qualquer pessoa lesada a apresentação de embargos à sua execução[432].

Privilégios e leis anteriores

As Ordenações proíbem que possa entender-se derrogado ou revogado um preceito das Ordenações ao qual se não faça expressa referência (OF.2.44). Assim, é a própria lei a estabelecer uma cláusula de salvaguarda das Ordenações, estabelecendo o seu valor legislativo reforçado, para usar uma expressão dos nossos dias. Cláusulas gerais, aliás frequentes, dos privilégios em que genericamente se dispõe que valeriam «não embargando» quaisquer outros preceitos em contrário, são ineficazes nas situações em que o privilégio é contrário a uma disposição das Ordenações. São frequentes os litígios em torno deste preceito, em jurisprudência a que ainda hoje podemos ter acesso através dos livros de processo e de recolha de decisões acima referidos.

Em termos similares, uma resolução régia vedou aos desembargadores do Paço derrogarem as Ordenações, determinando que, nas situações em que entendessem que uma disposição legal merecia ser revogada, dessem prévio conhecimento desta intenção ao príncipe[433].

Privilégios e leis posteriores

A este propósito podemos retomar as disposições típicas dos actos singulares dos príncipes – privilégios e dispensas – nos quais se continha, para garantir a sua validade perante outras normas existentes, que valeriam «não embargando» quaisquer outros preceitos em contrário. Este tipo de disposições é similar àquelas que em toda a Europa do direito comum sustentam a validade dos direitos adquiridos e privilégios perante leis

---

[432] V. Manuel Barbosa, *Remissiones Doctorum de Officiis Publicis Jurisdictione ...*, à *OF*. 3.49.2; Manuel Álvares Pegas, *Commentaria ad Ordinationes Regni Portugalliae*, [= II, pp. 307 ss.]; Alexandre Caetano Gomes, *Manual Practico Judicial, Civel e Criminal*, Lisboa, Off. de Domingos Gonsalves, 1751, p. 25; Joaquim José Caetano Pereira e Sousa, *Primeiras Linhas sobre o processo Criminal*, § 263 e nota.

[433] V. Gabriel Pereira de Castro, *Tractatus de Manu Regia*, I, p. 17.

gerais. As cláusulas *não obstante* ou *não embargando* são típicas no direito europeu deste período, abrindo caminho para um tema importante da teoria política e da teoria da lei: o de saber de que modo é que os direitos individuais constituem limite ao poder legislativo.

Quanto à derrogação dos privilégios em virtude da aprovação de uma lei posterior em sentido contrário ou quanto ao poder do príncipe para os revogar unilateralmente, a doutrina hesita e podemos identificar três posições. Na primeira, os reis, invocando os seus plenos poderes e a sua ciência ou conhecimento de todas as situações, podem revogar unilateralmente todos os privilégios contrários às suas leis; na segundo, os reis não podem revogar os privilégios; a terceira é a posição intermédia: os reis apenas podem revogar os privilégios graciosos, mas não aqueles que possam entender-se como contratuais ou remuneratórios. Ou ainda, posição mitigada, podem sempre revogar com justa causa qualquer privilégio concedido, quer os que foram concedidos graciosamente, quer aqueles que resultam de um contrato e em que houve lugar a uma contrapartida, em dinheiro ou em serviços. O modo pelo qual a ordem jurídica procura organizar as relações entre os poderes dos reis e a protecção dos bens dos particulares pode obedecer, em abstracto, aos seguintes tipos: proibição da lesão de direitos adquiridos; permissão da lesão de direitos adquiridos através de indemnização; permissão da lesão de direitos adquiridos através de lei geral; inexistência de tutela dos direitos adquiridos. As primeira e segunda situações encontram-se fundamentalmente ligadas aos Estados não democráticos, de que são exemplo as ordens jurídicas pré-liberais ou, entre nós, o Estado Novo. A terceira situação descrita é típica dos Estados liberais democráticos. Admite-se a lesão de direitos adquiridos, desde que justificada através de leis gerais anteriores e, em regra, o pagamento de justa indemnização. A última situação é típica dos Estados despóticos e dos Estados comunistas.

Já a relação entre o poder dos tribunais e os actos lesivos de direitos leva-nos a dois tipos de sistemas. Num, é aceite a anulação do acto, mesmo da lei (porque imoral, contrária ao direito natural ou inconstitucional). No segundo, votado a manter a vigência da lei, prevê-se uma indemnização para os particulares lesados.

Os juristas do direito intermédio aplicam aqui a doutrina do *rescrito contra ius*, a um tempo actos que podem ser ilegais ou injustos. Já acima deixámos enunciado que o pensamento político medievo se orientou no sentido de atribuir ao poder dos reis, não a natureza de um direito de propriedade ou domínio, mas essencialmente uma característica jurisdicional,

216 *O Espírito das Instituições*

como poder de superioridade e senhorio. Deste modo, a relação entre o poder legislativo dos reis e os direitos dos particulares não constitui um antagonismo entre dois modos de constituição de direitos de propriedade – embora não faltem os tratadistas que levam a argumentação para este campo, sublinhando que o rei foi o primeiro proprietário das coisas do reino e que foi ele quem consentiu na ocupação. Neste caso, a discussão é orientada pelos juristas a uma fórmula do direito romano, sobre se o imperador é proprietário dos bens da cidade, ou se estes pertencem aos cidadãos (D. 50.16.15).

VIII. CONFLITO DE PRIVILÉGIOS

A doutrina e a jurisprudência cedo se viram na necessidade de encontrar critérios práticos para resolver os conflitos jurisdicionais entre pessoas privilegiadas[434]. Duas regras foram adoptadas.

(i) O privilegiado não goza de privilégio perante pessoa com idêntico privilégio. Nestes casos, vigora o critério geral, seguindo-se o foro do réu.

(ii) No caso de conflito de privilégios desiguais, prevalece o privilégio mais forte. Assim e como concretização deste critério, são considerados superiores em caso de conflito: o privilégio de nação estrangeira sobre o nacional (assentos de 15 de Fevereiro de 1795 e de 17 de Março de 1792); entre nacionais, prefere o privilégio da causa ao da pessoa (Lei de 28 de Outubro de 1604); o privilégio de desembargador prefere aos restantes privilégios pessoais (OF. 1.52.10; 2.59.13; 3.5.7-8); o privilégio dos professores e estudantes da universidade prefere ao das viúvas e pessoas miseráveis (OF. 3.12.fin.); o privilégio das viúvas e pessoas miseráveis prefere ao dos moradores das terras dos donatários (OF. 2.45.46); os privilégios especialmente previstos prevalecem sobre os posteriores, se não forem estes derrogados.

IX. PRIVILÉGIO DE FORO

Uma descrição da sociedade castelhana feita por Kagan parece transponível para a situação portuguesa: uma sociedade litigiosa na qual os

---

[434] Em especial, v. Joaquim José Caetano Pereira e Sousa, *Primeiras Linhas sobre o processo Civil*, § XXXIV.

Instituição e Privilégio   217

tribunais realizam diversas funções e em que os processos judiciais eram utilizados para satisfazer um conjunto vasto de finalidades e de interesses[435]. Também a propósito do reino vizinho, Scholz fala de uma estrutura caótica e monstruosa, chamada a desempenhar funções políticas[436].

Efectivamente, existe uma pluralidade de jurisdições variáveis em função do estatuto das pessoas – fidalgos, comerciantes, eclesiásticos, estudantes – e das coisas – vínculos e morgadios. De outro lado, também podia ser relevante a natureza da relação litigiosa, isto é, as formas contratuais, e o estatuto pessoal do réu.

O privilégio de foro desempenha a principal dessas funções políticas da organização judiciária do antigo regime. Como recorda Francisco Coelho de Sousa e Sampaio, lente de direito português na Universidade, o privilégio de foro importa duas faces:

> «...o privilégio de foro, de que trata a Ord. Liv. 3, tit. 5 & seq., que se concede a uns o privilégio favorável de levarem ao seu foro os Réus, e a outros responderem ao foro do Autor, contra a regra geral que o Autor é obrigado a seguir o foro do Réu, Ord. Liv. 3, tit. 11.»[437]

O mapa que apresentamos de seguida é apenas uma primeira aproximação a uma matéria da maior complexidade, ainda mal estudada, mas de importância decisiva para explicar a transição para o mundo contemporâneo e, em especial, para os direitos administrativo e processual de oitocentos. Deste modo, não se tem a pretensão de esgotar esta temática. Contudo, o mapa destes privilégios e das jurisdições especializadas é importante para perceber os obstáculos criados pela sociedade do antigo regime à emergência dos princípios da legalidade da competência e do juiz natural.

---

[435] Richard L. Kagan, *Lawsuits and Litigants in Castile. 1500-1700*, The University of North Carolina Press, 1981, esp. 236 ss. Para Espanha, o mesmo autor fala de uma cultura judicial de *laissez-faire*, caracterizada pela ausência de reflexão e de perspectivas de reforma de um sistema lento, desequilibrado e caro. Para uma descrição da organização judicial, v. Santos M. Coronas Gonzáles, "La Justicia del Antigo Régimen: su organización institucional", nos *Estudios de Historia del Derecho Publico*, Valência, 1998.

[436] Johannes-Michael Scholz, *Gerechtigkeit erwalten. Die Spanische Justiz im Übergang zur Modern*, Frankfurt am Main, 2003, pp. 83 ss.

[437] Francisco Coelho de Sousa e Sampaio, *Prelecções de Direito Patrio Publico e Particular*, § LXVII, nota x.

Mapa das jurisdições especializadas e privilégios de foro[438]

A\ Em razão das pessoas

1. Foro militar[439]

Os militares pagos e alistados para servirem nas fronteiras, armadas e presídios gozam de foro privilegiado, quer nas matérias crime quer em certas causas cíveis[440]. A competência pertence ao juiz de fora, como auditor, com recurso para o Conselho de Guerra. Desde 1763, nas causas criminais os militares têm como magistrados comuns os ouvidores militares[441]. O Conselho de Guerra detém igualmente jurisdição como instância de recurso.

2. Nobreza

Ao contrário de uma convicção comum, a nobreza, em geral, não beneficia de foro privilegiado. Contudo, os nobres beneficiam de um estatuto processual penal mais favorável, nomeadamente quanto à sujeição a certo tipo de provas, de procedimentos e de penas.

3. Professores e estudantes da universidade

3.1. Juiz conservador da universidade[442].
3.2. Casa da Suplicação.
3.3. Directoria geral dos Estudos[443].

4. Estrangeiros

Em função do seu estatuto particular, os estrangeiros podiam beneficiar de foro próprio. Assim, reconhecia-se a alguns estrangeiros o privilégio de verem as suas causas julgadas por juiz conservador, quer no domínio

---

[438] Bibliografia: as colectâneas de legislação e as obras de processo e decisões citadas.

[439] V. Castelo Branco, *Practica criminal do foro militar para as auditorias e conselhos de guerra*, Lisboa, 1783 e Lisboa, 1819; sobre a legislação pombalina em matéria de crimes cometidos por militares, v. Rui Manuel de Figueiredo Marcos, *A Legislação Pombalina*, cit.

[440] Regimento do Conselho da Fazenda, § 23 (*SRR*, V, pp. 221 ss.).

[441] Foram instituídos em 20 de Outubro de 1763, depois extintos por Alvará de 26 de Fevereiro de 1789. V. ainda os Alvarás de 4 de Setembro de 1765, de 26 de Fevereiro de 1789.

[442] OF.3.12.

[443] Foi criada pela Carta de Lei de 17 de Dezembro de 1794.

comercial, quer em outros domínios. Este estatuto é reconhecido a ingleses, franceses, espanhóis, alemães, cidadãos do Império e das cidades hanseáticas, e italianos. Em recurso, é competente a Casa da Suplicação.

5. Clérigos

5.1. Magistrados ordinários[444]

Não se pode perder de vista que as jurisdições eclesiásticas não dispõem do *império*, isto é, do poder de executar as suas decisões, o qual dependia de uma decisão tomada pelos juizes e tribunais temporais. Era o instituto da *ajuda do braço secular*, previsto nas Ordenações (OF.2.8). O tema foi especialmente discutido no Concílio de Trento e a execução das decisões das jurisdições eclesiásticas foi aí aprovada como princípio. Contudo, esta disposição não foi recebida no direito português.

5.1.1. Primeira instância

Em primeira instância, junto de cada episcopado existia uma Mesa de Justiça, situação similar à que encontramos nas Abadias e Priorados.

5.1.2. Segunda instância

Em segunda instância de julgamento encontramos quatro Relações Eclesiásticas: Lisboa, Braga, Évora, Goa.

5.1.3. Terceira instância

Tribunal da Legacia[445].

---

[444] V. OF. 1.50 e 1.62. Sobre a relação entre as jurisdições eclesiásticas e temporais, v. Gabriel Pereira de Castro, *Tractatus de Manu Regia*, 2 tomos, Lugduni, Claudii Bourgeat, 1673; Gabriel Pereira de Castro, *Monomachia sobre as concordias que fizeram os reys com os prelados de Portugal nas duvidas da jurisdiçam ecclesiastica e temporal e Breves de que foraõ tiradas algumas Ordenações com as Confirmações Apostolicas, que sobre as ditas Concordias interpuzeraõ os Summos Pontifices*, Joze Francisco Mendes, Lisboa Occidental, 1738; cf. Bernardino Carneiro / José de Paiva Pitta, *Elementos de Direito Ecclesiastico Portuguez*, Coimbra, Imprensa da Universidade, 1896, pp. 397 ss. Na historiografia contemporânea, v. Marcelo Caetano, "Recepção e execução dos decretos do concílio de Trento em Portugal", in *RFDL*, 19 (1965). Acerca das causas da disciplina interna da Igreja, cuja jurisdição era privativa dos respectivos juizes, v. A. M. Hespanha, *Poder e Instituições...*, pp. 43-44.

[445] Acerca do Tribunal da Legacia, v. o Aviso de 14 de Junho de 1744, estabelecendo que os ministros e o promotor devem ser nacionais, «como sempre se praticou»; não se permitia que os desembargadores da Casa da Suplicação fossem aí juizes (Decreto de

5.2. Magistrados privilegiados

5.2.1. Clérigos regulares: juizes ordinários.
5.2.2. Cavaleiros das Ordens militares

Em primeira instância e apenas nas causas criminais é competente o juiz dos cavaleiros das três ordens e ouvidores dos mestrados[446]. Nas causas cíveis, apenas os cavaleiros da Ordem de Malta gozam de privilégio de foro[447].

Em segunda instância criminal, cabe recurso para a Mesa da Consciência e Ordens Militares[448].

5.2.3. Oficiais e familiares do Santo Ofício

Era juiz dos oficiais e familiares do Santo Ofício o juiz do Fisco, magistrado especializado do Santo Ofício da Inquisição[449].

5.2.2. Em razão da matéria
5.2.2.1. Junta do subsídio literário[450].
5.2.2.2. Junta da Bula da Cruzada[451].

---

24 de Outubro de 1663). De modo distinto, junto do núncio existe um auditor da Legacia, como seu assessor ou secretário, eventualmente exercendo as funções de encarregado de negócios na sua ausência (sendo então chamado internúncio). Sobre o Tribunal da Legacia, v. António Vanguerve Cabral, *Pratica Judicial...*, I, cap. 79 (e III).

[446] V. OF. 2.12; cf. ainda a Lei de 6 de Dezembro de 1612 e o Alvará de 21 de Outubro de 1763.

[447] Lei de 6 de Dezembro de 1612 e Alvarás de 25 de Julho de 1777 e de 27 de Novembro de 1797.

[448] A Mesa da Consciência e Ordens Militares não se encontra prevista nas Ordenações. Sempre poderia caber recurso à Coroa, por ser o rei o Grão-Mestre das Ordens Militares.

[449] V. Carta Régia de 14 de Setembro de 1562 contendo os "privilégios concedidos aos oficiais e familiares do Santo Ofício (*SRR*, III, pp. 120 ss.) e Alvarás de 18 de Janeiro de 1580 e de 31 de Dezembro de 1584 (*SRR*, III, pp. 223 ss.). O privilégio de foro consistia na atribuição aos inquisidores de jurisdição nas causas criminais em que os familiares fossem autores ou réus, excepto por crime lesa majestade, sodomia, desobediência e outros.

[450] V. *infra*.

[451] A Junta da Bula da Cruzada era a instituição responsável por conhecer em recurso das decisões dos Comissários da Bula em todas as questões relativas às rendas da Bula da Cruzada (Regimentos de 10.5.1634 e de 28.9.1761 (*SRR*, VI, pp. 201 ss.). Estas esmolas e seus rendimentos eram aplicados no provimento de lugares em África e obras pias. Para outras referências v. Pereira e Sousa, s.v. bula. Para o Conselho da Cruzada em Espanha, v. Feliciano Barrios, *Reales Consejos*, pp. 147-154.

Instituição e Privilégio 221

6. Desembargadores

No exercício de funções, os juizes e desembargadores não podiam ser citados para nenhuma acção cível ou crime, excepto por parte do corregedor da corte (OF.2.59.10). Querendo citar alguma pessoa no âmbito de uma acção cível, podiam igualmente fazê-lo através do corregedor da Corte (OF.2.59.11; OF.3.5).

Os desembargadores gozam de diversos privilégios jurisdicionais[452].

7. Outras

O mapa jurisdicional do antigo regime não estaria completo sem uma referência a outros grupos que igualmente dispunham de regimes específicos, como é o caso de cegos[453], viúvas, órfãos e pessoas miseráveis[454], pescadores[455], entre outros.

B\ Em razão da matéria

1. Jurisdições especializadas em matéria criminal, em razão do delito[456]

1.2. «Crime de dizer mal do rei»: o rei[457].

1.3. Causas de inconfidência: Junta da Inconfidência[458].

---

[452] OF. 3.5; 2.59; 1.8.4; 2.4.3; 5.3.6. Cf. *Judex Perfectus*, § 61 VI.

[453] As causas dos cegos eram julgadas pelo juiz conservador, que era o mais antigo dos corregedores do cível da cidade (Provisão de 7 de Janeiro de 1749).

[454] OF.3.5.3-5; 3.12.1. Cf. o Regimento de como se há-de tirar residência aos juizes dos órfãos e a seus oficiais (*SRR*, IV, pp. 381 ss.).

[455] Alvará de 5 de Julho de 1747.

[456] Para a história do direito criminal português, v. António Luís de Henriques Secco, "Bibliographia de Direito Criminal Português", in *RLJ*, 5 (1872-3), p. 146; Guilherme Braga da Cruz, "O movimento abolicionista e a abolição da pena de morte", cit.; Eduardo Correia, "Estudo sobre a evolução histórica das penas no direito português", no *BFDC*, 53 (1977).

[457] As Ordenações Filipinas expressamente estabeleciam que o cometimento do crime de "dizer mal del-Rey" (OF.5.7) pertencia à própria jurisdição do príncipe, ou de quem este cometesse (v. *Repertório das Ordenações*, II, p. 158, n. a) e IV, p. 30, n. a); Pereira e Sousa, *Classes dos Crimes*..., pp. 45 e ss.).

[458] Não existe um tribunal da inconfidência permanente, mas, pelo menos no reinado de D. José, para cada causa o rei nomeia os respectivos magistrados (v. Decreto de 7 de Dezembro de 1785 e Portaria de 23 de Agosto de 1792). A Colecção da Junta da Inconfidência do ANTT só abrange situações posteriores a 1756. Quanto ao seu funcionamento antes daquela data: sentença da Junta da Inconfidência contra o duque de Aveiro pelo crime de lesa-majestade, de 29 de Agosto de 1663; sentença da Junta da Inconfidência

222 — O Espírito das Instituições

1.3. Crimes contra a fé e religião[459]: Santo Ofício da Inquisição[460].
Ministros: Comissários; qualificadores (teólogos); familiares.
Tribunais em primeira instância: Lisboa; Coimbra; Évora; Goa[461].
Em recurso: Inquisidor Geral; Conselho Geral do Santo Ofício.

1.4. Residências
Aos juízes: competência inspectiva da Mesa do Desembargo do Paço e competência de julgamento da Casa da Suplicação.
Aos oficiais do Ultramar: Conselho Ultramarino.

1.5. Médicos: Junta do Protomedicado[462].

1.6. Contrabando e descaminho
Em primeira instância: provedor ou ouvidor da alfândega[463]; depois superintendentes gerais das alfândegas (desde o Alvará de 26.5.1766; v. o Alvará de 14 de Fevereiro de 1772, § 3.°).

Em segunda instância: Junta do Comércio (juiz conservador geral do comércio, segundo o Alvará de 13.11.1756 e regimento de 16.12.1757); a partir de 1771, o superintendente geral dos contrabandos (regimento 16.12.1771 e Alvará de 20.5.1774).

2. Jurisdições especializadas em matérias comerciais

2.1. Mesa do bem comum dos comerciantes[464].
2.2. Tribunal do consulado.
2.3. Juiz da Índia e Mina[465].

---

contra Fernando Mascarenhas, conspirador contra D. Pedro, regente, de 8 de Maio de 1674; sentença da Junta da Inconfidência contra Fernando Teles de Faro, embaixador na Holanda, de 7 de Agosto de 1659.

[459] Para além das disposições das Ordenações, v. ainda a Lei de 12 de Junho de 1769.

[460] Regimentos em 15.3.1570; 22.10.1613; 22.10.1640; 1.9.1774. Os crimes cujo conhecimento era da jurisdição da Inquisição eram os seguintes: heresia; apostasia; blasfémia; sacrilégio; crimes sexuais (sodomia, etc.). A bibliografia sobre a Inquisição é infindável. V., por último, Francisco Bethencourt, *História das Inquisições. Portugal, Espanha e Itália*, Lisboa, Temas e Debates, 1996.

[461] Na terminologia legal, Juiz do fisco para as matérias de confisco dos bens dos condenados.

[462] Foi criada por Lei de 17 de Junho de 1782, elevada a Junta Real (Decreto de 27 de Novembro de 1799), e extinta por Alvará de 7 de Janeiro de 1809).

[463] OF. 1.52; Foral da cidade de Lisboa de 15.10.1587, cap. 101.

[464] Mesa do Espírito Santo dos Homens de Negócios que procuram o bem comum do comércio.

[465] Entre outras causas, o juiz da Índia e da Mina é igualmente responsável pelas causas dos fretes e avarias (OF. 1.51). Numa decisão da Casa da Suplicação foi decidido

Instituição e Privilégio 223

2.4. Juizes das nações privilegiadas[466].
2.5. Juízo dos falidos[467].

3. Jurisdições especializadas nas matérias da fazenda

3.1. Jurisdição local:
Ouvidor da alfândega da cidade de Lisboa[468].
Juizes das alfândegas de todo o reino (2)[469].
Juiz do fisco do Santo Ofício da Inquisição[470].
3.2. Jurisdição superior comum: Conselho da Fazenda[471].
3.2. Jurisdição especializada: companhias comerciais
Perante a debilidade do Estado, compreende-se que tenham sido conferidos importantes privilégios jurisdicionais às grandes companhias comerciais. Fenómeno estudado em pormenor por Rui Marcos, a autonomia das companhias de comércio permite entender a ligação existente entre direito público e direito comercial[472]. Destaque para a Companhia Geral do Comércio com o Brasil[473], a Companhia de Cacheu e Rios da Guiné[474], depois Companhia de Cabo Verde e Cacheu[475], a Companhia do Grão Pará e Maranhão[476] e a Companhia Geral da Agricultura das Vinhas do Alto Douro[477].

---

que o inciso legal contido nas ordenações acerca do Juiz da Índia e Mina, "dos quais casos nenhum outro julgador tomará conhecimento" importava uma restrição à competência de um juiz a quem o Rei especialmente delegasse o conhecimento de certa causa (Melchior Febo, *Decisiones Senatus Regni Lusitaniae...*, 2ª parte, aresto 75 [= p. 504]).

[466] Com esta denominação designam-se os juizes privativos concedidos por privilégio especial aos comerciantes de certas nacionalidades. Era o caso dos comerciantes das cidades da Liga Hanseática (v. OF. 1.49.3 e aviso de 31 de Janeiro de 1778), entre outros.

[467] Alvarás de 13 de Novembro de 1756 e de 8 de Agosto de 1811.

[468] OF. 1.52.

[469] 26 de Maio de 1766.

[470] Regimento de 10 de Julho de 1620 (Juízo das Confiscações).

[471] V. José Mendes da Cunha Saraiva, *A Administração Superior da Fazenda e os seus Ministros*, Lisboa, 1952; id., *Magistrados do rei D. João V*, Lisboa, 1943.

[472] Rui Manuel de Figueiredo Marcos, *As Companhias Pombalinas...*, pp. 282 ss. e pp. 786 ss.

[473] A Junta da Companhia Geral do Comércio com o Brasil foi instituída por Alvará de 10 de Março de 1649, tendo durado até 1720 (Alvará de 1 de Fevereiro de 1720). Tinha jurisdição privativa, a cargo de um juiz conservador, cuja jurisdição foi declarada pelo Alvará de 9 de Dezembro de 1682; acerca dos seus adjuntos, v. o Decreto de 16 de Dezembro de 1682.

[474] Foi instituída por Alvará de 19 de Maio de 1676.

[475] Foi instituída em 1690.

[476] Foi instituída por Alvará de 6 de Junho de 1755.

[477] A Junta da Companhia Geral da Agricultura das Vinhas do Alto Douro consti-

4. Jurisdições especializadas nas questões de imprensa

A competência e jurisdição foram mistas (Desembargo do Paço, Ordinário, Inquisição)[478] até à fundação da Real Mesa Censória, voltando a esta situação após a sua extinção.

5. Outras jurisdições especializadas

5.1. Juiz da Santa Casa da Misericórdia de Lisboa[479].

5.2. Juiz dos cavaleiros.

5.3. Juiz geral das Ordens Militares.

5.4. Juiz da Índia e da Mina, que julga as questões ultramarinas (OF.1.51).

5.3. Juiz do fisco. Todas as causas em que o fisco tem interesse devem ser remetidas ao juiz do fisco (OF.1.18), nomeadamente as relativas a dívidas reais, dos fiscos dos ausentes, da Inconfidência e da Inquisição, coutadas reais, capelas da Coroa, dízimas da chancelaria e represálias.

§ 12.°
Privilégio e direito público

I. PRIVILÉGIO E REGIME

Podemos interpretar estes elementos sobre os privilégios e os foros privilegiados como uma reverência às formas mistas de governo? Como já assinalado, os publicistas europeus do século XVIII interrogam-se sobre a natureza do regime em Portugal. Não restam dúvidas de que estes privilégios limitam o poder dos reis e, consequentemente, a sua natureza absoluta. Montesquieu foi, de resto, o grande teorizador setecentista dos regimes limitados e a sua preferência por esta limitação do poder vai de par com a rejeição do despotismo[480].

---

tuía uma instituição superior, dotada da faculdade de apresentar directamente ao rei as suas consultas e representações (Carta Régia de 26 de Maio de 1777). Cabia-lhe igualmente arrecadar o subsídio literário na área sob a sua jurisdição (Alvará de 10 de Novembro de 1772).

[478] I. S. Révah, *La Censure Inquisitorial Portugaise au XVI. é. Siècle. Étude accompagnée de la reproduction en fac-simile des Index*, I, Instituto de Alta Cultura, 1960, p. 27, acerca do estabelecimento em 1576 da censura pelo Desembargo do Paço (Alvará de 4 de Dezembro).

[479] V. OF.1.16.

[480] *O Espírito das Leis*, II, 4.

Em relação a Portugal, a discussão acerca dos privilégios do clero constitui um dos temas suscitados pelo absolutismo. A monarquia pura procurou combater os privilégios dos estados ou corpos, precisamente porque incompatíveis com a natureza do Estado que se prosseguia. Este combate não se dirigia propriamente contra os privilégios individuais e colectivos, reconhecidos pelo rei, mas contra os privilégios dos estados, enquanto tal – isto é, subtraídos à disponibilidade régia.

A não convocação das Cortes pelos reis comporta uma explicação política. Ao actuar deste modo os reis não reconheciam existência autónoma aos estados, clero, nobreza e aos concelhos, mas, quando muito, uma existência derivada da vontade ou do consentimento do rei.

Os vocábulos usados pela literatura política acentuam esta vertente. Perante o *súbdito* ou *vassalo* ergue-se a vontade do *sumo imperante*. A intencionalidade do uso da linguagem deve ser observada. Entre o monarca e o vassalo não se interpõem os estados, as ordens ou as corporações. O vocabulário da legislação do tempo de D. José I constitui um excelente guia destas concepções jurídico-políticas: os vassalos devem respeitar o príncipe, obedecer às suas leis, respeitar e obedecer aos seus magistrados e ministros, ser leais e fiéis[481].

A ética política da monarquia, tal como construída pela segunda escolástica e pelos seus seguidores, assenta nas virtudes dos reis e dos detentores de poder – os reis perfeitos, os perfeitos secretários, os perfeitos juizes, etc. A prudência é a síntese deste saber adquirido pela experiência e alicerçado nas virtudes individuais. A resposta do absolutismo será outra – a monarquia pura.

Contra os reis não existe outro remédio senão o sofrimento.

> «Não havia contra os mesmos Reis mais recurso que o do sofrimento; porque Deus não ouviria nunca os incompetentes clamores com que o Povo acusasse o seu próprio Rei»[482].

O rei, tal como é o autor da lei, é igualmente a fonte das dispensas da lei e dos privilégios. E é ainda o supremo magistrado, aquele que pode avocar qualquer causa e, em recurso, anular as decisões proferidas por qualquer instância, mesmo se transitada em julgado. Não existe, consequentemente, uma verdadeira garantia jurídica contra o abuso do poder.

---

[481] Coelho e Sousa, *Remissõens das Leys...*, s.v. "vassallos".
[482] José de Seabra da Silva, *Deducção Chronologica, e Analytica*, I, § 558.

226   *O Espírito das Instituições*

Na descrição dos ofícios dos vassalos para com o sumo imperante, matéria com que Francisco Coelho de Sousa e Sampaio encerra a exposição de direito pátrio, realça-se o dever de obediência às leis do príncipe, quer sejam boas, quer sejam más[483].

Nas *obrigações do vassalo*, deixou escrito o Marquês de Penalva, inclui-se o dever de obediência ao soberano como preceito de direito natural[484].

Para os escritores do liberalismo, a *desconstrução* semântica da política do antigo regime passou pela invenção do conceito de despotismo e pela crítica do *vassalo*:

> «Apelidaram-se *Senhores* destas terras, e aos moradores delas denominarão *Vassalos*, como hum nome hum pouco menos indecoroso que o de *escravos adscritos ao terreno*, nome que se havia adoptado em outros Países»[485].

No debate sobre a natureza destes privilégios no final do século XVIII não pode perder-se de vista a opinião dos autores que entendem que os privilégios dos estados e das ordens têm a natureza de lei fundamental. Esta é a visão de Ribeiro dos Santos, seguindo a *doutrina parlamentar* francesa. A abolição destes privilégios, consequentemente, não podia ser feita por lei do rei. A este respeito, José Esteves Pereira sublinha a importância de um manuscrito de Ribeiro dos Santos acerca da nobreza:

> «Sem nobreza não pode haver monarca. Porque é necessário que haja um poder intermédio que modifique o absoluto poder do soberano e a grande submissão do povo. A nobreza tem ao pé do soberano um cargo mais elevado e como uma partícula de soberania, dependente do trono; porque eles têm por infâmia o participar o Governo com o povo, ao mesmo tempo que tem por glória em participarem o do rei.»[486]

---

[483] Francisco Coelho de Sousa e Sampaio, *Prelecções de Direito Patrio Publico e Particular*, 1ª e 2ª parte, pp. 201-202.

[484] Fernando Telles da Silva Caminha e Menezes, *Dissertação sobre as Obrigações dos Vassalos*, da obediência ao rei como preceito natural, pp. 54 ss.

[485] Manuel Borges Carneiro, *Portugal Regenerado em 1820*, p. 14 (realçados no original). Cf., no entanto, Joaquim de Santa Rosa de Viterbo, que, no seu *Elucidário*, recorda que, no princípio, *vassalo* era um título de honra reservado aos domésticos do príncipe, aos fidalgos da sua Corte e reino, e ainda aos ministros e assessores dos seus tribunais (II, p. 396).

[486] José Esteves Pereira, *O Pensamento Político...*, pp. 271-273 (Ribeiro dos Santos, BNL, ms. 4595, fl. 173).

Instituição e Privilégio

Na sua original teorização, o canonista português distingue três categorias sociais[487]. A classe superior é constituída pelos fidalgos (por mercê régia; por linhagem; de solar; notáveis ou principais; grandes do reino). A classe média compreende nobres em geral e ordens particulares: escudeiros e cavaleiros. A classe inferior é a dos plebeus e peões: agricultores e trabalhadores, artífices e mesteirais.

Pareciam longe a sociedade burguesa e o Estado liberal.

II. PRIVILÉGIO E ESTADO MODERNO

A situação europeia é similar à que foi descrita para Portugal, marcada pela fragmentação local e pessoal do direito, situação agravada pelo carácter não homogéneo das práticas locais e pela multiplicação pessoal do direito através de situações e privilégios corporativos[488]. Em França, o particularismo jurídico é aumentado pelas diferenças entre o *país* do costume e o *país* do direito escrito.

A criação do Estado moderno passou pela apropriação dos poderes privados em favor das instituições públicas. Primeiro, através da proibição da vingança privada; depois, pela submissão da economia privada às jurisdições comuns. Em torno do monopólio da violência legítima consagra-se um discurso e uma prática institucional que distingue entre o bem comum, a utilidade pública, a coisa pública, perante o bem próprio, a utilidade particular e a coisa privada.

Este discurso vai evoluir de modo a sublinhar duas ideias. A oposição e diferenciação entre a utilidade pública e a privada e a superioridade do bem comum e da utilidade pública sobre o bem ou a utilidade privados. De certo modo, reencontramos a este propósito o problema suscitado pelo nominalismo: o interesse público é o somatório de interesses particulares ou uma realidade qualitativamente distinta? Na tradição do utilitarismo anglo-saxónico, o interesse público respeita a interesses privados que o Estado entende patrocinar, precisamente porque relevantes para a utilidade pública. Na tradição continental, a tentativa de encontrar uma síntese entre o bem comum a que se referia a escolástica e a satisfação de interesses privados produziu uma fórmula de interesse público equívoca e susceptível de apropriação para as razões de Estado. É ao governante que per-

---

[487] *Notas ao Plano*, XIX, diversas classes de cidadãos, p. 32.

[488] V. Adriano Cavanna, *Storia del Diritto Moderno in Europa. Le fonti e il pensiero giuridico*, 2ª ed., Milano, 1982, pp. 208 ss.

228   *O Espírito das Instituições*

tence declarar o que é e qual é o interesse público e a sua fundamentação pode ser mantida secreta. O interesse público não é, portanto, a mesma coisa que interesse da maioria.

A invenção do Estado moderno assenta também na distinção entre público e privado, a qual vai levar, embora apenas no século XIX, a uma distinção entre direito público e direito privado. Em especial, pela apropriação dos meios de gestão privada nos sectores vitais para a construção institucional do Estado, militares, fiscais e judiciais.

III. DA IGUALDADE NATURAL À IGUALDADE CIVIL

São diversos os factores que se conjugam durante o século XVIII para pôr em causa as estruturas sociais sobre as quais assentava o Estado e o direito. Já não estamos apenas perante críticas dos abusos, nomeadamente aqueles que são denunciados pela literatura, mas perante um repensar das relações entre o homem, a sociedade e o Estado.

Os tratados do conhecimento e das sensações, como de Adam Smith e outros, são fundamentais na teorização dos tipos de conhecimento, prévios à acção e na discussão sobre os tipos de condicionamentos da liberdade dos homens[489].

Na formação da nova ciência do direito público nos países católicos confluem elementos contraditórios e de difícil fusão, nomeadamente elementos provenientes do direito romano, da época medieval, da monarquia absoluta, do camaralismo e da ciência de polícia. A reforma do direito público procura abolir os sistemas de privilégios corporativos[490].

Do mesmo modo, a invocação da natureza tem um potencial libertador nos tratadistas do século XVIII, porquanto vai permitir questionar, à luz da igualdade natural dos homens e dos seus direitos naturais, a natureza dos privilégios em que assenta a sociedade do antigo regime. Em relação ao direito privado, foi necessária a unificação do sujeito jurídico, reduzindo-o ao homem (Tarello). Neste sentido, e seguindo a lição da filosofia do direito de Martini, autor do manual de referência na formação universitária depois de 1772, os direitos dos homens podem ser absolutos, aqueles que resultam da própria natureza, e relativos, quando resultam de

---

[489] V. por todos Fernando Araújo, *Adam Smith. O Conceito Mecanicista de Liberdade*, Coimbra, Almedina, 2001, pp. 889 ss.

[490] Cf. Guido Astuti, *La Formazione dello Stato...*, pp. 288 ss.

algum facto do homem. No primeiro caso temos os direitos de apropriação, conservação, segurança, liberdade e defesa, iguais para todos os homens, e em relação aos quais todos os homens têm as obrigações de *neminem laedere* e de *suum quique tribuere*[491]. No entanto, nem a doutrina nem a jurisprudência retiraram destas referências doutrinárias o conceito de capacidade jurídica como qualidade abstracta da pessoa[492].

No período final do antigo regime a controvérsia centra-se na segurança e certeza do direito, condições para o gozo dos direitos e liberdades. Os obstáculos eram diversos, como ficou referido. Os privilégios de foro e a estrutura judicial, bem como a debilidade do sistema de garantias, ao lado da estrutura das fontes de direito, eram apontados como factores de incerteza e de insegurança. A crítica do iluminismo dirige-se a um sistema de garantias legais, teoricamente aperfeiçoado, mas com graves problemas no seu funcionamento prático. Por esta razão, no plano jurisdicional o sentido das reformas pretende pôr termo aos conflitos de normas e de jurisdição que punham em causa a certeza e a segurança dos direitos, elementos centrais da racionalidade jurídica e valores burgueses por excelência. Em especial desde a Lei da Boa Razão acredita-se que a lei e os assentos da Casa da Suplicação são os instrumentos da certeza do direito, de modo a evitar, para usar a expressão de um autor do barroco e de todos os tempos, que *as lides se fizessem eternas* (António Carvalho de Parada).

É mais controversa a formação de um direito igual para todos, não apenas por pressupor a igualdade dos associados, como por implicar uma relação entre liberdade e igualdade, igualdade jurídica e igualdade material.

IV. PRIVILÉGIOS E LIBERALISMO

O significado político dos privilégios no antigo regime ficou acima referido. O sistema burocrático, em geral, e o judicial, em particular, são

---

[491] V. Carl Anton von Martini, *Positionis de Iure Civitatis*, Olissipone, Franciscum Borges de Sousa, 1772, III, § 85 ss.; comentário em Luís Cabral de Moncada, *Subsídios para uma História da Filosofia do Direito em Portugal*, 2ª. ed., Coimbra, Coimbra Editora, 1938, pp. 11 ss. Quanto à reforma dos estudos de 1772 e o ensino jurídico, em geral, v. Mário Júlio de Almeida Costa, "Leis, cânones, direito", in *DHP*, III, pp. 453 ss. e "O Direito (Cânones e Leis)", in *História da Universidade em Portugal*, Universidade de Coimbra e F.C.G., s.l., 1997, I/1, pp. 271-285 e I/2, pp. 823-835.

[492] V. Giuliana D'Amelio, *Illuminismo e Scienza del Diritto in Italia*, Giuffré, Varese, 1965, pp. 64 ss.

230   *O Espírito das Instituições*

essenciais para a caracterização da sociedade pré-liberal. É esta importância que explica o seu lugar no debate político do início do liberalismo acerca das funções e organização do Estado.

A interpretação de um dos clássicos do pensamento político contemporâneo pode ser invocada. Décadas volvidas sobre a Revolução Francesa, em *O Antigo Regime e a Revolução*, Tocqueville procurou compreender a transição entre duas épocas históricas. Como e porquê se passou de um modelo aristocrático para um modelo democrático?[493] Em França, as raízes históricas desta transição ter-se-ão devido aos efeitos sociais e políticos da monopolização da vida social pela monarquia. Ao destruir os corpos intermédios, criou um vazio entre a monarquia e a sociedade; a centralização política e administrativa implicou uma centralização geográfica em Paris. Deste modo, o poder político, as honras e a influência foram concentrados num pequeno grupo de pessoas.

Os privilégios foram longamente discutidos na constituinte de 1821[494], fixando-se o debate na rejeição dos privilégios de foro pessoais ou resultantes de uma qualidade pessoal, nomeadamente de clérigos e de estrangeiros. No contexto revolucionário, os privilégios são ditos *odiosos* e expressão de uma situação social em que, «exaltando uma porção de indivíduos envilecem os outros»[495].

Estas observações são relevantes quando se trata de interpretar a legislação liberal relativa à igualdade dos homens. Importa não confundir o sentido de igualdade nas Constituições oitocentistas com o princípio da igualdade das Constituições do século XX. Uma questão cautelar consiste em saber o que se entende pela categoria abstracta *homem*, numa sociedade que mantém a escravatura e em que o gozo dos direitos políticos não se encontra atribuído de modo igualitário. As mulheres não gozam de direitos políticos e a repartição do sufrágio atende a critérios qualitativos e económicos. A interpretação dos textos do liberalismo setecentista e oitocentista não pode ser feito, como encontramos em Skinner e outros autores, como se fossem nossos contemporâneos e, consequentemente, o vocabulário político tivesse o mesmo sentido que nos nossos dias. Portanto,

---

[493] Cf. *O Antigo Regime e a Revolução*, Lisboa, Fragmentos, 1989; *Da Democracia na América*, Estoril, Principia, 2001.

[494] *Diário das Cortes Geraes e Extraordinarias da Nação Portuguesa*, anos 1821--1822, pp. 189 ss.

[495] Telmo Verdelho, *As palavras e as ideias na Revolução liberal de 1820*, Coimbra, INIC, 1981, pp. 42-43.

Instituição e Privilégio 231

trata-se de igualdade perante a lei, não de igualdade material. As palavras sugestivas das *Lições de Direito Público Constitucional* de Rámon Salas ilustram bem a hierarquia de valores do liberalismo nascente:

> «A propriedade é o mais sagrado de todos os direitos do homem, o fundamento de toda e qualquer associação política; de maneira que quando a igualdade e a propriedade estão em oposição e se excluem mutuamente, a igualdade deve ser sacrificada à propriedade.»[496]

Tenho utilizado a expressão democracia de proprietários para designar a forma de organização política e social cuja hierarquia de valores e de direitos antepõe a propriedade à igualdade.

A este respeito, dispõe-se expressamente no texto constitucional de 1822:

> «A lei é igual para todos. Não se devem portanto tolerar privilégios de foro nas causas cíveis ou crimes, nem comissões especiais. Esta disposição não compreende as causas que pela sua natureza pertencem a juízos particulares, na conformidade das leis» (art. 1.º, § 9.º).

Assim, a luta pela igualdade dirige-se sobretudo contra os privilégios jurisdicionais, que são abolidos. O liberalismo vai implicar uma nova organização judiciária e um novo ordenamento processual[497]. Depois virá uma evolução semântica que, no final, vai designar por privilégio uma nova realidade. Esta transição está consumada na obra de Coelho da Rocha. Sublinhando a abolição dos privilégios que não estão essencialmente ligados aos cargos por utilidade pública, nos termos da Carta Constitucional (art. 145 § 15), este autor define privilégio como o direito especial que as leis concedem em favor de certas pessoas ou coisas, enquanto excepção ou dispensa da lei geral. Esta ligação entre privilégio e lei é essencial para caracterizar o instituto. Assim, o privilégio divide-se em direito singular, de que seriam exemplo os privilégios dos comerciantes e dos eclesiásticos

---

[496] Rámon Salas, *Lições de Direito Público Constitucional*, Lisboa, Rollandiana, 1823, pp. 29-30.

[497] V. Manuel de Almeida e Sousa de Lobão, *Segundas Linhas...*, I; Correia Telles, *Manual do Processo Civil. Supplemento do Digesto Portuguez*, nova edição revista, Lisboa, Livraria Clássica Editora, 1909; Chaves e Castro, *A Organização e a Competência dos Tribunais de Justiça Portuguêses*, Coimbra, França Amado, 1910, pp. 20 ss.; *idem*, *Estudos sobre a Reforma do Processo Civil Ordinário Portuguez*, Coimbra, Imprensa da Universidade, 1866, pp. 32-65.

e privilégio em sentido próprio, exemplificado com a figura dos novos inventos[498].

Talvez ninguém melhor do que Silvestre Pinheiro Ferreira pudesse definir as características do Estado liberal do século XIX. Fê-lo no seu *Curso de Direito Público* de 1845, síntese de muitos estudos anteriores ou, como diz o autor, conclusão de 56 anos de meditação sobre a história e de 45 anos de experiência adquirida. O mais importante filósofo português do direito e da política da primeira metade do século XIX sintetiza os dois princípios de um «governo francamente representativo» – independência e eleição para todos os cargos e responsabilidade e publicidade de todos os actos. Já é outro o espírito das instituições políticas[499].

---

[498] Coelho da Rocha, *Instituições de Direito Civil Portuguez*, § 48 [4.ª edição, I, Coimbra, Imprensa da Universidade, 1857, pp. 29-30].

[499] Silvestre Pinheiro Ferreira, *Cours de droit public*, I-II, Lisbonne, Imprimerie Nationale, 1845 e *Memoria sobre a administração da justiça criminal, segundo os principios do Direito Constitucional*, Lisboa, Typ. Lusitana, 1841, pp. 4 ss. Sobre o autor, v. Susana Antas Videira, *Para a História do Direito Constitucional Português: Silvestre Pinheiro Ferreira*, Coimbra, Almedina, 2005, pp. 302 ss.

CONCLUSÃO

1. O retorno ao passado

Existe uma verdade nas relações sociais que a literatura, mais do que a história ou a política, nos recorda constantemente – só se consegue perceber o valor das coisas depois de as perdermos. Contudo, o modo nostálgico com que o antigo regime é descrito em tantos textos oitocentistas constitui apenas um tributo a um mundo que desapareceu para sempre, não existindo intenção de o ressuscitar.

> «A sociedade já não é o que foi, não pode tornar a ser o que era – mas muito menos ainda pode ser o que é. O que há-de ser, não sei. Deus proverá.» (Almeida Garrett)[500]

O fidalgo arruinado, o frade exilado, o padre frustrado, o burguês enriquecido – que estes tipos humanos de *As Viagens na minha terra* tenham sido retratados por um dos introdutores do direito administrativo contemporâneo nada tem de irónico. O Portugal do século XIX vive dessa contradição entre a cidade e as serras, entre dois mundos num só país, o antigo e o novo.

Que as transformações sociais implicam um novo direito, já o sabíamos. Mas talvez nos seja necessário indagar a razão de ser destas mudanças, quando elas parecem manter, ou mesmo agravar, das revoluções liberais aos nossos dias, a contradição entre o antigo e o novo regime, as serras e a cidade, o Portugal moderno e o castiço.

2. As concepções institucionais

Estudada a construção do conceito de Estado, o que foi feito por Martim de Albuquerque, era importante verificar se a sua construção

---

[500] Almeida Garrett, *Viagens na Minha Terra*, cap. XLIX.

institucional foi feita de acordo com a matriz teórica que associa a política, a moral e o direito. Assinalamos, assim, o nascimento do Estado como sujeito da política e a autonomia de novas categorias do pensamento jurídico e político. É importante destacar, sem os descontextualizar, os factores caracterizadores da organização institucional pré-liberal. A lei, que cria as instituições e delimita a sua jurisdição; o processo dinâmico e muitas vezes contraditório das próprias instituições, no seu desenvolvimento histórico e no seu funcionamento quotidiano; os privilégios pessoais e dos grupos, que implicam uma dialéctica constante com a lei e com as próprias instituições.

Em qualquer caso, na evolução das instituições encontramos frequentemente mudanças que são explicáveis apenas por factores conjunturais, designadamente a personalidade dos responsáveis políticos ou a necessidade de responder a catástrofes naturais. O indivíduo e o acaso também são factores históricos. A história política e institucional não pode ser compreendida ignorando-se as pessoas, na sua grandeza e na sua pequenez, na razão e no sentimento. O aparente anacronismo e o carácter contraditório das acções e da natureza humanas, que encontrou em alguns escritores do renascimento admiráveis narradores, não podem ser desconhecidos do historiador do direito e das instituições.

A propósito do Estado, com profunda clarividência e num passo para o qual logo chamou a atenção Rousseau, Montesquieu enunciou no *Espírito das Leis* o seguinte pensamento: no início, as instituições são criadas por homens; depois, são as instituições que fazem os seus dirigentes. Com Montesquieu nasce uma reflexão crítica sobre as instituições políticas, que procura explicar os seus mecanismos e identificar a deontologia do seu funcionamento de modo a garantir a liberdade dos homens.

Nem todos os juristas se conformaram com esta sujeição das instituições à imprevisibilidade das condutas dos homens. Desde o renascimento nascem novas categorias jurídicas e políticas, através das quais a teoria procurou resolver o problema da incerteza e da contingência na vida social. É o caso da ciência da legislação ou ciência do governo, típica dos juristas do iluminismo setecentista, da ciência do Estado e da ciência da administração, propósito dos juristas do liberalismo oitocentista e da ciência do direito, que virá a tornar-se o grande ensejo dos juristas desde o século XX. Contudo, a racionalização da vida política comporta diversas dimensões. Como alertou Cassirer a propósito do *Mito do Estado*, uma delas é a da amputação das questões enunciadas pela teologia moral e jurídica acerca da natureza e teleologia do poder. Ao pretender encontrar as leis

Conclusão 235

científicas que governam a vida social, a razão simplifica os dados da realidade, varre para debaixo do tapete da ciência todos os elementos que considera não científicos. Porém, quando nos confrontamos com as teorias do conhecimento e das emoções e sentimentos dos escritores da Idade Moderna damo-nos conta da excessiva simplificação historiográfica que é resumir o pensamento de uma época à procura da ciência e do método.

Importa não perder de vista uma outra interrogação, nuclear desde o pensamento político e jurídico dos escritores das Luzes. A de saber se é possível e, sendo possível, se é desejável, um estatuto jurídico da vida política. O conceito de direito político exprimiu este desígnio dos escritores liberais do final do século XVIII, assente numa ambição epistemológica que exigiu um método específico – a ciência do direito público. Os requisitos para esta fundamentação jurídico-científica da vida política são conhecidos: leis fundamentais ou constituições escritas; separação de poderes; controlo jurisdicional dos actos do poder. De outro lado, a construção da Polícia como actividade do Estado tendente à satisfação das necessidades dos súbditos e à realização da sua felicidade realiza um alargamento das funções do Estado – na agricultura, comércio e indústria, na educação, na saúde, etc. – renovando o terreno teórico do aristotelismo e do conceito de vida boa e felicidade como fundamento do poder político. Mas esta nova perspectiva teórica acerca do poder político não exerceu importância efectiva no funcionamento real das instituições. Não distinguimos, portanto, as concepções institucionais do renascimento e barroco daquelas que encontramos na ilustração como modelos distintos de organização do Estado. Talvez esta observação seja paradoxal quando é comum encontrar, tanto nas histórias do direito e das instituições, como nas histórias das ideias políticas, o iluminismo como uma nova e distinta época. No entanto, quando se toma em consideração o tempo longo, o iluminismo aparece com um novo discurso político de fundamentação da monarquia pura, mas, na realidade institucional do Estado, as alterações não são nem substanciais nem de ruptura. Ainda mais, quando a estrutura fundamental do Estado se encontra desenhada desde D. Manuel I e as Ordenações Manuelinas. O absolutismo teórico do reinado de D. José I encarrega-se de dissipar as dúvidas quanto ao modelo da monarquia pura ou monarquia de direito divino. Os principais textos oficiais exprimem um catecismo político absolutista a que não falta, como nos países protestantes, a formulação de um direito público a respeito das coisas sagradas (*ius circa sacra*). A historiografia portuguesa tem muitas vezes visto na religião um instrumento para o domínio da Igreja sobre o Estado. Porém, a verdade é mais complexa, não faltando tentativas de colocar corporações e instituições da Igreja como instrumentos ao serviço do Estado. As características inovadoras deste absolutismo iluminado podem ser recordadas sinteticamente numa fórmula – intervencionismo estatal ou alargamento das funções do Estado, nomeadamente nos domínios da educação e da saúde.

A *invenção* do Estado moderno, com a simultânea invenção do funcionário moderno, resulta de uma combinação entre o poder e o direito, assente no domínio do tempo. As transformações políticas do início dos tempos modernos trouxeram o aparelho de justiça e da administração, com as suas leis, juizes e funcionários.

Soberania e legalidade, administração racional, instituições especializadas e simultaneamente dotadas de competência graciosa e contenciosa, funcionário profissional, são estas as características do Estado moderno. No plano local, assinala-se a multiplicidade de jurisdições e de privilégios. De outro lado, estas estruturas burocráticas tornam-se imprescindíveis ao funcionamento da sociedade quando quase tudo depende delas, desde a formação de companhias comerciais, a publicação de um livro ou a exploração de uma invenção. Exceptuam-se as matérias relativas à vida privada – e mesmo aí também algumas dependem de autorização. Teorizado pelos escritores da escolástica peninsular, como Molina, Suárez, Bento Pereira, Baptista Fragoso, e por juristas como António de Sousa de Macedo, João Pinto Ribeiro, etc., o respeito pela autonomia jurisdicional dos corpos e estados – família, corporações e concelhos – constitui um elemento pressuposto desta concepção do Estado.

No final do século XVIII dá-se o reforço simbólico da participação das instituições burocráticas na vida política, com a formulação do princípio de que os tribunais representam a comunidade e substituem as Cortes. A participação dos órgãos burocráticos no processo de decisão política é fundamental para caracterizar o processo de institucionalização do Estado.

Este estatuto dos órgãos superiores da monarquia será superado pelo liberalismo através da afirmação da superioridade do poder legislativo sobre os restantes poderes do Estado – portanto, remetendo as instituições burocráticas judiciais e administrativas para funções de aplicação da lei, predominantemente técnicas, neutrais e não políticas. Quanto ao estatuto do funcionário dir-se-á que é técnico e apolítico. Entramos nas mitologias jurídicas próprias do constitucionalismo liberal e democrático.

Um novo entendimento do direito político e do direito público nasce com a revolução francesa e com a revolução liberal portuguesa: constituições escritas; direitos naturais; separação de poderes; princípio da lega-

Conclusão

lidade da acção do poder e da igualdade dos cidadãos perante a lei; extinção dos foros privilegiados. A sociedade de privilégios organizada sobre uma constelação de jurisdições especializadas e de procedimentos especiais dá lugar a uma organização assente na igualdade dos cidadãos perante a lei.

3. Identidade

É importante recordar observações formuladas por autores tão diferentes e distantes no tempo como Montesquieu e Parsons. A identidade das instituições é construída pela acção, isto é, não decorre naturalmente apenas do seu estatuto e regimento. Daí a importância de conhecer a administração e a justiça por dentro, de acordo com o dinamismo que lhes é conferido pelos seus agentes e que é, por isso, variável ao longo do tempo. As instituições têm uma identidade própria, forjada pelos homens e pelo tempo. Identidade que decorre da jurisdição e da competência, definidas nos regimentos de cada organização, e de outros elementos que não resultam da lei nem são estritamente jurídicos: missão clara; normatividade das regras internas; simbolismo próprio. A interiorização destas regras pelos funcionários é um elemento indispensável da ética e disciplina dos ofícios. A construção institucional do Estado abre novas vias de mobilidade social, permitindo o acesso ao oficialato a novos grupos e famílias, que assumem as suas funções de modo exclusivo e profissional.

A identidade das comunidades humanas é igualmente o resultado do espírito das suas instituições políticas, tal como definido pelos seus regimentos e leis e pela acção dos seus magistrados e funcionários. Ao longo do presente estudo procurei chamar a atenção para a necessidade de integrar no estudo histórico da justiça e da administração o rosto humano das instituições, com as motivações, os sonhos e as desilusões dos seus funcionários – recusando o postulado científico de que podem ser estudadas apenas enquanto *organizações* ou que o direito público pode ser estudado apenas enquanto pensamento técnico.

O espírito das instituições não radica apenas na estrutura do Estado, mas alicerça-se também em regras de acção interiorizadas pelos seus agentes. A cultura das instituições assentou em características identificadas pelo pensamento político e tornadas realidade através dos regimentos das instituições. Enumerem-se estas características culturais que fazem o espírito das instituições: cultura escrita; legalidade da competência e do

238 *O Espírito das Instituições*

processo; responsabilidade do funcionário; respeito pelo segredo; colegialidade dos processos de decisão; garantia de recurso para instituições
superiores; cultivo da memória do Estado e de cada instituição.

4. Continuidades e rupturas

A questão da continuidade é bem conhecida da historiografia. Desde
Tocqueville que os pensadores europeus debatem a relação entre as velhas
estruturas do Estado absoluto – administração, exército, finanças, diplomacia, tribunais – e as novas, do Estado liberal. O absolutismo, ao produzir a
destruição das classes intermédias e dos seus mecanismos de representação e de simbolismo, foi o responsável pelo advento da sociedade liberal? O tema tem sido muito discutido em França, a propósito da revolução
e das suas origens. Como, no plano da teoria política, se questiona se o
absolutismo, ao pôr em causa ideias recebidas desde a Idade Média para
formular os princípios da monarquia pura, foi igualmente responsável por
levar a opinião pública a pôr em causa respostas recebidas aos temas da
origem e da transmissão do poder, deste modo duvidando de princípios longamente tidos por indiscutíveis. Podemos igualmente perguntar se foi o
Estado a entidade responsável pelo nascimento da *civilização*. O argumento,
reiterado a diversos propósitos, é o de que Portugal foi uma criação do
Estado. A permanente debilidade da sociedade civil justifica esta asserção
acerca da necessidade de um poder político forte, seja a de príncipes como
Afonso Henriques, João II ou Manuel I ou de políticos como o Marquês
de Pombal ou António de Oliveira Salazar. Contudo, esta interpretação
geral não toma em consideração a natureza, a dimensão e o modo efectivo
de funcionamento do Estado pré-liberal – nem a perspectiva jusnaturalista
que considera o Estado como uma parte da sociedade. No presente ensaio
apresentámos alguns dos elementos fundamentais a ter em consideração
na interpretação deste fenómeno: a pequena dimensão do aparelho de
Estado contrasta com o vasto território a governar e as extensas atribuições
conferidas; de outro lado, a autonomia das famílias e corporações é garan-
tida pela existência das instituições públicas.

Com a ilustração liberal, uma nova antropologia política tende a seg-
mentar a natureza humana, de modo a tornar possível a racionalidade da
condução da vida política, económica e social e a remeter a paixão e o
sentimento para o domínio do privado e do íntimo. Separação artificial e
meramente tendencial, bem entendido. Mesmo as paixões políticas deve-

Conclusão   239

riam ser travadas num quadro retórico bem delimitado, nos parlamentos e em público. A recusa do paternalismo político e o triunfo da razão formal deveriam levar à erradicação de todos os elementos, alguns deles de natureza medieval e feudal, que construíam o poder dos governantes em torno de pressupostos não estritamente racionais, como o amor e a amizade, o respeito pelas promessas e o cumprimento escrupuloso da palavra. A política contemporânea vai exigir um novo espírito às suas instituições. Mas que esse espírito tenha tanto que ver com a época estudada também nada tem de surpreendente. Por trás da natureza do Estado descobrimos sempre a condição humana.

ÍNDICES [501]

---

[501] Índice de autores e temas referidos no corpo do trabalho, com excepção das notas.

ÍNDICE DE AUTORES

A

Aboim, Diogo Guerreiro Camacho de – 32, 47, 75, 111, 204, 205
Aquino, S. Tomás de – 16, 90, 176
Ajello, Raffael – 27
Albuquerque, Martim de – 12, 22, 26, 27, 36, 41, 53, 122, 233
Albuquerque, Ruy de – 11, 22, 41
Almeida, Padre Teodoro de – 75
Almeida, Pedro Tavares de – 22
Alvarenga, José António de – 66
Amaral, António Cardoso do – 33, 204
Andrade, António Banha de – 34
Anjos, Frei Manuel dos – 47
Araújo, Jerónimo da Silva de – 33
Araújo, João Salgado de – 46, 196
Aristóteles – 16, 58, 70, 90, 110, 201
Aron, Raymond – 16, 116
Azevedo, Luís Motinho – 69, 99

B

Balbi, Adrien – 32
Barbosa, Agostinho – 33
Barbosa, Manuel – 33
Barros, Henrique da Gama – 12
Barros, João de – 55, 114
Beja, Frei António de – 46, 62, 113
Bernardes, Padre Manuel – 80, 81
Bloch, Marc – 22
Brito, Rodrigues de – 66
Bodin – 52, 59
Bourdieu, Pierre – 16

Botelho, Francisco de Almeida e Amaral – 205
Botero, Giovanni – 32, 44, 80

C

Cabedo, Jorge de – 105, 136, 205
Cabral, António Vanguerve – 204
Cáceres, Lourenço de – 46, 196
Caeiro, Francisco da Gama – 34
Caetano, Cardeal – 188
Caetano, Marcello – 11
Calafate, Pedro – 34
Caminha, Gregório Martins – 133, 203
Camões, Luís de – 158
Carbasse, Jean – 25
Carbonnier, Jean – 50
Castiglione – 83
Castro, Damião António de Lemos Faria e – 32, 111, 146, 196
Castro, Fernando Alvia de – 46, 83
Castro, Francisco de Caldas Pereira de – 205
Castro, Gabriel Pereira de – 205
Castro, João Baptista de – 32, 170
Castro, Manuel Mendes de – 204, 205
Chabod, Federico – 110
Coing, Helmut – 16
Coménio – 75
Conceição, Frei Cláudio da – 32
Cortese, Ennio – 123
Costa, João Martins da – 205
Costa, Manuel da – 32
Costa, Mário Júlio de Almeida – 13
Costa, Pietro – 123

Coronel, Gregório Nunes – 46
Cruz, Guilherme Braga da – 12
Cunha, Jerónimo da – 33, 75
Cunha, Luís da – 186
Cruz, José Gomes – 75

D

Dahrendorf, Ralf – 58
Defoe – 111
Delamare – 67
Derrida, Jacques – 16
Descartes – 75
Deus, Frei Jacinto de – 46, 189, 196
Dias, J. S. Silva – 34
Dias Garcia, Maria da Glória – 212
D. Duarte – 81, 94, 196
Durkheim – 71, 121

E

Elias, Norbert – 24
Erasmo – 75

F

Fabre, Simone – 16
Farinha, Bento de Sousa – 66
Febo, Melchior – 196
Ferreira, Agostinho do Bem – 98
Ferreira, Manuel Lopes – 204
Ferreira, Silvestre Pinheiro – 232
Figueiredo, António Pereira de – 66
Figueiredo, Manuel de – 74
Filipe I – 84
Filipe, Bartolomeu – 31, 46, 70, 152
Finnis, John – 63, 79
Fonseca, Manoel Themudo da – 205
Fonseca, Pedro da – 76
Foucault, Michel – 16
Fragoso, Batista – 47, 89, 90, 196
França, Feliciano da Cunha – 205

Freitas Africano, António de – 46, 53
Fundação Europeia da Ciência – 123
Furio Ceriol – 70

G

Gama, António – 205
Garção, Correia – 74
Garcia Y Garcia – 23
Garrett, Almeida – 233
Gierke, Otto von – 50
Gil, Bento – 204
Glucksman – 78
Góis, Manuel de – 48, 63
Gomes, Alexandre Caetano – 204
Gomes, António Henriques – 46, 106, 196
Gonzaga, Tomás António – 60
Gouveia, Francisco Velasco de – 46, 196
Gracian, Baltazar de – 83
Grócio – 82
Grossi, Paolo – 16, 23, 76

H

Hauriou, Maurice – 12, 136
Hegel – 50
Herculano, Alexandre – 21
Hespanha, António Manuel – 13, 122, 124
Hintze, Otto – 44
Hobbes – 54, 60, 61, 65, 82, 111, 115
Homem, Armando Luís de Carvalho – 124
Homem, Pedro Barbosa – 46

J

D. João I – 114
D. João II – 36

K

Kagan, Richard – 216

Índice de autores

Kant – 68
Kantorowicz – 42, 122
Kissinger, Henry – 43
Koselleck, R. – 17
Kriegel, Blandine – 16
Kuttner – 23

L

Landim, Nicolau Coelho de – 33
Laingui – 25
Leão, Duarte Nunes de – 32
Lebigre – 25
Legendre, Pierre – 16, 23, 51, 76, 122
Leitão, António Lopes – 204
Leitão, Mateus Homem – 204
Lemos de Faria e Castro, Damião de – 47
Lima, Luís Caetano de – 32, 153
Lima, Luís Torres de – 196
Lípsio, Justo – 148
Lombardi, Luigi – 123
Lobo, Francisco Rodrigues – 74, 81
Loyseau – 39
Luís XIV – 77, 83

M

Macedo, António de Sousa de 32, 33, 46, 47, 71, 95, 140, 189, 196, 205
Macedo, Duarte Ribeiro de – 83
Maltez, José Adelino – 13
Maquiavel – 35, 36
D. Manuel I – 35
Maravall, José António – 198
Marcos, Rui Manuel de Figueiredo – 13
Martini, Carl – 228
Mazarino – 83
Melo, Francisco Manuel de – 67, 74, 112, 144
Melo Freire dos Reis, Pascoal de – 31, 34, 66, 96, 101, 190
Menezes, Sebastião César de – 46

Merêa, Paulo – 11, 49, 122
Meyer, Michael – 40
Michelet – 21
Molina – 42, 47, 53, 89, 90
Mommsen – 103
Moncada, Luís Cabral de – 12
Montesquieu – 65, 75, 105, 113, 190, 224, 234
Morais, Silvestre Gomes de – 204
Moreau-Rebeil – 54
Mórus – 111
Morganti, Bento – 75, 83
Mourato, Carlos José – 75
Muchembled, Robert – 25

N

Negreiros, João Tomás de – 96
Newton – 75
Niza, Paulo Dias de – 32
Nogueira, José Artur Duarte – 13, 67
Nogueira, Ricardo Raimundo – 31, 34, 84, 201
Noronha, D. Sancho – 87

O

Oakeshott, Michael – 91
Oestreich – 24, 41
Onory – 122
Ortega y Gasset – 37
Osório, Jerónimo – 46, 54
Ost, François – 110
Otero, Paulo – 213

P

Pais, Álvaro – 81
Paiva, Manuel José de – 75
Parada, António Carvalho de – 32, 46, 189, 196, 229

Pegas, Manuel Álvares – 33, 158, 159, 201, 204
Penalva, Marquês de – 66, 226
Peniz, Rocha – 102, 204
Pereira, António da Gama – v. Gama
Pereira, Bento – 33, 47, 60, 89, 90
Pereira, José Esteves – 226
Pertile – 25
Perez, António – 83
Pinto, António Gouveia – 205
Pinto, Eduardo Vera-Cruz – 13
Pinto, Frei Heitor – 46, 74
Platão – 58
Pombal, Marquês de – 92
Portugal, Domingos Antunes – 33, 59, 196
Post, Gaines – 122
Prado, Ramírez de – 114
Prazeres, Frei João dos – 46
Prodi, Paolo – 76, 122, 189

R

Ramos, Rui – 22
Raynaud, Philippe – 16
Rebelo, Diogo Lopes – 46
Reinoso, Miguel de – 205
Ribeiro, João Pinto – 46, 60, 69, 107, 159, 160, 196, 199
Richelieu – 83, 115
Rocha, Coelho da – 231
Rousseau – 54, 61
Ryals, Stéphanne – 16

S

Sá, Diogo de – 46
Salas, Rámon – 231
Sampaio, Francisco Coelho de Sousa e – 34, 60, 171, 217, 276
Santi-Romano – 12, 136
Santos, António Ribeiro dos – 66, 226
Sbricolli – 25

Scholz, J. M. – 217
Seco, Fernando Álvares – 31
Semelhante, Michel – 65
Silva, António José da – 74
Silva, Cruz e – 74
Silva, José de Seabra da – 32, 159, 225
Silva, Veríssimo Álvares da – 177
Smith, Adam – 65, 228
Sobrinho, Frei João – 62
Sousa, António Caetano de – 32
Sousa, António da Silva e – 84
Sousa, Feliciano de Oliva e – 204
Sousa, Inácio Pereira de – 204
Sousa, Joaquim José Caetano Pereira e – 204
Sousa (Lobão), Manuel de Almeida e – 204
Sousa, Manuel António Monteiro de Campos Coelho e – 204
Stolleis, Michael – 16, 41, 197
Strauss, Leo – 91
Strayer – 106
Suárez – 47, 50, 62, 89, 90, 209
Sully – 83

T

Tarello, Giovanni – 228
Thieme, Hans – 122
Tocqueville – 230
Tomás y Valiente, Francisco – 25

U

Ullmann, Walter – 42, 122

V

Vallemont, Abade de – 32
Valiente, Tomás – 25
Varela, Sebastião Pacheco – 47
Vaz (Valasco), Álvaro – 205

Vaz, Tomé – 98
Veiga, Tomé Pinheiro da – 32
Vicente, Gil – 74
Vieira, P. António – 32
Vilas Boas, Martim de Carvalho – 46

W

Walsingham – 83
Weber, Max – 23, 24, 58
Willoweit – 41

ÍNDICE ANALÍTICO

A

Absolutismo – 21 ss., 53, 133, 225
Ajuda do braço secular – 89, 219
Alegações das partes – 87, 108
Ambição – 41, 188 ss.
Amor – 57, 78, 85
Antigo regime (natureza constitucional) – 22, 53
Antropologia política – 58, 80, 238
Apelação – 96, 107, 108, 164
Arte de Furtar – 32, 71
Assentos – 109, 136, 155
Autoridade (legitimidade) – 141-142

B

Bem comum – 39, 42, 47, 50, 54 ss.
Bem-estar – 41, 62 e 63
Burocracia – 43 ss., 141-142, 188 ss

C

Casa do Cível – 116, 164
Casa dos Contos – 71, 116, 127, 129, 182-183
Casa da Índia – 71, 182
Casa do Infantado – 116, 124, 175
Casa da Suplicação – 71, 73, 98, 116, 162 ss., 218, 229
Casa da Suplicação do Brasil – 117
Caso julgado – 98
Castigo (penas) – 51, 70, 81, 105
Caução – 97, 101

Centralização – 21 ss., 43, 121, 132 ss.
Censura – 64, 67, 75, 130, 180-181
Chanceler – 96, 131, 158, 161-162, 164, 203
Ciência da administração – 16, 70, 234
Ciência do Estado – 28, 33, 90, 234
Ciência do governo – 92, 234
Ciência da legislação – 92, 234
Cifra – 45, 102
Colegialidade – 87, 103 ss.
Companhias – 223
Comunidades perfeitas, 46
Concílio de Trento – 38, 219
Conselheiro – 85, 90, 157 ss.
Conselho da Índia – 116, 183
Conselho da Fazenda – 116, 187 ss.
Conselho Ultramarino – 116, 183 ss.
Conselho de Guerra – 116, 156-157
Constituições dos bispados – 76
Corpo místico – 60, 69, 88, 90
Cortes – 15, 57, 118, 121 ss, 139
Corregedor – 43, 71, 73, 94, 118, 131, 133, 138, 161, 168, 172, 190, 193, 217
Corrupção – 57, 74, 84, 87-88, 100
Contraditório – 97
Cultura escrita – 93 ss.
Cultura de legalidade – 95 ss.
Cultura de responsabilidade – 99 ss.
Cultura de segredo – 102 ss.
Cultura de garantia – 107 ss.

D

Declaração de Independência – 142
Declaração do património – 100

250 *O Espírito das Instituições*

Dedução Cronológica e Analítica – 32, 66, 140, 159
Deslocação – 101
Devassa – 171, 174
Diferenciação de estruturas – 126 ss.
Dispensa – 148, 160, 207, 225
Dissimulação – v. simulação
Direito canónico – 21 ss., 121 ss.
Direitos naturais – 64 ss., 228 ss.
Direitos reais – 138-139
Direitos de terceiros – 208, 213

E

Economia – 64 ss., 79
Educação 40 ss., 73, 74 ss.
Embaixador – 45, 73, 84, 139, 149
Emblemática – 69
Empirismo político – 90
Erário Régio – 73, 92, 117, 118, 130, 183
Escrivão da puridade – 144-146
Especialização – 126 ss.
Espelhos do Direito – 97
Espiritualidade – 78
Estrangeirados – 34
Estrangeiros – 212, 218-219
Estilos – 95, 98, 105, 109
Estupidez – 74
Ética das virtudes – 38 ss.

F

Família – 41, 48 ss., 198
Felicidade – 57, 63, 235
Finalista (concepção do poder) – 42
Fins do Estado – 61 ss.
Foro militar – 218
Funcionário
 – Recrutamento – 195 ss.
 – Selecção – 195 ss.
 – Idade – 197
 – Experiência – 31, 45, 89 ss., 106, 136, 197

– Limpeza de sangue – 198
– Dignidade – 198
Funções do Estado – 61 ss.
Fundamentação – 93 ss.

G

Guarda Real – 67, 73, 131
Guerra – 73, 77, 83, 129, 139, 152-153

H

História total – 17
Historiografia do Estado – 121 ss., 125
Homem de corte – 24-26, 83
Horários – 75, 85-86

I

Ignorância – 41 ss., 181
Igreja – 76, 134, 235-236
Igualdade – 238 ss.
Imparcialidade – 81, 87-88, 101, 199
Indisciplina – 74, 79
Inquisição – v. Santo Ofício
Instituições políticas – 11, 15, 38, 55, 104, 138 ss.
Intendente-Geral de Polícia – 73, 117, 131
Interesse (económico) – 64 ss., 101, 188 ss.
Ira – 113

J

Jogo (político) – 78, 82 ss.
Juiz de fora – 73, 167 ss.
Juiz da Índia e Mina – 163, 224
Juízo dos falidos – 223
Juntas – 71, 128, 155, 173 ss.
Junta da Bula da Cruzada – 86, 220
Junta do Comércio – 116, 130, 187
Junta das Confirmações Gerais – 175, 213
Junta da Inconfidência – 221

Índice analítico

Junta do Protomedicado – 222
Junta do subsídio literário – 174, 220
Junta dos Três Estados – 116, 117, 127, 130, 186-187
Juramento – 100, 159, 178
Júri – 95
Justiça premial – 63, 64, 73
Jurisdição – 16, 50, 62, 70, 71, 123 ss., 128 ss., 160, 162, 171 ss.

L

Laicização – 88
Legacia (Tribunal da Legacia) – 219
Legado político do ocidente – 123
Legalidade criminal – 25
Lei
  – Conhecimento – 28 ss.
  – Instrumento do Estado – 36 ss.
  – Publicações – 28 ss.
  – Ordenações Manuelinas – 28, 116, 118
  – Ordenações Filipinas – 29, 116, 177
  – Colectâneas de Legislação – 29 ss.
  – Colecções de Regimentos – 29, 135
  – Elucidários e prontuários – 29
  – Leis fundamentais – 53
Liberalismo – 22, 65, 68, 91, 102, 212-213, 226, 229 ss.
Literatura jurídico-política
  – Empírica – 30 ss.
  – Científica – 33 ss., 66, 90, 92
Literatura processualista – 203 ss.

M

Mapa de Portugal – 31, 80
Memória – 71, 107, 109, 205
Mesa do bem comum dos comerciantes – 117, 222
Mesa da Consciência – 71, 116, 127, 129, 147, 176 ss., 199, 220
Mesa Censória – 67, 73, 117, 127, 130, 180 ss., 224

Mesa do Desembargo do Paço – 60, 71, 73, 86, 96, 103, 108, 116, 124, 127, 129, 133, 159 ss.
Metáforas políticas – 59 ss.
Monarquia pura ou de direito divino – 43, 57, 66, 89, 141, 144, 226
Morte, pena de – 75, 105, 113
Multidão – 39, 46, 47

N

Necessidade – 47, 49
Nominalismo – 51, 227
Novidades (evitar as) – 111-112
Novos direitos – 186, 201, 211

O

Ob-repção – 213-214
Ofícios
  – Direito dos – 188 ss.
  – Ofícios da Casa Real – 143
  – Ética – 188-190
  – Duração – 192 ss, 200 ss.
Opinião pública – 43, 76, 85, 141, 238
Ordem processual – 16 ss.
Ordens militares – 127, 129, 149, 176 ss., 224
Organização interna – 191 ss.
Organicismo – 69

P

Paixão – 42, 74 ss., 112-113, 190, 233
Palavra (vinculação dos príncipes) – 53, 55, 57, 238
Paz – 41 ss., 57, 61 ss., 114, 139, 152 ss.
Pecados públicos – 39, 76
Pessoa *ficta* – 60
Pessoa pública – 60, 86
Pessoa moral – 60
Pessoal letrado – 150, 191-192

Pessoal subalterno – 191-192
Pessoas fracas e miseráveis – v. pobreza
Pobreza – 41 ss., 61 ss., 221
Polisinodia – 118
Políticos astutos – 83
Povo – 37 ss., 58, 80, 114
Povos satisfeitos – 38
Povos virtuosos – 38
Prazer – 78, 81, 83
Presidente – 191, 192
Privilégio
  – Conflito – 216
  – De foro – 216 ss.
  – Pessoais – 207
  – Reais – 207
  – Actos graciosos – 207
  – Comerciais – 208
  – Industriais – 208
  – Judiciais – 208
  – Registo – 210
Profissionalização – 201 ss.
Programa (político) – 85, 115
Progresso – 55, 56
Propriedade – 57, 58-59, 216
Provedores – 73, 167 ss.
Prudência – 39 ss. 89 ss. 196

Q

Quixote – 37

R

Racionalidade jurídica – 86 ss.
  – Redacção dos documentos – 45
  – Segredo (v. segredo)
  – Fundamentação – 93 ss.
  – Recurso – 93, 96, 107-108, 134, 204
  – Racionalidade prática – 79
  – Da acção política – 79 ss.
Razão de Estado – 23, 43 ss., 65, 77, 92, 102, 140
Recursos – v. nacionalidade

Recurso obrigatório – 108
Recusa de juiz – 135
Regime – 53 ss.
Relação do Porto – 164 ss.
Relação de Goa – 167
Relação da Baía – 166
Relação do Rio de Janeiro – 166
Relação de Pernambuco – 166
Relação do Maranhão – 166
Relações Eclesiásticas – 219
Residências (inspecções) – 97, 101, 129, 222
Respeitosa representação – 99
Responsabilidade – v. cultura de responsabilidade

S

Santo Ofício – 180
Secretário de Estado – 146 ss.
Secularização – 88-89
Sede – 132
Segredo – v. cultura de segredo
Sentimento – 82 – v. paixão
Simulação – 83 ss.
Soberania – 52
Sociedade civil – 21
Sub-repção – 213-214

T

Teologia – 23, 38, 62, 89, 104, 123, 176
Testamentos dos reis – 139
Tirano – 57, 81, 107
Tratamento – 85
Tomismo – v. S. Tomás
Tortura – 108, 113

U

Universidade – 31, 67, 73, 89, 118, 202

Reforma dos Estudos de 1772 – 31
Utilidade – 47, 49

V

Valores – 54 ss.
Venire contra factum proprium – 55

Vingança privada – 25, 41 ss., 76 ss.
Visitas episcopais – 76
Virtudes cívicas – 37 ss., 54, 73
Votação – 108

ÍNDICE GERAL

SUMÁRIO 7
INTRODUÇÃO 11
CAPÍTULO 1 19
CAPÍTULO 2 119
CONCLUSÃO 233
ÍNDICES 241